W0208479

JESTEŚ CUDEM

insignis

REGINA BRETT

JESTEŚ CUDEM

50 LEKCJI JAK UCZYNIĆ NIEMOŻLIWE MOŻLIWYM

przełożyła

OLGA SIARA

insignis

Tytuł oryginału
Be the miracle. 50 Lessons for Making the Impossible Possible

Copyright © 2012 Regina Brett. All rights reserved.

Grand Central Publishing, Hachette Book Group,
237 Park Avenue, New York, NY 10017
www.HachetteBookGroup.com

Dziękujemy za zgodę na przedrukowanie tekstów.

Felietony, które pierwotnie ukazały się w dzienniku „Plain Dealer", zostały przedrukowane za zgodą Plain Dealer Publishing Co. Plain Dealer posiada prawa autorskie do felietonów Reginy Brett z lat 2000–2011. Wszelkie prawa zastrzeżone.

Felietony, które pierwotnie ukazały się w dzienniku „Beacon Journal", zostały przedrukowane za zgodą Beacon Journal Publishing Co. Inc. Beacon Journal posiada prawa autorskie do felietonów Reginy Brett z lat 1994–2000. Wszelkie prawa zastrzeżone.

Wszystkie cytaty z Biblii pochodzą z IV wydania *Biblii Tysiąclecia.*

Przekład
Olga Siara

Redakcja i korekta
Dominika Pycińska, Maria Brzozowska, Lidia Kowalczyk

Skład i przygotowanie do druku
Tomasz Brzozowski, Dominika Pycińska

Copyright © for this edition
Insignis Media, Kraków 2013. Wszelkie prawa zastrzeżone.

ISBN-13: 978-83-63944-24-7

insignis

Insignis Media
ul. Szlak 77/228–229, 31-153 Kraków
telefon/fax +48 12 636 01 90
www.insignis.pl, e-mail: biuro@insignis.pl,
facebook.com/Wydawnictwo.Insignis
twitter.com/insignis_media

Wyłączna dystrybucja

Firma Księgarska Olesiejuk,
www.olesiejuk.pl

Druk i oprawa

CPI Moravia Books s.r.o., www.cpi-moravia.com

Dla Gabrielle,
mojego pierwszego cudu

Spis treści

Wstęp

Codziennie na swojej drodze mijamy cudotwórców. Najczęściej są przebrani za zwykłych ludzi: nauczycieli, fryzjerów, pielęgniarki, sekretarki, kasjerów, taksówkarzy i tym podobnych.

Nigdy nie zapomnę dnia, kiedy trzęsąc się z nerwów, przystanęłam, żeby zapłacić za parkowanie. Na większości parkingów podjeżdżasz do budki, parkingowy bierze od ciebie pieniądze, wydaje ci resztę i odjeżdżasz. Wasze oczy się nie spotykają i żadne z was nie pamięta później tego spotkania.

Tym razem parkingowy wyprostował się, wysunął głowę z budki i szeroko się do mnie uśmiechnął. Spojrzał mi prosto w oczy, przywitał się, uścisnął mi dłoń i pobłogosławił mnie, zanim odjechałam.

Powiedział, że uwielbia swoją pracę; że jego powołaniem jest błogosławić wszystkich, którzy w drodze przez swój dzień przejeżdżają przez jego parking. W tym, co ja uważałam za zwykłe pobieranie opłaty, on widział swoją życiową misję. Odjechałam uspokojona, z nową energią.

Wszyscy miewamy takie momenty. Zdarzają się w towarzystwie ludzi, którzy wiedzą, że każdy człowiek się liczy, że nie trzeba zarabiać dużo pieniędzy, żeby naprawiać świat, bo wystarczy zacząć od tego, co masz, i po prostu wyolbrzymiać dobro.

Łatwo poczuć się przytłoczonym wszystkimi problemami tego świata. Ileż to razy słyszymy: „Dlaczego ktoś czegoś z tym nie zrobi?". Czasem te słowa wychodzą z waszych ust. Z moich też. Słyszymy złe wieści i szepczemy: „Teraz może pomóc tylko cud". A potem czekamy i czekamy, aż ktoś inny stanie się tym cudem.

Czekamy, aż ktoś inny zareaguje. Ale cudem nie jest to, co robią inni. Cudem jest to, co robi każdy z nas. Cudem jest, kiedy zwykli ludzie dokonują czegoś niezwykłego. Nie musisz rozwiązać problemów całego świata, żeby stać się cudem. Wystarczy, że zrobisz coś we własnym domu, biurze, dzielnicy, społeczności.

Od dwudziestu sześciu lat mam zaszczyt być felietonistką gazety „Plain Dealer", wydawanej w Cleveland, a wcześniej pisałam dla dziennika „Beacon Journal", który ukazuje się w Akron. Życie mnie rozpieszcza. Zwykli ludzie ze wszystkich środowisk otworzyli przede mną serca i opowiedzieli mi, w jaki sposób udało im się uczynić niemożliwe możliwym. Niektórych z nich poznasz w tej książce, bo część esejów ukazała się oryginalnie w tych dwóch pismach.

Inspiracją do mojej pierwszej książki – *Bóg nigdy nie mruga. 50 lekcji na trudniejsze chwile w życiu* – były moje zmagania z chorobą nowotworową. Tamte pięćdziesiąt lekcji napisałam z wdzięczności za to, że mój licznik wskazał pięćdziesiątkę. Trzynaście lat temu, łysa po chemioterapii i osłabiona po naświetlaniach, nie byłam pewna, czy uda mi się zestarzeć. Od tamtej pory poznałam wiele osób, które pokonały raka – nauczyły mnie, żeby zająć się tym, co możliwe, niezależnie od rokowań.

Tamtych pięćdziesiąt lekcji obiegło świat, najpierw w postaci drukowanych felietonów, później e-maili, które ludzie w całej Ameryce i na całym globie przesyłali sobie nawzajem, wreszcie w postaci książki. Cytują je dyrektorzy generalni korporacji, sędziowie i pracownicy socjalni. Przesłano je w setkach newsletterów i przedrukowano w niezliczonych biuletynach kościelnych i lokalnych gazetach. Ludzie noszą tematy moich lekcji w portfelach, przypinają je pinezkami do ścian w pracy i przyczepiają magnesami do lodówek.

Kiedyś usłyszałam, że ludzie czytają, bo chcą wiedzieć, że nie są sami. Mam nadzieję, że w tych nowych felietonach zawarte są osobiste prawdy, które przemawiają do nas wszystkich. Mam nadzieję, że niniejsza książka pomoże wam zaakceptować siebie takimi, jakimi jesteście, a po jej przeczytaniu zapragniecie być najlepsi, jak potraficie, żeby uczynić niemożliwe możliwym.

Nie wszystko możemy zrobić, a tego, co zrobić możemy, nie możemy zrobić idealnie, ale to nic. Wystarczy, że postawimy pierwszy krok, właśnie tu i właśnie teraz. Wystarczy, że postawimy pierwszy krok, a odmienimy świat.

Pięćdziesiąt lekcji

Lekcja 1

Zacznij tam, gdzie jesteś

Jest takie stare powiedzenie: „Jeśli myślisz, że jesteś za mały, żeby mieć wpływ na świat, to nigdy nie znalazłeś się w namiocie z komarem".

Zawsze, kiedy to słyszę, aż cierpnie mi skóra na myśl o tym, że przez jednego małego, nieznośnego insekta całą noc nie mogę zasnąć, a potem drapię się przez cały dzień.

Tak naprawdę jesteśmy wystarczająco duzi albo wystarczająco mali, czyli mamy idealne rozmiary, żeby wpływać na świat.

Kiedy pracowałam jako reporterka w Akron w stanie Ohio, redakcja zleciła mi relacjonowanie sprawy dziewczynki porwanej w pewien wrześniowy poniedziałek.

Dziewięcioletnia Jessica Repp wyszła rano z domu, żeby pojeździć na swoim różowym rowerku. Odjechała dwie przecznice, kiedy zatrzymał się przy niej samochód. Kierowca zapytał, czy zna kogoś w tej okolicy. Później wysiadł i otworzył bagażnik, udając, że czegoś szuka. Nagle ściągnął Jessikę z roweru, wrzucił ją do bagażnika i szybko odjechał.

Tata Jessiki zadzwonił do redakcji „Beacon Journal" i błagał nas, żebyśmy napisali o jego zaginionej córce. Było już późno, czasu zostało najwyżej na zanotowanie tych kilku faktów, które mógł nam podać, i opisanie wyglądu dziewczynki. Policja nie potwierdziła jeszcze żadnych informacji o śledztwie, bo sprawa była zbyt świeża. Niewiele wiedzieliśmy na pewno. Nie istniał wtedy jeszcze system natychmiastowego powiadamiania o zaginięciu dziecka ani niezliczone całodobowe kanały informacyjne. Sheryl Harris, jedna z naszych reporterek, została tego dnia dłużej w pracy, żeby wydobyć z ojca wszystkie najdrobniejsze szczegóły. Postarała się, żeby następnego dnia w gazecie ukazało się zdjęcie jego córki. Właściwie zdążyła tylko opisać jasnowłosą dziewczynkę w różowej bluzce.

Minęła doba, a Jessica się nie odnalazła. Wiadomość o jej zaginięciu podawały już wszystkie media. Stałam przed domem Jessiki w tłumie dziennikarzy, czekając na złą wiadomość, która musiała nadejść. Każdy funkcjonariusz organów ścigania powie wam to samo – jeśli dziecko nie odnalazło się w ciągu dwudziestu czterech godzin, to już się nie odnajdzie. Przez dom przewijali się pastorzy, sąsiedzi i parafianie. Już wyglądało to na pogrzeb.

Czy umiecie sobie wyobrazić, co czuje rodzic zaginionego dziecka? Jak to jest – modlić się i przez całą noc nie odchodzić na krok od telefonu w nadziei, że nadejdzie wiadomość o cudzie? Zamiast tego mamę, tatę, siostrę i brata Jessiki obudził dźwięk helikopterów policyjnych, szukających jej ciała. Oficerowie na koniach sprawdzali, czy zwłok nie porzucono na pobliskich polach kukurydzy. W sprawę zaangażował się szeryf i FBI. W okolicy roiło się od policjantów. Funkcjonariusze wzięli nawet łódź, żeby przeszukać okoliczne jeziora. Psom policyjnym dano do powąchania ulubionego misia Jessiki, by podjęły trop zaginionej dziewczynki.

Między domem a zaparkowanym przed nim samochodem szeryfa chodził tam i z powrotem samotny chłopczyk. Jonathan, brat Jessiki, miał trzynaście lat. Ciągle pytał, czy jego siostra już się odnalazła. Miał oczy przekrwione od płaczu i budzenia się co chwilę przez całą noc, żeby sprawdzić, czy może Jessica nie śpi bezpieczna w swoim łóżku.

Stałam na chodniku, obserwując krzątaninę policji wokół mnie i nade mną, i modliłam się za dziewczynkę i jej rodzinę. I wtedy cały dom zadrżał w posadach.

Policja znalazła Jessikę.

Żywą.

Jej mama, siostra, brat i wszyscy pozostali wybiegli na zewnątrz we łzach, dziękując Bogu. Ojciec robił akurat kolejne kopie zdjęć Jessiki, kiedy usłyszał o jej odnalezieniu. Natychmiast zostawił odbitki i puścił się pędem do szpitala.

Ruszyli tam wszyscy dziennikarze. Policjanci, którzy tam byli, jeszcze nie wiedzieli, co dokładnie się wydarzyło. Kiedy zapytali o to dziewczynkę, zaczęła płakać.

Okazało się, że o piątej nad ranem porywacz zabrał ją do sklepu spożywczego sieci Dairy Mart w Barberton. Sprzedawca – czyli człowiek na jednym z najniższych możliwych szczebli kariery – sumiennie wykonywał swoje obowiązki, kiedy do sklepu wszedł mężczyzna z małą dziewczynką, która wyglądała na przerażoną. Chłopak spojrzał na dziewczynkę, a potem na zdjęcie Jessiki Repp obok artykułu, który napisała Sheryl. Rozpoznał dziecko. I zadzwonił na policję.

Ten sprzedawca uratował Jessice życie. Zidentyfikował porywacza, który był klientem jego sklepu. Jakiś czas później pracownik stacji benzynowej wezwał policję, bo zauważył dziwnie zachowującego się mężczyznę. Nagranie ze stacji potwierdziło, że to porywacz. Zatrzymał się, żeby kupić papierosy. Tuż przed jedenastą rano policja rozpoznała jego samochód na parkingu. Obok mężczyzny siedziała mała dziewczynka.

Policjanci powiedzieli, że porywacz był chory psychicznie i nieobliczalny. Ich zdaniem najprawdopodobniej wkrótce wpadłby w panikę i zabił dziewczynkę.

Moja przyjaciółka Sheryl wiele lat później zdobyła Nagrodę Pulitzera – największe wyróżnienie dla dziennikarza – za serię tekstów o stosunkach rasowych. Nawet nie pamięta, że napisała ten krótki artykuł o porwaniu Jessiki Repp. Był zbyt błahy, by wpłynąć na jej karierę. Takie dziennikarstwo nie przynosi nagród, ale moim zdaniem jest jeszcze bardziej satysfakcjonujące. Takie dziennikarstwo ratuje życie.

Najważniejszy artykuł, jaki kiedykolwiek napisała, był prawdopodobnie jednym z najkrótszych. Nie wiem nawet, czy został w ogóle podpisany. Ale pomógł uratować życie dziecka.

Nigdy się nie dowiedziałam, jakie były dalsze losy tamtego pracownika stacji benzynowej albo sprzedawcy ze sklepu spożywczego, który jako pierwszy zgłosił na policję, że widział porywacza z dziewczynką. Często są to anonimowi ludzie, którym nie patrzymy w oczy, kupując litr mleka, paczkę papierosów czy benzynę.

Ale ta historia zmieniła sposób, w jaki postrzegam tych, których mijamy każdego dnia – ludzi pracujących w zawodach, których większość z nas nie chciałaby wykonywać. Nauczyli mnie, że nikt nie jest zbyt mały, żeby wpłynąć na rzeczywistość.

Jeśli chcesz przynieść światu wielką zmianę, wykonuj swoje drobne zadania z większą miłością, większą uwagą, większą pasją. Po prostu pokochaj swoją pracę, swoją rodzinę, swoją okolicę, zadanie, które ci powierzono.

Wszystko się może zdarzyć, wystarczy, że wykorzystasz okazje, które stwarza ci los. Zaczynając tam, gdzie jesteś, możesz po prostu wbić do kasy mleko, papierosy i benzynę. Albo uratować komuś życie.

Lekcja 2

Zajmij się tym, co możliwe

Bywa, że niemożliwe zaczyna się od czegoś tak niewielkiego jak guzek.

Przez wiele lat przestrzegałam zalecenia: „Co miesiąc badaj sobie sama piersi". Tyle że, jak większość kobiet, robiłam to „mniej więcej". Raz na kilka miesięcy badałam się w mniej więcej odpowiedni sposób, ale nigdy tak dokładnie, jak radzili lekarze. Nie chciałam szukać problemów. Jeśli czegoś szukasz, możesz to znaleźć. Szukanie raka jest przerażające. Dzięki Bogu, że go szukałam.

Którejś nocy, uciskając pierś opuszkami palców, nagle coś wyczułam. Zatrzymałam dłoń w tym miejscu. Kiedy pojawiło się to stwardnienie? To pewnie nic takiego, ale nie było go tu, kiedy ostatni raz się badałam. To „nic" okazało się II stadium raka. Chirurg usunął mi guz wielkości winogrona.

Kiedy słyszysz słowo „rak", masz wrażenie, jakby ktoś podniósł planszę, na której rozgrywa się twoje własne życie, i podrzucił ją do góry. Wszystkie pionki są w powietrzu. A potem lądują na nowej planszy. I jest zupełnie inaczej. Nie wiesz, od czego zacząć. Strach opada, kiedy możesz faktycznie coś zrobić, kiedy zajmiesz się tym, co możliwe.

Przed rozpoczęciem chemioterapii spisałam najlepsze rady od lekarzy, rodziny i przyjaciół, sugestie z książek i podpowiedzi ludzi, którzy wygrali z rakiem. Stworzyłam z nich *Instrukcję, jak o siebie dbać*. Miała mi przypominać, że rak jest do pokonania. Opracowałam plan, jak przetrwać cztery miesiące chemioterapii i sześć tygodni codziennych naświetlań. Na pierwszej stronie obiecałam sobie, że to przetrwam:

> Ja, Regina, ślubuję wyzdrowieć.
>
> Ślubuję kontynuować leczenie, nawet jeżeli wywoła ono chwilowe zmiany w moim życiu: fizyczne, emocjonalne czy psychiczne. Ślubuję wytrwać w podjętym leczeniu i nie patrzeć wstecz. Ślubuję zrobić wszystko, co w mojej mocy, żeby wyzdrowieć i żyć.

Kiedy chorujesz na raka, masz wrażenie, jakbyś znalazł się w innej strefie czasowej: w Strefie Raka. Na Zwrotniku Raka wszystko kręci się wokół twojego zdrowia albo twojej choroby. Nie chciałam, żeby w moim życiu liczył się tylko rak. Najważniejsze było życie, rak był na drugim miejscu. Wymyśliłam więc własną strategię: postanowiłam cieszyć się życiem mimo raka. Chciałam spędzać przyjemnie czas ze wszystkimi ludźmi, których kocham, przeczytać wszystkie pozycje z listy książek do przeczytania, obejrzeć wszystkie filmy, które przegapiłam, i kupić pianino, bo zawsze o tym marzyłam. Planowałam żyć tak, jak dawniej – na tyle, na ile będzie to możliwe: pisać felietony, grać w siatkówkę, prowadzić kurs kreatywnego pisania na uniwersytecie.

Rankiem przed pierwszą chemioterapią spakowałam do plecaka butelkę wody, swoją *Instrukcję*, notes, długopisy, landrynki, discmana, płyty kompaktowe, słuchawki i książki. Wszystko miało potrwać najwyżej dwie godziny, ale byłam przygotowana na każdą okoliczność. Rozsiadłam się w fotelu, jakbym była na plaży, włożyłam słuchawki i słuchałam, jak Louis Armstrong śpiewa: „Widzę zielone drzewa i czerwone róże, widzę, jak kwitną dla ciebie i dla mnie. I myślę sobie, jaki wspaniały jest świat".

A świat był wspaniały, chociaż przez rok miałam wrażenie, że kręci się wokół raka. Kiedy w 1998 roku zachorowałam na nowotwór piersi, w okolicy nie było grup wsparcia dostępnych bezpłatnie i bez ubezpieczenia. Każdy szpital prowadził własny program, ale nie istniał żaden centralny ośrodek, w którym można by było spotkać się z ludźmi, którzy przeżyli to samo, i spróbować jogi, masaży, *reiki*, ćwiczeń fizycznych, journalingu i różnych technik holistycznych wspomagających leczenie.

Byłam rok po operacji, kiedy w moim życiu pojawiła się Eileen Saffran. Eileen miała marzenie. Chciała stworzyć miejsce, w którym każdy człowiek dotknięty rakiem mógłby za darmo otrzymać wsparcie, jakiego potrzebuje. Siedziałam przy stole z kilkudziesięcioma innymi osobami, które zaprosiła na to pierwsze spotkanie organizacyjne. Jej marzenie wydawało mi się zbyt śmiałe, zbyt dalekosiężne, zbyt niemożliwe. Wątpiłam, żeby mogło się spełnić, więc wycofałam się z jej projektu. Nie wróciłam jeszcze do pełni sił po naświetlaniach i chemioterapii, a poza tym po prostu nie mieściło mi się w głowie, że ten plan może się powieść.

Eileen była pracownikiem socjalnym. U obojga jej rodziców w odstępie sześciu miesięcy zdiagnozowano raka. Jej tata miał nowotwór płuc, a jej mama – chłoniaka nieziarniczego. W ciągu trzech lat straciła ich oboje. Towarzysząc im podczas leczenia, uświadomiła sobie, że ludziom potrzebne jest miejsce, w którym będą mogli znaleźć pomoc. Eileen wyobraziła sobie ośrodek, który nie będzie w żaden sposób kojarzył się ze szpitalem – ani przez zapach, ani wygląd, ani atmosferę. Miejsce, w którym nie trzeba będzie mieć ubezpieczenia, żeby uzyskać pomoc psychologa. Miejsce, do którego nie będzie trzeba przynosić skierowania od lekarza, chcąc skorzystać z masażu. Miejsce, w którym każdy dotknięty chorobą nowotworową otrzyma wsparcie za darmo. Miejsce, w którym ludzie nie będą się czuli tacy samotni.

Eileen konsultowała się z pacjentami oddziałów onkologicznych i osobami korzystającymi z pomocy psychologa. Powołała zespół doradców, spotykała się z onkologami i organizacjami wspierającymi chorych na raka. Zbierała informacje o podobnych instytucjach w całym kraju. Założyła stronę internetową touchedbycancer.org. I osiemnaście miesięcy po tym pierwszym spotkaniu otworzyła ośrodek nazwany The Gathering Place (Miejsce spotkań). Nie mam pojęcia, jak to zrobiła.

W czym tkwi tajemnica jej sukcesu?

– W naiwnym optymizmie – zdradziła mi.

Kiedy odwiedzam The Gathering Place, przychodzi mi do głowy cytat z *Alicji w Krainie Czarów*. Tytułowa bohaterka mówi: „Nie mam co próbować, nie można uwierzyć w to, co niemożliwe", na co Biała Królowa odpowiada:

> Zdaje się, że nie masz w tym wielkiej wprawy. Ja w twoim wieku zawsze ćwiczyłam to przez pół godziny dziennie. Nieraz jeszcze przed śniadaniem dochodziłam do sześciu niemożliwości, w które udawało mi się uwierzyć*.

Jeśli chcesz osiągnąć to, co niemożliwe, zajmij się tym, co możliwe.

Eileen stworzyła medyczną Szwajcarię. The Gathering Place to autonomiczny ośrodek wsparcia dla chorych na raka. Szpitale nie toczą o niego bojów rejonowych. Nie ma tu znaczenia, gdzie pacjent się leczył. Każdy jest mile widziany. A wszystkie usługi są dostępne za darmo dla każdego chorego.

Ośrodek oferuje masaże, terapię manualną, *journaling*, tai-chi, jogę, porady dietetyczne i zajęcia fizyczne. Prowadzi też grupy wsparcia dla chorych na niemal każdą odmianę raka. Są grupy wsparcia, które pomagają zostawić chorobę za sobą, lepiej wyglądać i odnaleźć wewnętrzny spokój, oraz programy wybaczania, dbania o siebie i zdrowego gotowania. Asystent medyczny doradza w kwestii

---

* Lewis Carrol, *Alicja w Krainie Czarów*, przeł. Robert Stiller, Warszawa 1986, s. 160. (Wszystkie przypisy pochodzą od tłumaczki.)

opłat za leczenie, testów klinicznych i innych rodzajów terapii. Adwokaci wolontariusze spisują oświadczenia dotyczące zgody na zaniechanie uporczywej terapii i pomagają w rozporządzaniu majątkiem.

To miejsce, które goi rany i przywraca nadzieję. Miejsce, w którym nikt nie poprosi cię o potwierdzenie ubezpieczenia. Miejsce, w którym nie czujesz się jak petent. Nie ma tu zastrzyków ani pobierania krwi, nie prowadzi się kuracji medycznych ani testów.

The Gathering Place przypomina raczej dom z kominkiem, wygodnymi meblami i oryginalnymi obrazami na ścianach. Wszystko przekazali ośrodkowi prywatni darczyńcy i organizacje.

W 2000 roku ośrodek mieścił się na niecałych sześciuset metrach kwadratowych. Od tamtej pory podwoił swoją powierzchnię, a roczny budżet operacyjny centrum wzrósł z 360 tysięcy dolarów do 1,8 miliona. Budynek został już spłacony. Źródłem finansowania ośrodka są datki osób prywatnych i organizacji. Pracuje w nim pięciuset wolontariuszy.

Tam, gdzie niegdyś była sterta błota, dziś kwitnie kojący ogród z fontannami i wodospadami, kamiennymi rzeźbami i karmnikami dla ptaków. Okucia żelaznych bram przedstawiają zawiły labirynt, podobnie jak w każdej opowieści o odrodzeniu, prowadzący od metalowego kokonu gąsienicy do ogromnego srebrnego motyla.

To miejsce, które przypomina ci, że świat jest wspaniały, nawet jeśli walczysz z rakiem albo pomagasz zmierzyć się z nim komuś, kogo kochasz.

Nie mamy jeszcze lekarstwa na raka, ale ludzie tacy jak Eileen leczą ze strachu przed rakiem, dając innym nadzieję. My też możemy to zrobić. Trzeba tylko zająć się tym, co możliwe, choćby nawet wydawało się to niemożliwe.

Lekcja 3

Nieważne, ile masz na koncie – możesz mieć ogromny wpływ na świat

Jako dziennikarka zyskałam sobie przydomek „Ciocia Dobra Rada", bo za bardzo staram się wszystkim pomóc. Nie obrażam się, kiedy ktoś żartobliwie nazywa mnie pracownikiem socjalnym. To ważny zawód – pracownicy socjalni robią tak wiele, żeby ulżyć zagubionym, samotnym, zapomnianym.

Kilka lat temu zostałam poproszona o wygłoszenie mowy podczas uroczystości rozdania dyplomów na Wydziale Stosowanych Nauk Społecznych Uniwersytetu Case Western Reserve. Nie byłam pewna, co właściwie chcę przekazać absolwentom. Przed wystąpieniem zapytałam więc wszystkich moich przyjaciół z tej grupy zawodowej, o czym powinnam mówić. A oni poradzili mi, żebym była zabawna. Pracownikom socjalnym przyda się trochę rozrywki.

„Opowiadaj dowcipy", powiedzieli.

Dowcipy? Nie znałam żadnych dowcipów o pomocy społecznej, poza tymi, które przysłali mi przyjaciele:

> Ilu pracowników socjalnych potrzeba, żeby zmienić żarówkę?
> Żadnego. Dają żarówce siłę, żeby sama się zmieniła.
>
> Ilu pracowników socjalnych potrzeba, żeby zmienić żarówkę?
> Żadnego. Żarówka nie jest przepalona, ona po prostu świeci inaczej.
>
> Ilu pracowników socjalnych potrzeba, żeby zmienić żarówkę?
> Żadnego. Powołali zespół do opracowania raportu, jak sobie radzić z ciemnością.

I ostatni, mój ulubiony:

> Ilu pracowników socjalnych potrzeba, żeby zmienić żarówkę?
> Nie trzeba zmieniać żarówki. Trzeba zmienić system.

To od nich znam stary kawał o złodzieju, który mierzy z broni do pracownika socjalnego, krzycząc: „Pieniądze albo życie!", na co pracownik socjalny odpowiada: „Przykro mi, pracuję w pomocy społecznej, więc nie mam pieniędzy… ani życia".

To samo można powiedzieć o policjantach, pielęgniarkach, nauczycielach i osobach wykonujących wiele innych zawodów, które znajdują się na froncie życia. Ci ludzie odgrywają bardzo ważną rolę, ale często zarabiają bardzo niewiele. Kiedy ostatni raz to sprawdzałam, początkowe wynagrodzenie pracowników socjalnych wynosiło około 28 tysięcy dolarów rocznie. Nie mają dużo na koncie. A może jednak?

Zmieniłam zdanie na ten temat pod wpływem poety Taylora Maliego. Ludzie na całym świecie przesyłają sobie w mailach jego inspirujące słowa o tym, ile mają na koncie nauczyciele. Dzięki jego wierszowi zastanowiłam się jeszcze raz nad tym, ile mają na koncie pracownicy socjalni.

Nauczyciele nie zarabiają tyle, ile są warci. Nie przechwalają się swoimi pensjami, domkami nad morzem i wakacjami spędzanymi na południu Francji. Ich pensja razem z dodatkami może się wydać żałosna, biorąc pod uwagę, ile czasu i energii wkładają w planowanie lekcji, ocenianie klasówek, pomoc uczniom i uspokajanie zdenerwowanych rodziców.

Mali pokazał, że nauczyciele są ważni, bo lepiej niż ktokolwiek inny potrafią nakłonić dzieci do ciężkiej pracy. Dzięki nauczycielom trójka z plusem może znaczyć dla ucznia tyle co Medal Honoru, jeśli dał z siebie wszystko. Z drugiej strony, piątka z minusem może być jak jedynka, jeśli dziecko wie, że mogło się bardziej postarać. Nauczyciele potrafią sprawić, że rodzice drżą ze strachu na zebraniach albo przy słuchawce telefonicznej.

Czytając wiersz Maliego, przypomniałam sobie pana Ricco, mojego nauczyciela angielskiego w dziewiątej klasie. Mógł zostać, kim tylko zapragnie. Mógł osiągnąć wszystko, co tylko zapragnie. Uwielbiał operę, poezję i dobre wino. Ale uczył opryskliwych dziewiątoklasistów w gimnazjum Brown Junior High w Ravennie w stanie Ohio, jak napisać jeden porządny akapit.

Był jeszcze pan Maske, który prowadził chór w mojej szkole średniej. Do dziś czasem śpiewam pod prysznicem partię altów z musicalu *West Side Story*, której mnie nauczył. Zazdrościłam sopranom ich melodyjności, ale on mi pokazał, że każda partia ma znaczenie – nawet ta najmniejsza. Nie wierzyłam mu, dopóki nie zajęliśmy swoich miejsc w szkolnej sali koncertowej. Mogłabym przysiąc, że brzmimy prawie jak Mormoński Chór Tabernakulum. Zawsze, gdy słyszę *Hymn Bojowy Republiki*, widzę jego dłonie, tańczące w powietrzu, by połączyć nasze drżące głosy w jedną piękną pieśń.

I był też pan Roberto, który przynajmniej raz w tygodniu powtarzał mi: „Nie ma czegoś takiego jak darmowy lunch, Brett". Ten nauczyciel biologii używał nazwisk uczniów jak kropki w każdym zdaniu. Był naszym osobistym instruktorem musztry z Korpusu Piechoty Morskiej. Dzięki niemu segreguję śmieci. Dzięki niemu podnoszę kamienie w strumyku, żeby sprawdzić, co pełza pod spodem. Dzięki niemu przycinam rośliny, żeby lepiej rosły. Dzięki niemu chciałam być strażnikiem leśnym.

Nie pamiętam nazwisk wielu innych nauczycieli, ale nigdy nie zapomnę, ile im zawdzięczam. To zasługa jakiegoś nauczyciela, że umiem prowadzić budżet domowy, rozumiem, na czym polega procent składany, i potrafię obliczyć, ile farby potrzeba do pomalowania pokoju o wymiarach trzy na pięć metrów. To zasługa jakiegoś nauczyciela, że wprost uwielbiam czytać – a kiedy człowiek uwielbia czytać, otwiera się przed nim cały świat.

Wielu ludzi właśnie tym zajmuje się w pracy. Otwieraniem świata dla innych. Niestety, często znajdują się na szarym końcu listy płac. I w tym momencie wracamy do pracowników socjalnych.

Pracownicy socjalni, podobnie jak większość nauczycieli, nie mają dużo na koncie. A może jednak mają?

Co mają na koncie?

To, że bezpłodna para przez całe życie świętuje Dzień Matki i Dzień Ojca, bo pomogli jej adoptować dziecko narkomanki, którego nie chciał nikt inny.

To, że jakieś dziecko zasypia spokojnie każdego wieczoru, nie bojąc się pięści swojego ojca.

To, że jakiś bezdomny weteran czuje, iż ma swoje miejsce na świecie.

To, że jakaś nastolatka przestaje się samookaleczać.

To, że jakaś bita kobieta znajduje w sobie siłę, by na dobre opuścić swojego kata.

To, że jakiś chłopiec z zespołem Downa czuje się jak najmądrzejsze dziecko na świecie.

Co mają na koncie?

To, że dziesięciolatek wierzy, że jest chciany i kochany niezależnie od tego, jak długo zostanie w kolejnej rodzinie zastępczej.

To, że nastoletni ojciec liczy do dziesięciu i wychodzi z pokoju, żeby nie zrobić krzywdy swojemu nowo narodzonemu synowi.

To, że schizofrenik potrafi pokonać swoje demony.

To, że ofiara gwałtu pierwszy raz od wielu lat mówi o tym, co przeszła.

To, że były skazaniec odstawia butelkę i jest w stanie utrzymać stałą pracę.

Co mają na koncie?

To, że skłócona para zaczyna się ze sobą lepiej dogadywać i rezygnuje z rozwodu.

To, że umierająca na raka kobieta godzi się ze swoją przeszłością, akceptuje swoją krótką przyszłość i jedna się ze swoim Bogiem.

To, że stary człowiek, mąż cierpiącej na Alzheimera, wraca myślami do dobrych czasów, kiedy żona jeszcze go pamiętała.

To, że zapomniani czują się ważni, a niezbyt piękni – atrakcyjni. Zagubieni – zrozumiani, a załamani stają się szczęśliwi.

Co mają na koncie?

Tak jak Taylor Mali powiedział o nauczycielach – mają na koncie więcej, niż większość ludzi zgromadzi przez całe życie.

Zmieniają świat.

Lekcja 4

Wyolbrzymiaj dobro

Noszą etykietki nadane im przez świat: menel, nieudacznik, były więzień, alkoholik, prostytutka – dopóki nie spotkają Larry'ego Petrusa i nie odkryją, że nie mają one nic wspólnego z rzeczywistością.

Niewiele osób, przestępujących progi Katolickiego Ośrodka West Side w Cleveland, robi dobre pierwsze wrażenie. Przychodzą zdenerwowani. Mamroczą pod nosem prośby o pieniądze. Śmierdzą wczorajszym tanim winem. Mają na sobie nieprane od wielu tygodni ubrania.

Larry, który miał siedemdziesiąt lat, kiedy go poznałam, podczas swoich dyżurów w ośrodku we wtorkowe i czwartkowe poranki nie zauważał żadnej z tych rzeczy. Przy biednych szare jak morze oczy Larry'ego tracą ostrość widzenia.

Nie zauważa brudu, porażek, wstydu. Zakłada te swoje dwuogniskowe okulary i staje twarzą w twarz z synami i córkami Boga.

– Wychodzę od tego, co myśli o nich Bóg – powiedział mi. – Bóg nigdy nie żałuje żadnego aktu stworzenia.

Kiedy ponad dziesięć lat temu Larry zaczął pracować społecznie, sortował ubrania. Któregoś dnia ktoś poprosił go o pomoc w napisaniu CV. Wkrótce był już zasypywany podobnymi prośbami. W ośrodku zaczęto go nazywać Mistrzem CV. Pracownicy powiesili plakat, zachęcający przybyłych do zwracania się do Larry'ego, jeśli potrzebują napisać życiorys.

– Życiorys jest jak etykietka na puszce. Mówi człowiekowi, kim jest, co ma w środku, co ma do zaoferowania – wyjaśnił mi Larry tak cichym głosem, że musiałam się nachylić, żeby go usłyszeć.

Ten mężczyzna z jedwabistymi siwymi włosami i czarnymi brwiami, rysującymi mu się na twarzy niczym grube znaki zapytania, nie spotyka się z biednymi po to, żeby poznać listę ich poprzednich miejsc pracy czy daty zatrudnienia.

Schodzi głębiej.

Pyta: „Co tam osiągnąłeś? Jakie masz marzenia? Nadzieje? Hobby?".

– W życiu każdego z nich jest coś, o co jeszcze nikt nie zapytał – powiedział mi.

Larry nigdy nie drąży, jak to się stało, że są biedni.

– Społeczeństwo i tak ich za to obwinia – wyjaśnił.

Niczym ksiądz słucha w nabożnym skupieniu wszystkiego, co chcą mu wyznać, a każdym uściskiem daje im rozgrzeszenie.

Pochylił się i oparł ramiona na spranych dżinsach, żeby opowiedzieć mi szeptem o kobiecie, która piła od dziecka, a dziś jest trzeźwą mężatką.

– Te historie są nie do wiary – mówił. – Prostytucja, kazirodztwo, przemoc. Przychodzą tu z podbitymi oczami i złamaną szczęką.

Larry wierzy w nich wszystkich. „Dopóki żyją, zawsze jest nadzieja" – to jego credo.

Każdemu mówi, jakim jest dobrym człowiekiem, i każdego zachęca, żeby był tym, za kogo uważa go Bóg. Pomaga odnaleźć ludziom to, co w sobie zagubili. Pewien czterdziestopięcioletni mężczyzna wykonywał dotąd tylko prace niewymagające kwalifikacji: sprzątał boisko drużyny Cleveland Indians, pracował na zmywaku i był pomocnikiem kelnera. Larry dowiedział się, że studiował i chciał zostać nauczycielem, dlatego w rubryce „Cele osobiste" wpisał mu: „Chciałbym kontynuować naukę i podjąć pracę nauczyciela".

Larry odkrył, że jeden z jego podopiecznych pracował jako wolontariusz w ośrodku dożywiania, więc umieścił to w jego CV. Inny był zatrudniony w pralni i nadzorował dziesięciu pracowników. Larry nauczył go mówić: „Odpowiadałem za..." zamiast: „Pracowałem dla...".

Larry nie pisze, że ktoś był po prostu operatorem prasy dziurkarskiej. Wspomina, że taka osoba wykonywała pięćset części na godzinę, że pracowała na dwunastogodzinnych zmianach, że prasa ważyła sześćset ton. „Tyle umiejętności!", woła wtedy Larry, podekscytowany okruchami złota, jakie znajduje w każdym człowieku.

Jest emerytowanym sprzedawcą śrubek. W domu przepisuje notatki, a potem robi kopie życiorysów i wręcza je każdemu w ładnej teczce. Kiedy skończy, jego zapłatą jest rozpromieniona twarz, która mówi: „Wow! Naprawdę jestem kimś. Faktycznie mam coś do zaoferowania".

– Sprawiam, że zaczynają marzyć o tym, kim mogą zostać, zamiast zadowalać się tym, kim już są. Staram się tchnąć w nich nadzieję – rzekł. – Nadzieja nic nie kosztuje.

Znajduje ukrytą wartość w każdym zagubionym człowieku przychodzącym do ośrodka, gdyż nabrał w tym wprawy. Jeżeli w każdym szukasz dobra, to nie tylko je znajdujesz, ale wręcz wyolbrzymiasz. Przypomniał mi pewien werset Biblii, odpowiedź Maryi, kiedy dowiedziała się, że jest w ciąży: „Wielbi dusza moja Pana".

Moja dusza ma zły zwyczaj wyolbrzymiać myśli, które wcale nie są dobre ani pobożne. Zbyt często skupiam moje wewnętrzne szkło powiększające na niemiłej uwadze jakiegoś nieznajomego, która natychmiast wydaje się jeszcze bardziej nieprzyjemna. Czasem kieruję lupę w przeszłość, na nauczyciela, który wyśmiewał się ze mnie w trzeciej klasie podstawówki, albo na przyjaciół, którzy zawiedli mnie w liceum, a wtedy rany się pogłębiają. Kiedy indziej odwracam szkło w stronę przyszłości, a nieskończony strumień lęku, niepokoju i zmartwień wzbiera i zamienia się w rwącą rzekę, która unosi mnie ze sobą.

Co by się stało, gdyby twoja dusza naprawdę wielbiła Boga? Gdybyś we wszystkich widział dobro, we wszystkich widział Boga – tak jak Larry?

Wtedy w każdej minucie każdego dnia miałbyś przy sobie specjalne szkło powiększające. We wszystkim, na co byś przez nie spojrzał, widziałbyś Boga.

Wyobraź sobie, że widzisz Boga w swoim szefie. W koleżance w pracy siedzącej przy sąsiednim biurku. W kierowcy przed tobą na autostradzie. W sąsiedzie, który nie kosi trawnika. W tym hałaśliwym facecie z metra sprzedającym batoniki.

Wyobraź sobie, że widzisz wyłącznie dobro w swoim małżonku. W mężu, który chrapie i nie opuszcza klapy od sedesu. W żonie, która za często się czepia i ani na chwilę nie przerywa swojego monologu, żeby wysłuchać, co masz do powiedzenia.

Wyobraź sobie, że widzisz wyłącznie dobro w swoich dzieciach. W maluchu, który wpada w histerię w dziale słodyczy. W dziesięciolatce, która nie chce posprzątać swojego pokoju. W nastolatku, który bez pozwolenia pożyczył samochód i go rozbił.

Wyobraź sobie, że dostrzegasz Boga w diagnozie „rak", którą właśnie słyszysz. Albo w zwolnieniu z pracy. Albo w teście ciążowym, który dał wynik pozytywny… albo negatywny.

Co by było, gdybyś skierował swoją lupę na to, co dobre we wszystkich tych aspektach twojego życia, które wydają się martwe: w małżeństwie, z którego chcesz się wyplątać; w pracy, która cię nudzi; w rodzinie, która cię frustruje; w osobie, którą widzisz w lustrze?

Rośnie wszystko, na co spoglądam przez szkło powiększające.

Muszę sama zdecydować, gdzie je skieruję.

Lekcja 5

Daj z siebie wszystko i nie zadręczaj się. Może jest jeszcze za wcześnie na ocenę

Najgorszy felieton, jaki napisałam w życiu, stał się jednym z moich najlepszych tekstów dzięki pewnej nauczycielce.

Jo Anne Hollis została kiedyś ogłoszona Najlepszym Nauczycielem Roku w szkole zawodowej w miasteczku, w którym dorastałam. Kochała uczyć gospodarstwa domowego uczniów z trudnościami w przyswajaniu wiedzy oraz tych z licznymi niepełnosprawnościami. Widziała w nich obietnicę, której nikt inny nie dostrzegał. Po mistrzowsku umiała sprawić, że ludzie czuli się ważni. Kiedy robiłam z nią wywiad, Jo Anne umierała na raka. Było kilka dni przed Wielkanocą, a artykuł miał się ukazać w Niedzielę Wielkanocną.

Następnego dnia po spotkaniu z Jo Anne napisałam czwartkowy felieton, który okazał się jednym z najgorszych moich tekstów. Usiłowałam być zabawna, ale mi nie wyszło. Wena mnie opuściła i nie potrafiłam wykrzesać z siebie nic sensownego. W felietonie wyjaśniałam, dlaczego Wielkanoc to najobrzydliwsze święta w roku. Oto fragment tekstu, zatytułowanego: „Wielkanocne smakołyki, przez które dostaniesz kręćka":

> Kolorowy zawrót głowy. Nawet wielkanocny zając ma mdłości. Każdy producent myśli, że konsumenci wybierają słodycze na podstawie ich koloru: im jaskrawsze, tym lepiej. Wciąż króluje krzykliwy odcień różu, ale ostry fiolet depcze mu po piętach.
>
> I dlaczego wszystko musi być w kształcie jajka? Kto o tym zadecydował? Na pewno nie zając wielkanocny. Jedyne dobre jajka to jajka po diabelsku. Niebieskie landrynkowe jajka? Istnieją od zawsze, ale które dziecko chciałoby zjeść cokolwiek w takim kolorze? I jaki rodzic by mu na to pozwolił?
>
> Nadal najlepiej sprzedają się czekoladowe zające, ale spróbujcie znaleźć takiego, który nie smakuje jak eksponat z muzeum figur woskowych. Jeśli myślicie, że ja jedna mam tego dosyć, poczekajcie tylko do niedzieli. Nie zdziwcie się, jeśli zając wielkanocny zostawi przy waszym koszyczku małą brązową pamiątkę. I nie mam na myśli rodzynek w czekoladzie.

Koledzy z redakcji przewracali oczami, czytając mój felieton. Usłyszałam, jak jeden z nich stwierdził, że chyba pisałam go resztkami sił. Kilkoro czytelników zadzwoniło z krytyką. Było mi wstyd. Napisałam najlepszy artykuł, na jaki było mnie stać tamtego dnia, ale te negatywne opinie uruchomiły mój wewnętrzny magnetofon, który zawsze odtwarza to samo nagranie: „Do diabła, co jest z tobą nie tak? Czy ty nic nie potrafisz zrobić dobrze?". W dni, kiedy oceniam siebie gorzej niż ktokolwiek inny, nadal słyszę w głowie wściekły głos mojego taty.

Przestał mnie dręczyć dopiero po rozmowie z mężem Jo Anne w pierwszy dzień świąt, po ukazaniu się mojego tekstu o niej. Napisałam w nim, dlaczego kadra szkoły Maplewood Joint Vocational School w moim rodzinnym miasteczku, Ravennie, przyznała jej nagrodę Najlepszego Nauczyciela Roku.

Jo Anne miała czterdzieści cztery lata i umierała na raka macicy. W ciągu zaledwie pięciu miesięcy choroba zajęła okrężnicę, wątrobę, płuca, kręgosłup i mózg. Ale równie trudno jak z wiadomością o przerzutach, było Jo Anne pogodzić się z tym, że już nie wróci do pracy.

Nie przyszła więcej do szkoły, ale wciąż miała do przekazania coś ważnego ze szpitalnego łóżka ustawionego w domu. Pierwsze, czego się od niej nauczyłam, to patrzeć drugiemu człowiekowi w oczy i mówić mu po imieniu. Od chwili, w której jej orzechowe oczy pochwyciły moje spojrzenie, nie przestawały się we mnie wpatrywać.

Kiedy przeprowadzałam z nią wywiad, była przykuta do łóżka. Łysą głowę miała owiniętą piękną jedwabną chustą. Gestem wskazała, bym podeszła bliżej, chciała patrzeć mi w oczy podczas rozmowy. Biło od niej ciepło, jakiego nie poczułam od nikogo nigdy wcześniej ani później. Tak, jakby jej całe ciało emitowało światło, którego się nie widzi, tylko czuje. To było jak zetknięcie z czystą miłością i łaską. Im bliżej podchodziłam, tym mniej zauważałam – że wypadły jej włosy, że ma niemal przezroczystą skórę.

Powiedziała mi, że nauczyciele przyjeżdżali pełnymi autobusami pod jej dom i stali w ogródku z transparentami: „Świetna robota, Jo", „Nauczycielka światowej klasy" oraz „Nauczyciele zmieniają życie". Wszyscy po kolei przechodzili przez trawnik pod okno sypialni, żeby jej podziękować.

Jo Anne mówiła o swojej pracy w czasie teraźniejszym, chociaż wiedziała, że nigdy do niej nie wróci. Każde zdanie kończył atak kaszlu. Opowiedziała mi, dlaczego kocha uczyć niepełnosprawne dzieci.

– Kiedy wchodzą do klasy, wbijają oczy w podłogę – wyjaśniła. – Nie mają poczucia własnej wartości. Nie mają pojęcia, że każde z nich jest dobrym człowiekiem. Ludzie je upokarzają. Ludzie próbują je ukryć. Unikają ich. Czuję ogromną satysfakcję, patrząc, jak ich wzrok odrywa się od podłogi i napotyka moje spojrzenie, bo wtedy wiem, że te dzieci sobie poradzą.

Jej zadaniem było znaleźć uczniom pracę w sektorze usług.

– Umiejętności zawodowe mogą zdobyć wszędzie, jeśli tylko ludzie okażą im cierpliwość – powiedziała. – Trochę trudniej zdobyć umiejętności życiowe.

Kiedy Jo zabierała uczniów furgonetką na obiad, zatrzymywała się przy ulubionej restauracji każdego dziecka i pozwalała wszystkim dokonać własnego wyboru. W Zjednoczonym Kościele Chrystusa, gdzie prowadziła szkółkę niedzielną, założyła koło opieki, którego członkowie odwiedzali chorych, wysyłali kartki z życzeniami i wozili potrzebujących do szpitala.

Jako drużynowa skautek dużą wagę przywiązywała do zabawy. Jej skautki nie zawsze śpią pod gołym niebem na wyjazdach.

– Raz w roku nocujemy w Sheratonie – zwierzyła mi się szeptem, jak dziecko, które zdradza swój sekret. – Skoro dziewczyny właśnie tam chcą wydać pieniądze zarobione na sprzedaży ciastek, to ja nie mam nic przeciwko. Po prostu lubię się dobrze bawić. Jeśli coś będzie dla nich świetną zabawą, zapamiętają to do końca życia, niezależnie od tego, czy chodzi o lekcje w szkole, obowiązki domowe, czy pomoc w kościele.

Martwiła się, że musi porzucić swoją najważniejszą pracę – macierzyństwo. Chciała żyć na tyle długo, żeby zobaczyć, jak jej syn Tony, który miał szesnaście lat, zdobywa tytuł Eagle Scout, a jej córka Dawn, wtedy czternastolatka, przystępuje do sakramentu bierzmowania. Wiedziała, że nie dożyje chwili, kiedy skończą studia, wezmą śluby i będą mieli dzieci. Chciała, żeby zapamiętali, jak mocno ich kochała. Chciała, żeby wiedzieli, że budząc się każdego dnia, mogą rozkoszować się jego pięknem i wspaniałością. Jo Anne uwielbiała świt.

– Jest piękny. Patrzysz na wschód słońca i wiesz, że to łaska Boga – powiedziała słabnącym głosem.

Chciała, żeby jej dzieci i uczniowie kierowali się w życiu tą samą maksymą co ona.

Życiowe motto znalazła w Liście do Efezjan, swojej ulubionej księdze Biblii, : „...abyście postępowali w sposób godny powołania, jakim zostaliście wezwani, z całą pokora i cichością, z cierpliwością, znosząc siebie nawzajem w miłości (...) teraz jesteście światłością w Panu: postępujcie jak dzieci światłości!".

Jej światło zgasło w Wielką Sobotę. Jo Anne Hollis zmarła o świcie, w swoją ulubioną porę dnia.

Kiedy dowiedziałam się o śmierci Jo Anne, zadzwoniłam do jej męża, Billa.

– Pamiętasz ten swój felieton o wielkanocnych słodyczach? – zapytał.

Przygotowałam się na krytykę. „O nie", pomyślałam. „Czyżby ją zdenerwował? Czy był aż tak kiepski?"

Powiedział mi, że usiadł obok łóżka Jo Anne i przeczytał go jej na głos.

– Zaśmiewała się bez końca – powiedział. – Tego samego popołudnia zapadła w śpiączkę. Już się z niej nie obudziła. Chciałbym ci podziękować za ten felieton... Wtedy ostatni raz wspólnie się śmialiśmy.

To był prezent od Jo Anne dla mnie. Świadomość, że nawet w najgorszej formie mogę coś komuś ofiarować. Świadomość, że nawet kiepski tekst może kogoś poruszyć.

Myślę o Jo Anne Hollis za każdym razem, kiedy zbyt ostro osądzam siebie albo innych. Skąd mamy znać prawdziwą wartość naszej pracy? To nie nasza rzecz, oceniać wartość tego, co oferujemy światu – my mamy to po prostu oferować.

Być może nigdy nie poznasz rzeczywistej wartości swoich wysiłków. A może jest jeszcze po prostu za wcześnic, żeby ją ocenić.

Lekcja 6

Wszyscy robimy to samo. Różnica polega na tym, jak to robimy

Każda z nas przyniosła prezent na przyjęcie z okazji zaręczyn koleżanki, ale jeden podarunek szczególnie rzucał się w oczy. Był tak pięknie zapakowany, że przyszła panna młoda nie chciała go otworzyć. Pudełko owinięto srebrnobiałym papierem i przewiązano wstążką w odcieniach złota, zieleni i bordo. Całość wieńczyła kiść bardzo realistycznie wyglądających winogron. Efekt był olśniewający. Pakunek przypominał raczej ozdobę na stół weselny niż prezent zaręczynowy.

Wszystkie się nim zachwycałyśmy, zastanawiając się głośno, który sklep tak wspaniale go zapakował. Okazało się, że żaden – zrobiła to osoba, która go przyniosła, moja sąsiadka przy stole. Nigdy nie zapomnę, co powiedziała Sandy Horton, kiedy pogratulowałam jej pomysłu:

– Dawno temu ktoś mnie nauczył, że wszyscy robimy to samo. Różnica polega na tym, jak to robimy.

Często o tym myślę, szczególnie gdy spotykam ludzi, którzy wykonują najzwyklejszą, niewdzięczną pracę, ale dają od siebie coś, co czyni ją niezwykłą. Nikt, kto wejdzie do Szczęśliwego Szaletu Valerie, nigdy nie zapomni jej pomysłu na biznes.

– Witaj w Szalecie Valerie! – woła właścicielka.

Jej motto brzmi: „Lej jak z cebra".

Moja córka poznała ją na lotnisku w Charlotte, w stanie Karolina Północna. Valerie zajmuje się sprzątaniem toalet. Ta kobieta bez przerwy uśmiecha się i podśpiewuje.

– Jesteś słońcem mojego życia – nuci każdej kobiecie, która wchodzi do ubikacji.

– Mnóstwo sedesów do wyboru! Bez kolejek, bez czekania. Bez czekania, bez kolejek – zachwala szalet, tańcząc po nim wesoło, i uchyla drzwi kabin, żeby zaprosić klientki do środka. – Jaki sens ma praca, jeśli nie możesz się w niej dobrze bawić? To szalet dla VIP-ów. To bardzo ważne, żebyś usiadła wygodnie w Szczęśliwym Szalecie Valerie. Tu możesz lać jak z cebra!

A mówi to kobieta, która przez cały dzień sprząta publiczną ubikację. Kobieta, która mogłaby uważać, że to najniższy szczebel życiowej kariery. Zamiast tego podnosi wszystkich na duchu, niezależnie od tego, jaki oni szczebel zajmują.

– Chce mi się, chce mi się, chce mi się teraz, tu! – śpiewa i klaszcze w dłonie w rękawiczkach.

Jej radość życia w tej – wybaczcie – dosyć gównianej pracy jest godna podziwu.

Nie tylko ona podchodzi tak żywiołowo do swojego zajęcia. Czytałam kiedyś nekrolog pielęgniarki, która śpiewała swoim pacjentom. Chorzy uwielbiali jej piosenki i wszyscy prosili o Śpiewającą Siostrę.

Muszę też wspomnieć o Robercie McIntyre, który wita chorych w Cleveland Clinic. Ma za zadanie pomóc pacjentom i ich rodzinom: zaoferować im wózek inwalidzki albo wskazać właściwą drogę, kiedy przychodzą do centrum onkologii. Robert daje prawdziwy show: nosi czerwony płaszcz i czarny cylinder i przez cały czas śpiewa.

Nigdy nie chciał być piosenkarzem. Kiedyś wstąpił do chóru kościelnego, ale nie potrafili go tam poskromić. Podobno jest tenorem, lecz jego głos chadza własnymi ścieżkami.

– Po prostu idę na żywioł i śpiewam tak, jak mi wygodnie – wyjaśnił.

Karierę wokalisty rozpoczął piętnaście lat wcześniej w wielopoziomowym garażu innego szpitala. Był tam pracownikiem parkingu, ale spodobała mu się akustyka tego pomieszczenia. Któregoś dnia przyniósł ze sobą magnetofon, upewnił się, że jest sam, a potem odśpiewał *Under the Boardwalk*.

– Byłem tam tylko ja i samochody – powiedział.

Kiedy skończył, rozległy się burzliwe oklaski. Odwrócił się i zobaczył trzydziestu zachwyconych ludzi. „Ups", pomyślał. „Wyrzucą mnie z pracy".

Od tej chwili śpiewa zawsze, kiedy ma po temu okazję. Codziennie występuje w Centrum Onkologii w Cleveland Clinic ubrany w swój czerwony płaszcz i czarny cylinder, racząc pacjentów serenadami.

– Jestem kimś w rodzaju konsjerża, recepcjonisty oraz środka transportu w jednym – wyjaśnił. – Mówcie mi człowiek orkiestra.

Na jego identyfikatorze widnieje zdjęcie mężczyzny skrywającego łysinę pod cylindrem w rozmiarze 7 i ¾, który zachował z czasów, gdy pracował jako odźwierny w eleganckim hotelu. Jeśli występuje bez niego, mówi o sobie „Tajny Agent". Cylinder trzyma w srebrnej szafce przy stanowisku informacyjnym obok gigantycznej plastikowej torby z laminowanymi zdjęciami rodzinnymi. Jedno z nich przedstawia jego brata, który zmarł na raka płuc.

– Śpiewałem dla niego – wyjaśnił. – Odstawiałem cały show.

W repertuarze Roberta są takie piosenki jak: *I Can See Clearly Now*, *Sweet Hour of Prayer*, *You've Lost That Lovin' Feeling*, *Mr. Bojangles* oraz *God Is Still on the Throne*. Dzięki niemu pacjenci czują się jak członkowie rodziny królewskiej. Trafiają do ośrodka osłabieni chorobą albo chemioterapią, wspierając się na laskach lub chodzikach. Robert podnosi ich na duchu uśmiechem i piosenką.

Pracuje w klinice już pięć lat i wszyscy go znają. Pewna kobieta przerwała mu kiedyś wykonanie *You Are Everything*, żeby zapytać: „Czy ty jesteś Robert? Słyszałam o tobie dużo dobrego".

Uśmiechnął się wtedy i zapytał: „Czym mogę służyć?".

Podszedł do samochodu, w którym siedziała, ujął ją za szczupłą dłoń i pomógł jej dojść do wózka inwalidzkiego. Robert nie jest wścibski, nie zadaje pytań. A kiedy śpiewa, robi to cicho. Ludzie pytają go często:

– Gdzie śpiewasz?

– Tutaj, właśnie tutaj – odpowiada.

Kiedy przekonują go, że powinien śpiewać zawodowo, oświadcza:

– Ależ śpiewam! Jestem przecież nadwornym śpiewakiem w centrum onkologii.

Dla jednej pacjentki pojechał nawet w trasę. Robert zawsze śpiewał piosenkę *Smoke Gets in Your Eyes* niejakiej Shirley Dorsey. Shirley przechodziła naświetlania i chemioterapię, walcząc z czerniakiem. Chemia jej nie pomagała, za to Robert tak. Śpiewał peany na jej cześć. A kiedy umarła, mąż Shirley, Ed, poprosił Roberta, żeby zaśpiewał na pogrzebie.

Robert włożył swój czerwony płaszcz i czarny cylinder. Zaśpiewał *Order My Steps*. Ed zaprosił go na kolację, żeby poznał całą rodzinę. Zdaniem Eda, Shirley zawdzięczała Robertowi ostatnie dni swojego życia.

– Umiał poprawić jej nastrój – powiedział Ed. – Prawdopodobnie przedłużył jej życie.

Robert zbywa takie pochwały.

– Nigdy tego nie planowałem – odparł. – Minęło wiele lat, zanim zrozumiałem, że to moje powołanie.

Zamienił pracę w powołanie. Każdy z nas ma taką możliwość. Wszyscy robimy to samo, różnica polega na tym, jak to robimy. Kiedy inni czują się przy nas wyjątkowo, sami się tacy stajemy.

Lekcja 7

Każda przeszkoda jest misją od Boga

Któregoś dnia w drodze na wywiad do mojego felietonu zgubiłam się w dzielnicy Cleveland, której nie znałam. Jeździłam tam i z powrotem, aż w końcu zatrzymałam się przed małą lodziarnią. Nazywała się Scoops. Przeszkodziłam w pracy nastolatkowi za ladą, żeby zapytać go o drogę. Był taki uczynny, że obiecałam wrócić później na lody.

Kilka godzin później ten sam nastolatek nałożył mi orzechową masę do rożka z precyzją, z jaką się jeszcze nie spotkałam. Zważył nawet wafelek. To był czarny chłopak ze śródmiejskiego getta. Mógł mieć piętnaście albo szesnaście lat. Do rozpoczęcia szkoły jesienią zostało zaledwie kilka dni.

Chciałam czekać w milczeniu, aż skończy, ale w pewnym momencie poczułam w sercu ukłucie: „Porozmawiaj z tym młodym człowiekiem. Wyjdź ze swojej strefy komfortu".

– To gdzie chodzisz do szkoły? – zapytałam tego nieznajomego.

– Nie wiem – odpowiedział.

Wystarczyło jedno pytanie, żeby świat się otworzył.

Terrance Embry opowiedział mi, że uczęszczał do prestiżowej szkoły prywatnej na przedmieściach po drugiej stronie Cleveland, Hawken School, ale jego rodzinie skończyły się pieniądze i nie mogła już sobie pozwolić na pokrywanie niewielkiej części czesnego, której nie obejmowało stypendium.

– Kim chcesz zostać w przyszłości? – zapytałam.

– Och, będę neurochirurgiem – odparł.

Odpowiedział w taki sposób, jakby to było przesądzone; jakby nic nie mogło go powstrzymać. A przez kolejną godzinę wyjaśniał mi, jak – niezależnie od wszelkich przeszkód – zamierza to osiągnąć.

Terrance miał na sobie białą koszulkę polo, firmowy fartuszek i spodnie khaki, a na głowie czapeczkę z napisem „Scoops", ale zachowywał się tak, jakby był już w fartuchu chirurgicznym. Przed nałożeniem lodów do wafelka za każdym razem podchodził do umywalki.

Umyć. Wyszorować. Wytrzeć. Nałożyć.

Jego uśmiech na chwilę zbladł. Powiedział mi, że jego mama szuka pracy, a tata pracuje na poczcie. Terrance pomaga w lodziarni dopiero od czterech tygodni.

– Jeśli nie wrócę do Hawken, to może nie jest mi to pisane – rzekł, a potem uśmiechnął się szeroko, jakby znał jakąś tajemnicę. – Dla mnie najważniejszy jest rezultat końcowy: mam zostać neurochirurgiem.

Wytarł ręce, a potem oznajmił, że od zawsze chce zostać lekarzem. Przez trzy lata z rzędu uczestniczył w wakacje w programie dla uzdolnionych uczniów, przygotowującym afroamerykańskich chłopców do szóstej, siódmej oraz ósmej klasy. Podczas tych zajęć przeczytał książkę *Gifted Hands* („Utalentowane ręce") Bena Carsona, neurochirurga dziecięcego. Carson wychował się w biednej rodzinie, ale wspierała go mama – i Bóg.

– Mieliśmy ze sobą tyle wspólnego – opowiadał Terrance. – Ta książka była odpowiedzią na moje modlitwy. Jakby spadła mi z nieba.

Nie mógł jej zatrzymać.

– Ale zapamiętam ją do końca życia – zapewnił.

Terrance należał do niewielkiego kościoła pod nazwą Foundation of Truth, w którym, jak mi wyznał, „świetnie bawił się z Bogiem". Przez trzy lata uczył się łaciny. Planował zacząć naukę hiszpańskiego. Marzył o biologii, chemii i fizyce dla zaawansowanych. To był jego przedostatni rok w liceum. Grał w koszykówkę i biegał na czas.

Był najmłodszy z siedmiorga rodzeństwa. Jedna z sióstr robiła doktorat z psychologii dziecięcej. Codziennie przypominała mu, żeby się nie poddawał.

– Nigdy nie miałem złudzeń, że będzie mi łatwo. To tylko przeszkoda. Jakoś ją obejdę – rzucił, a potem się poprawił. – Po prostu ją pokonam.

Postawił sobie trudne zadanie. Trzy lata wcześniej jego rodzice się rozstali.

– Dawniej wszystko robiłem razem z tatą – opowiadał. – Po rozwodzie rodziców nasze kontakty są bardziej skomplikowane.

Rodzinny budżet też.

– Nie jesteśmy biedni, ale nie jesteśmy też bogaci – stwierdził Terrance.

W poprzednim roku szkolnym Terrance jeździł autobusem z zachodniej części miasta do szkoły prywatnej we wschodniej dzielnicy. Przez większość tygodnia był w domu o siódmej wieczorem.

– Uwielbiam Hawken. To świetna szkoła – ocenił. – W niej sam odpowiadasz za swoje wyniki.

Kiedy pierwszy raz powiedział znajomym, że chce zostać neurochirurgiem, zaczęli się śmiać. Teraz już się nie śmieją.

Terrance zdradził mi, że marzy o tym, żeby obejrzeć operację albo porozmawiać z neurochirurgiem o tym, jak działa organizm człowieka. Wciąż wierzy, że skończy Hawken, później Uniwersytet Stanforda, i wreszcie Uniwersytet Columbia.

I co dalej?

– Pojadę tam, gdzie będę potrzebny – wyjaśnił i wrócił do umywalki, żeby przygotować się do obsłużenia kolejnego klienta, który poprosił o lody miętowo-czekoladowe. Terrance nałożył je z chirurgiczną precyzją.

Umyć. Wyszorować. Wytrzeć. Nałożyć.

Któregoś dnia ta instrukcja będzie wyglądała inaczej: umyć, wyszorować, wytrzeć, naciąć.

Kiedy zadzwoniłam do szkoły Hawken, żeby sprawdzić fakty, byli zdumieni, że udało mi się znaleźć Terrance'a. Przez całe lato próbowali się skontaktować z rodzicami chłopca, ale ci byli nieuchwytni. Z radości, że się odnalazł, szkoła zgodziła się pokryć całe jego czesne.

Felieton z historią Terrance'a poruszył żonę pewnego neurochirurga. Opowiedziała o nim mężowi podczas lunchu. Jego też poruszył. Doktor Mark Luciano zobaczył w chłopcu siebie samego, gdy miał szesnaście lat. Też chciał dowiedzieć się wszystkiego o mózgu na długo, zanim wziął do ręki skalpel. Doktor Luciano postanowił otworzyć przed Terrancem drzwi. Drzwi za jaskrawą czerwoną linią, namalowaną na podłodze Cleveland Clinic.

Terrance spotkał się z doktorem Luciano w szpitalnej sali konferencyjnej. Był ubrany w niebieski komplet chirurgiczny i biały fartuch laboratoryjny. Doktor Luciano siedział przy drugim końcu stołu i wydawał się równie podekscytowany jak Terrance.

– Każdy pacjent jest jak zagadka – powiedział do chłopca. – A my, lekarze, musimy sprawdzić, czy potrafimy ją rozwiązać.

Luciano operuje niemowlęta z wodogłowiem, dzieci z guzami, dzieci z deformacjami czaszki. Tego dnia zetknęli się z zagadką pacjenta z zespołem Arnolda-Chiariego. Doktor Luciano zacisnął pięść, która miała udawać mózg, i wsunął do niej palec niczym rdzeń kręgowy, żeby pokazać Terrance'owi, jak czaszka uciska tylną część mózgu. Móżdżek był wepchnięty w szczelinę, przez którą biegnie rdzeń.

Lekarz pozwolił Terrance'owi obserwować operację mózgu. Uprzedził nastolatka, że niektórzy źle znoszą ten widok, robi im się niedobrze i wytrzymują najwyżej piętnaście minut.

– Nawet jeśli cię zemdli, to nie przesądza o twoich szansach na zostanie lekarzem.

Terrance westchnął i rozluźnił ramiona.

Lekarz wyjaśnił mu, że mózg nie odczuwa bólu. Mówił o zastosowaniu technologii komputerowych do operowania mózgu i zażartował, że neurochirurdzy uwielbiają gadżety.

Terrance skinął głową.

Przeszli korytarzem do sali operacyjnej. Od tyłu wyglądali jak dwaj lekarze. Terrance był wyższy.

Doktor Luciano przestrzegł go przed przekraczaniem czerwonej linii namalowanej na podłodze. Po drugiej stronie mógł się znaleźć tylko zespół chirurgiczny, odpowiednio przygotowany do operacji.

Zatrzymali się, żeby założyć niebieskie czepki chirurgiczne i maseczki. Doktor Luciano wyjaśnił, jak zawiązać maseczkę i oprzeć ją na nosie, żeby się nie zsuwała.

– Powinna ciasno przylegać i ułożyć się symetrycznie – poradził.

Potem pokazał Terrance'owi, jak założyć rąbek czepka, żeby fajnie wyglądać.

– Musisz zrobić zakładkę, inaczej wygląda zbyt zwyczajnie – zażartował lekarz.

Stali na początku długiego korytarza – na ważnym skrzyżowaniu w życiu Terrance'a. Jedynym, co go powstrzymywało, była czerwona linia namalowana na podłodze. Doktor Luciano przekroczył ją, a potem przypomniał sobie, że potrzebuje okularów chirurgicznych i pobiegł po nie.

Terrance, nieruchomo jak posąg, stał tuż przy czerwonej linii, skupiony na tym, żeby nie pójść za daleko.

– Nie mogę się doczekać – wykrztusił.

Wpatrywał się w tę linię, początek drogi do sali operacyjnych.

Na ścianach po prawej i lewej stronie wisiały rzędy białych fartuchów laboratoryjnych. Na każdym widniało nazwisko lekarza. Spojrzał na nie, a potem wbił dłonie w kieszenie swojego fartucha.

– W telewizji wszystko wygląda inaczej – wyszeptał.

Doktor Luciano wrócił szybkim krokiem.

– Idziemy – oznajmił.

Terrance przekroczył czerwoną linię.

Podeszli do metalowej umywalki, przy której chirurdzy myją ręce. Doktor Luciano powiedział chłopcu, że na pewno spodoba mu się mózg i rdzeń kręgowy, a potem od niechcenia otworzył drzwi do sali operacyjnej i Terrance wszedł za nim do środka.

Nastolatek stał z roziskrzonym wzrokiem, gdy lekarz przedstawiał mu zespół. Przywitali go i ostrzegli, żeby nie dotykał pola operacyjnego. Pacjent został już przygotowany i zasłonięty. Miał otwartą czaszkę.

Doktor Luciano zaprosił Terrance'a na stołek za głową pacjenta.

Terrance usiadł, pochylił się do przodu i po raz pierwszy zobaczył mózg pacjenta.

Lekcja 8

Najpierw załóż maskę tlenową sobie, a później martw się o resztę, bo inaczej nie pomożesz nikomu – łącznie ze sobą

Nikt nie słucha stewardes, które wygłaszają standardową formułkę na temat bezpieczeństwa, ale ja odkładam wszystko i koncentruję się. To bardzo przydatne przypomnienie, żeby lepiej o siebie dbać. Szczególnie lubię fragment, w którym stewardesa podnosi maskę tlenową i mówi wszystkim: „Pasażerowie podróżujący z dziećmi zakładają maskę najpierw sobie, a następnie dziecku".

Jak często słyszysz przyzwolenie, żeby najpierw zająć się sobą?

Nie tylko rodzice w podróży powinni zastosować się do tej rady. Zbyt wielu z nas popełnia grzech zaniedbania wobec samych siebie, a dotyczy to szczególnie kobiet. Dorastając, uczymy się, że wszystko jest ważniejsze od nas: mąż, dzieci, sąsiedzi, nieznajomi, a nawet praca.

Przeprowadziłam kiedyś wywiad z psychologiem z Cleveland Clinic do audycji radiowej o stresie. Doktor Michael McKee powiedział w nim coś, co utkwiło mi w pamięci: „Nie stosuj wobec siebie innej miary. Musisz traktować siebie tak samo dobrze jak wszystkich innych".

Trafność tej zasady uderzyła mnie któregoś dnia, kiedy planowałam wybrać się na zajęcia jogi. W końcu udało mi się wcisnąć je w napięty harmonogram. Nie byłam na jodze od wielu miesięcy, dlatego zrobiłam wszystko, żeby mieć wieczór dla siebie. Dwie godziny przed zajęciami moja bliska przyjaciółka zadzwoniła z pytaniem, czy nie zajmę się jej synkiem.

– Jasne – powiedziałam i odwołałam swoje plany.

A czemu potrzebowała opiekunki do dziecka?

Bo chciała pójść na jogę.

Wrr!

Dałam się wyrolować z jogi i to wyłącznie na własne życzenie. Spędziłam cudowny wieczór z synkiem przyjaciółki, ale nie skonsultowałam się ze sobą, zanim oddałam komuś swój czas.

Stale tak robię. Podobnie jak większość znanych mi kobiet.

American College of Cardiology w Atlancie opublikował kiedyś ważny raport, z którego wynikało, że kobiety są bardziej narażone na śmierć z powodu ataku serca niż mężczyźni – bo za późno zgłaszają się do szpitala. Zwykle zajmuje im to godzinę dłużej niż mężczyznom od chwili, gdy zauważą symptomy.

Może to zaskakiwać lekarzy i badaczy, ale nie kobiety. Kiedy facet ma bóle klatki piersiowej, dzwoni na pogotowie i jedzie do szpitala. A kobieta?

Dochodzi do wniosku, że ból może oznaczać coś poważnego, dlatego piecze lasagne, a potem robi klopsa i zapiekankę z tuńczykiem, żeby rodzina miała co jeść przez tydzień, który ona spędzi na oddziale intensywnego nadzoru kardiologicznego.

Kiedy otwiera lodówkę, żeby schować przygotowane posiłki, nie może znieść widoku spleśniałego sera żółtego i gnijących resztek, więc wyrzuca je do śmieci i myje półki. Pakuje wszystkim drugie śniadanie, zanim sama spakuje się do szpitala. A gdy zagląda do łazienki po szczoteczkę do zębów, przy okazji szoruje umywalkę, wannę i toaletę.

Przychodzi jej do głowy, że następnego dnia rodzinie zabraknie czystej bielizny, wrzuca więc do pralki białe rzeczy i składa wyjęte z suszarki ubrania. Wychodzi do szpitala, kiedy wszyscy już zjedli, odrobili lekcje i wykonali swoje obowiązki domowe.

W drodze do szpitala podwozi córkę na trening piłki nożnej, oddaje przetrzymane książki do biblioteki i zgłasza się do pomocy w przedszkolnym programie nauki czytania.

Zanim dojedzie na pogotowie, ociera się o śmierć. Ale przed oczami nie widzi scen z własnego życia, tylko te z życia swojego męża i dzieci.

Kobiety od zawsze bagatelizują własne potrzeby i ignorują swój ból. Nieustannie stosujemy wobec siebie inną miarę. Stawiamy siebie na ostatnim miejscu. Nikogo innego nie traktujemy tak fatalnie jak siebie.

Jak to zmienić? Co zrobić, żeby najpierw założyć maskę tlenową sobie samej?

Po pierwsze, daj sobie na to zgodę. Niech to będzie oficjalne pozwolenie na to, by lepiej o siebie zadbać. Sama musisz się o siebie zatroszczyć – to ty za to odpowiadasz, nikt inny.

Doktor McKee podał kilka metod do wypróbowania. Oto niektóre wnioski z naszej rozmowy:

Dbaj o siebie – nie stosuj wobec siebie innej miary. Przestań przywiązywać do obowiązków wobec siebie mniejszą wagę niż do obowiązków wobec innych. Przestań być tak bardzo dla innych, że nie zostaje ci już nic dla siebie. Przestań wykrajać czas dla siebie – znajdź dla siebie całą belę czasu.

Poświęć sobie pięć minut – zatrzymaj się i poświęć pięć minut na to, żeby uspokoić, skupić i uporządkować myśli. Zanim odbierzesz dzieci po pracy albo pójdziesz po zakupy, posiedź bezczynnie w samochodzie. Zresetuj się. Dzięki temu podejmiesz lepsze decyzje i odkryjesz, że świat się bez ciebie nie zawali. Co za ulga.

Bierz sześć oddechów na minutę. Jestem kiepska z oddychania. Doktor McKee poradził, żeby brać sześć oddechów na minutę. Przez pięć sekund wdychaj powietrze, a potem przez pięć sekund je wydychaj. Spróbuj. Niesamowite doznanie.

Odbierz, co twoje – nie oddawaj innym pilota do swoich emocji. Koniec z wymówkami: „Ten facet doprowadza mnie do szału", „Przez szefa nabawię się wrzodów", „Dostanę migreny przez moje dzieci". Odbierz im tego pilota i wciśnij guzik z napisem „spokój". Nie masz wpływu na to, co robią inni, ale masz wpływ na swoje reakcje.

Rób sobie chwile wytchnienia przez cały dzień – szukaj momentów, w których możesz ćwiczyć nowy sposób oddychania, na przykład gdy stoisz na czerwonym świetle, dostajesz e-mail od szefa albo czekasz w kolejce w sklepie. Weź jeden albo dwa oddechy brzuszne i powiedz do siebie: „Wszystko jest w porządku. Wszystko jest w porządku".

Zorganizuj sobie sesję przyjemności – co tydzień zarezerwuj godzinę tylko dla siebie. Niech to będzie dla ciebie sesja przyjemności. Zorganizuj sobie godzinę piękna i wybierz się do muzeum, galerii z biżuterią albo kwiaciarni. Zorganizuj sobie godzinę spokoju i posłuchaj ulubionej muzyki, poczytaj wiersze ulubionego poety, weź kąpiel z ulubionym płynem zapachowym. Zorganizuj sobie godzinę przyrody i rozkoszuj się słońcem, odgłosem deszczu, blaskiem gwiazd. Jeśli nie znajdziesz całej godziny, podaruj sobie trzy dwudziestominutowe sesje przyjemności.

Zrób listę wdzięczności. Kiedy w godzinach szczytu utkniesz w korku, rozejrzyj się wokół i zrób szybką listę wdzięczności. Samochód obok ciebie to rozklekotany gruchot. Aha. Bądź wdzięczna za swój samochód. W samochodzie przed tobą wydziera się trójka dzieci. No tak. Bądź wdzięczna za ciszę w swoim samochodzie.

Bądź krótkowzroczna – traktuj życie jak serię sprintów, a nie jeden niekończący się maraton, w którym nawet nie widać mety. Pomiędzy zrywami aktywności odpoczywaj i regeneruj organizm.

Arystoteles dzielił świat na myślenie, czucie i działanie. Zdaniem doktora McKee, żeby dobrze radzić sobie ze stresem, trzeba dokonać zmian w każdej z tych dziedzin. Mój ulubiony cytat z Arystotelesa brzmi: „Jesteśmy tym, co w swoim życiu powtarzamy". Spróbuj wyrobić w sobie nawyk kochania siebie tak samo mocno, jak wszystkich pozostałych.

Najpierw załóż maskę tlenową sobie, bo wtedy wszystkim wokół będzie się trochę łatwiej oddychać.

Lekcja 9

Nie traktuj ludzi tak, jak sam chcesz być traktowany, tylko tak, jak oni chcą być traktowani

Większość z nas dorastając, poznała złotą regułę: Nie czyń drugiemu, co tobie niemiłe. Traktuj innych tak, jak sam chciałbyś być traktowany.

Brzmi dobrze, ale to wcale nie musi być najlepsza strategia. Zbyt często robimy dla innych to, czego sami pragnęlibyśmy na ich miejscu, podczas gdy oni mogą nie docenić naszych intencji.

Czytałam kiedyś o dwóch siostrach, które próbowały pomóc mamie przejść przez leczenie onkologiczne, sprzątając jej dom. Przez wiele godzin szorowały calusieńką łazienkę, żeby była sterylnie czysta, kiedy mama będzie zmieniać opatrunek po operacji. Ale kiedy ich matka wróciła do domu i zobaczyła lśniącą łazienkę, poczuła się urażona, że córki naruszyły jej prywatność.

Gdy byłam w ósmej klasie, urządziliśmy zbiórkę, chcąc kupić naszej nauczycielce wyjątkowy prezent. Nie mieliśmy pojęcia, co jej podarować. W końcu zdecydowaliśmy się na nowy płaszcz. Później dowiedzieliśmy się, że nasz prezent zranił jej uczucia. Zastanawiała się, czy naszym zdaniem jej stary płaszcz był tak zniszczony, że potrzebowała nowego.

Mama powiedziała nam kiedyś, że chciałaby dostać mały przenośny telewizor do kuchni. Maleńki odbiornik, który zmieści się na blacie, kiedy będzie przygotowywała kolację, i który będzie mogła w razie potrzeby przenosić z pokoju do pokoju. Tata kupił jej ogromny telewizor, którego nie mogła nawet podnieść. W efekcie mama była rozczarowana, że tata nie zrozumiał jej potrzeb, a tata zdumiony, że mamie nie podoba się większy i lepszy telewizor niż ten, o który prosiła.

Morał jest taki: traktuj ludzi tak, jak chcą być traktowani. To, co jest ważne dla nas, nie musi być najważniejsze dla tego, komu staramy się pomóc. Nauczyłam się po prostu pytać: W czym mogę ci pomóc?

Susan Miller pokazała mi, że można pójść o krok dalej.

Kiedy poznałam Susan, pracowała jako konsjerż w hotelu Renaissance Cleveland w centrum miasta. Na jej wizytówkach widniał tytuł: „Główny konsjerż", ale bardziej pasowałoby do niej: „Clevelandzki Komitet Powitalny". Masz jakiś problem? Susan zna rozwiązanie. Zawsze można ją było zastać w hotelowym lobby ze słuchawką przy lewym uchu. Załatwiała ważne sprawy, a w tle szumiała fontanna.

Potrzebujesz przebukować swój lot? Zgubiłeś bagaż? Chcesz dostać bilety na wyprzedane przedstawienie? Żaden kłopot. Spełniała życzenia zupełnie jak dżinn z butelki. Dla niej każdy miał status VIP-a. Jej misją było traktować ludzi tak, jak chcą być traktowani.

Każdy dzień Susan był inny od poprzedniego. Budziła się o 3.50 nad ranem, żeby dotrzeć do pracy na piątą, pół godziny przed czasem. Przez czternaście lat ani razu się nie spóźniła.

– Ja naprawdę nie robię nic specjalnego – zapewniała mnie. – Po prostu jestem uprzejma. Tak zostałam wychowana. Moja mama była cudownym człowiekiem. Nauczyła nas empatii i miłości. Mam nadzieję, że godnie ją reprezentuję.

Kiedy pewien słynny poeta chciał wypić kieliszek białego wina o 9.00 rano, Susan znalazła kogoś, kto je nalał. Kiedy Bernie Kosar, były rozgrywający zespołu Cleveland Browns, potrzebował opiekunki dla swoich bratanków, Susan sama się nimi zajęła. Kiedy jednemu z członków zespołu Allman Brothers Band złamał się ząb, Susan znalazła dentystę. Kiedy jej współpracownik Ryan Craig wykupił rodzicom pobyt w hotelu z okazji rocznicy ślubu, Susan udekorowała ich łóżko płatkami róż.

Prawie wszyscy znają jakąś historię o Susan:

Fotel bujany. Świeżo upieczona mama rozpaczliwie potrzebowała fotela na biegunach, żeby uspokoić płaczącego noworodka. Okazało się, że hotel nie ma nic podobnego na stanie, więc Susan przywiozła tej kobiecie fotel bujany z giętego drewna z własnego domu.

Rower. Kiedy człowiek, który obiecał pożyczyć triatloniście rower, nie dotrzymał słowa, Susan pożyczyła zawodnikowi własny. Ukończył triatlon na drugim miejscu.

Kostium kąpielowy. Któregoś dnia do hotelu weszła rozhisteryzowana kobieta w kostiumie kąpielowym, krzycząc, że ktoś ukradł jej ubrania. Susan uspokoiła ją, oddając jej własne zapasowe dżinsy i T-shirt, który trzymała w hotelu na wszelki wypadek.

Próbka. Pewna kobieta przyjechała do miasta na leczenie raka nerek. Potrzebowała dostarczyć do szpitala próbkę moczu, ale nie miała na to siły. Susan zaofiarowała się, że ją zawiezie.

Sieroty. Którejś jesieni w hotelu zatrzymała się grupa rumuńskich sierot. Nigdy nie słyszały o Halloween, więc Susan zorganizowała dla nich dwadzieścia torebek ze słodyczami, żeby mogły przeżyć prawdziwe amerykańskie Halloween.

Pacjent. Johnny przyleciał z St. Louis na leczenie raka mózgu w Cleveland Clinic. Jego ojciec musiał wcześniej wrócić do domu, więc Susan spędzała wieczory przy łóżku chłopczyka, żeby nie był sam.

Kąpiel. Menedżer Diahann Carroll zadzwonił do hotelu, żeby się upewnić, czy jego klientka będzie mogła zażyć kąpieli w mleku. Susan wyszukała lokalną mleczarnię, która dostarczyła ogromne kadzie mleka. Podgrzała je, a później poleciła zanieść do pokoju aktorki i napełnić nimi wannę. Pani Carroll była bezbrzeżnie zdumiona. Okazało się, że jej życzenie zostało źle zrozumiane. Chciała tylko, żeby do kąpieli dolano mlecznego płynu.

Torebka. Ulubiona przez wszystkich historia opowiada o rozgorączkowanej parze z Chicago. Mężczyzna i kobieta zgłosili w recepcji, że zginęła im torebka. Sądzili, że mogła zostać w którymś McDonald'sie między Chicago a Cleveland. Susan potraktowała to jako wyzwanie.

Rozłożyła mapy, prześledziła trasę pary, a potem zadzwoniła do ogólnokrajowej siedziby firmy McDonald's i zdobyła numery wszystkich restauracji położonych wzdłuż autostrady międzystanowej – a było ich trzydzieści. Po dziesiątym telefonie namierzyła torebkę.

– Nie wiem, kto był szczęśliwszy, ja czy oni – powiedziała mi Susan. – Wtedy przekonałam się, że umiem załatwić wszystko.

A może wszyscy to potrafimy – wystarczy tylko zrozumieć, czego potrzebują inni.

Lekcja 10

Jeśli chcesz zobaczyć cud, sam bądź cudem

Bycie Bogiem to czasem straszliwa udręka. Nie żebym miała jakieś osobiste doświadczenia w tym względzie, ale z komedii *Bruce Wszechmogący* jasno wynika, że to trudniejsza praca, niż mogłoby się wydawać, zwłaszcza biorąc pod uwagę nasze ciągłe modlitwy i prośby o pomoc.

W tym filmie Jim Carrey gra sfrustrowanego reportera telewizyjnego, który najpierw utyka w korku, potem traci pracę i zostaje pobity, a w końcu ląduje z psem, który nieustannie sika na jego ulubione krzesło. „Boże, dlaczego mnie nienawidzisz?", woła zrozpaczony dziennikarz.

Sama nigdy nie zadałam tego pytania, ale zdarzają się takie chwile – a nawet całe dni – kiedy czuję się jak adresatka jednego z żartów Boga.

To takie dni, kiedy wychodzisz z domu i poniewczasie orientujesz się, że masz pękniętą gumkę w majtkach. Albo gubisz się w drodze na rozmowę o pracę. Albo jakiś ptak postanawia sobie ulżyć na twoją nową jedwabną bluzkę.

W filmie Bóg ukazuje się pod postacią Morgana Freemana i rzuca wyzwanie mężczyźnie, gdy ten czuje się jak mrówka, a Boga porównuje do złośliwego dzieciaka, który w słoneczny dzień patrzy na owady przez szkło powiększające, rozkoszując się tym, jak w tym upale biegają we wszystkie strony. Bóg mówi do naszego bohatera: „Myślisz, że lepiej sobie poradzisz? Oto masz okazję". I na pewien czas przekazuje nieszczęśnikowi władzę nad wszechświatem.

Na początku Bruce świetnie się bawi: sprawia, że rozstępuje się przed nim morze samochodów oraz zupa pomidorowa, wymazuje chmury i powiększa księżyc – oraz kobiecy biust – i pozwala wszystkim wygrać na loterii, nawet jeśli dostają zaledwie po siedemnaście dolarów na głowę.

Pijany władzą reporter wykrzykuje: „Niech się stanie MOJA wola!".

To przerażające, ale tylko dlatego, że wypowiada te słowa na głos. Większość z nas nie miałaby na tyle odwagi, ale przecież i nam wydaje się, że świat byłby dużo przyjemniejszy, gdybyśmy to my decydowali o jego losach, a nie Bóg. Dawniej nie chciałam podporządkować swojego życia i swojej woli Bogu. Obawiałam się, że Bóg ześle mi nudne życie, w którym będzie mało zabawy i zero seksu. Kto nie chciałby zamienić się z Bogiem? Wow. Od czego byś zaczął?

Musiałbyś obowiązkowo uwolnić świat od biedy, chorób, nienawiści i zła. Ślepym przywrócić wzrok, głuchym – słuch, chromym – umiejętność chodzenia. No wiesz, to wszystko, o czym paple zdobywczyni tytułu Miss America, ściskając bukiet róż wielkości siedmiolatka.

A co powiesz na to?

Każde dziecko rodzi się zdrowe, a poród jest bezbolesny. (Problemem przeludnienia, który by z tego wyniknął, zajmiemy się innym razem).

Wszyscy mogą studiować za darmo.

Weekend nie trwa już dwa, lecz trzy dni. A wszystkim na świecie przysługują cztery tygodnie wakacji.

Menstruacja u kobiet? Poważna wada konstrukcyjna.

A może stworzysz świat, w którym mężczyźni nie łysieją? W którym naprawdę potrafią czytać kobietom w myślach i na walentynki kupują im czekoladki firmy Godiva zamiast jadalnej bielizny.

Świat, w którym drużyna Cleveland Indians wygrywa World Series przynajmniej raz na dziesięć lat. Albo nie, raz na pięć lat. No dobrze, wystarczy, że wygrają raz za mojego życia.

Przydałoby się też przeredagować Biblię, żeby łatwiej ją było zrozumieć i trudniej przeinaczyć jej sens. Odpuść Hiobowi, zanim straci całą rodzinę i wszystko, co posiada. Wykreśl niektóre zarazy i plagi.

Ześlij mieszkańcom Cleveland taką pogodę, jaką cieszą się w San Diego. Nie bądź taki, zasługujemy na trochę przyjemności. Oni mają ocean. Według mnie tak będzie sprawiedliwie.

Spraw, żeby w Boże Narodzenie wszędzie padał śnieg.

Zadbaj o to, żeby mężczyznom nie rosły włosy w nosie i w uszach, a kobietom na nogach.

Przedłuż październik i cudowną złotą jesień o przynajmniej dziesięć dni.

Powiększ wszystkim serca i skurcz ego.

Świat świetnie by sobie poradził bez mrówek ogniowych, pcheł, komarów, skorpionów, węży, pająków i karaluchów. Wiem, wiem, to ogniwa łańcucha pokarmowego. A skoro mowa o jedzeniu, to niech brukselka, twaróg i bakłażan znikną z powierzchni Ziemi.

To samo dotyczy tornad, huraganów, lawin, zamieci śnieżnych, trzęsień ziemi i tsunami. Na pewno nawet Bóg wstydzi się, że pałeczki okrężnicy, bakterie zjadające ciało i opryszczka wyszły poza fazę eksperymentów.

Na obronę Boga można powiedzieć, że nikt z nas nie wymyśliłby tęczy, ognia, muzyki, snów, gwiazd, burz z piorunami, seksu, jeleni, Pacyfiku, Wielkiego Kanionu i wodospadu Niagara.

Ale czy w każde urodziny nie mogłoby się spełniać jedno nasze marzenie? Czy mamy za wysokie wymagania?

Wiem, wiem, „Nie moja wola, lecz Twoja niech się stanie". Jak powiedział Bóg w filmie: „Chcesz zobaczyć cud? To sam bądź cudem".

To dobra rada dla wszystkich śmiertelników.

Zamiast szukać dowodów na działalność Boga w różnych magicznych sztuczkach, odnajduj je w każdej chwili. Zamiast szukać cudów zesłanych z nieba, odnajduj je w sobie. Zamiast szukać nieba gdzieś indziej, stwórz własny kawałek nieba tu i teraz. Zamiast szukać śladów obecności Boga w gorejącym krzewie, błyskawicy albo płaczącej figurce, bądź obecny, a doświadczysz Boga wszędzie.

Za każdym razem, kiedy dojdzie do tragedii albo pojawi się problem, którego nie potrafimy rozwiązać, pytamy: „Gdzie jest Bóg?". Wyobraź sobie tylko, co by się stało, gdybyśmy wszyscy poczuli się do odpowiedzialności i powiedzieli: „Bóg jest tutaj. Jest we mnie, jest w tobie".

Bóg jest w każdym z nas, w każdej tragedii i każdym problemie. To my musimy odnaleźć w sobie największą światłość i miłość, by stać się cudem. Właśnie tu i właśnie teraz.

Lekcja 11

Każdy jest dla kogoś ważny

John Wood nie ma aktu urodzenia, chyba że brać pod uwagę czarną wysłużoną Biblię, której karty o złotych brzegach kryją dowód jego pochodzenia i obietnicę jego dziedzictwa.

Nie wie nawet, ile ma lat. Mniej więcej siedemdziesiąt lat temu pewna kobieta znalazła noworodka w nowojorskim śmietniku. Zabrała go do domu, nadała mu imię i wychowała najlepiej, jak potrafiła. To dziecko, które wyjęła ze śmieci, uczyniło pomoc bezdomnym swoją życiową misją. Przez ponad dwadzieścia lat John pracował w City Mission w Cleveland, gdzie robił wszystko, od gotowania zupy po słanie łóżek, w imię miłości do ludzi, którzy czują się zupełnie niekochani.

– Skończyłem wśród bezdomnych – powiedział John, rozbawiony tą ironią losu. – Całe moje życie to jeden wielki cud.

Ludzie, którym pomaga, nie wiedzą, jak się do niego zwracać. Reaguje, gdy nazywają go wielebnym Woodem, bratem Johnem, Woodsem i Doktorem. Gdyby

John spisał swoje CV, wynikałoby z niego, że był pracownikiem socjalnym, kierowcą ciężarówki, technikiem ratownictwa medycznego, duchownym i balsamistą.

Do City Mission zaprosił go pewien pastor w Cleveland dawno temu, kiedy na ulice trafiali zwykle starzy alkoholicy z dzielnic biedoty. Dziś ta organizacja mieści się w nowoczesnym kompleksie nieskazitelnie czystych budynków i pomaga głównie młodym ludziom uzależnionym od narkotyków.

Kiedy John dołączył do misji jako duchowny, pracowało tam pięć osób. Dziś organizacja zatrudnia sześćdziesiąt dwie osoby. John prowadził zdezelowany autobus, naprawiał cieknące rury i palił śmieci. Do dziś ma nóż, którym zaatakował go jakiś pijany mężczyzna.

– To były czasy – wspominał z szerokim uśmiechem.

Opowiedział mi, jak zszedł do piwnicy w poprzedniej siedzibie, żeby spalić odpadki, i zastał tam setki szczurów.

– Teraz ich już nie ma – oświadczył z uśmiechem. – I mnie też zaraz nie będzie.

Poznałam go na przyjęciu pożegnalnym zorganizowanym z okazji jego przejścia na emeryturę. Chciał spędzać więcej czasu ze swoją żoną, Beą. Planował nadal być duszpasterzem więziennym i odwiedzać chorych psychicznie przestępców.

– Nie zawstydzam ich moimi naukami – wyjaśnił. – Mają swoje obawy i żale. Słucham ich.

Uszy Johna wyglądają jak skrzydełka wystające spomiędzy białej szczeciny. Przez środek głowy biegnie mu miedziane pasmo włosów, wspomnienie po rudym chłopcu, który odnalazł Boga w wieku ośmiu lat i odtąd nigdy się z Nim nie rozstawał.

Podczas uroczystego lunchu John siedział z dłońmi złożonymi na kolanach, w milczeniu słuchając pochwał na swój temat.

– John Wood był dla mnie i wszystkich uczestników programu jak ojciec – powiedział jeden z pracowników, a wtórowali mu ci, którzy wiedzieli, jak często John zapraszał podopiecznych do domu albo zabierał na wycieczkę do zoo.

Inny mężczyzna opowiedział, że John czytał Biblię jak zbiór opowiadań o nadziei.

– Był jak Mojżesz – podsumował. – A wszyscy, którzy przychodzili tu po pomoc, byli jego narodem.

Potem sam John stanął na mównicy i przeczytał słowa proroka Jeremiasza, opisujące historię jego życia i życia tych wszystkich, którzy dzięki niemu poczuli się kochani.

– „Zanim ukształtowałem cię… znałem cię" – przeczytał John. – „Poświęciłem cię".

John powiedział zgromadzonym, że nie poczytuje sobie za zasługę tego, iż pomógł uratować tyle osób.

– Chociaż głoszę Ewangelię, jestem niczym wobec jej chwały – wyjaśnił.

Potem zamknął starą czarną Biblię z zakładkami ze wstążek całymi w strzępach i odszedł z nisko zwieszoną głową, jakby był pogrążony w modlitwie za jakąś zagubioną duszę.

Każdy jest dla kogoś ważny. Tego uczą siebie albo innych wszyscy w City Mission.

Tę zasadę stosuje jeszcze jeden człowiek pracujący tam społecznie. John Gulley nie wyraża jej słowami, tylko maszynką fryzjerską. Potrafi przywrócić mężczyźnie godność w dwadzieścia minut albo nawet szybciej. W jego dłoniach grzebień zamienia się w magiczną różdżkę, nożyczkom wyrastają skrzydła, a bezdomni żebracy stają się dżentelmenami, których warto spryskać elegancką wodą po goleniu.

Wystarczy przestąpić próg jego salonu, męskiej toalety, w której strzyże włosy bezdomnym, śpiącym na ulicy – włosy niemyte od wielu dni, czasem z nieproszonymi lokatorami. Ten wysoki mężczyzna o pociągłej, serdecznej, ojcowskiej twarzy Billa Cosby'ego wie, że człowieka na fotelu dzieli od wszystkich innych ludzi jedna zła decyzja.

John siwieje, ale jego gęste brwi są nadal równie czarne jak fartuch, w którym pracuje. Dwa razy w tygodniu wkłada lateksowe rękawiczki i otwiera swój salon między umywalką a pisuarem. Czasami słucha przy strzyżeniu muzyki gospel. Kiedy go obserwowałam, jedyną muzyką był szum maszynki, świst nożyczek i szmer rozmowy.

– Jest bardzo delikatny – stwierdził Anthony, który przyszedł z gęstym afro.

Spojrzał na czarne puszyste pukle u swoich stóp, włosy nieścinane przez rok. John przesunął maszynką po jego głowie, delikatnie ją muskając, żeby zrobić przedziałek. Wysypał odrobinę talku na myjkę i wytarł Anthony'ego.

– W porządku – ocenił Anthony swoją nową fryzurę. Był obcięty na jeża, a na czubku głowy John zostawił mu nieco dłuższe włosy. – Dzięki.

Gdy jeden mężczyzna wychodził, na jego miejscu natychmiast pojawiał się następny. W niektóre dni John strzyże nawet trzydzieści pięć głów.

– Jak się dziś miewasz, Bill? – zapytał John. – Chcesz krótkiego jeżyka?

– Krótkiego, ale nie za krótkiego – odparł Bill. Na ziemię zaczęły spadać czarne kępki. Bill zamknął oczy i rozluźnił się, a John opowiadał o swoich klientach.

– Wszyscy popełniamy błędy – powiedział. – Tyle że każdy popełnia inne. Oni nie są w niczym gorsi ode mnie. Chodzi tylko o konsekwencje. Moje pomyłki i złe uczynki nie zaszkodziły mi tak jak im. – I zapytał: – Z przedziałkiem?

– Nie, proszę pana – odpowiedział uprzejmie Bill.

John nie jest fryzjerem z zawodu. Przeszedł na wcześniejszą emeryturę w firmie United Parcel Service po dwudziestu pięciu latach pracy i zgłosił się jako wolontariusz do Czerwonego Krzyża, gdzie oddawał krew i pomagał ofiarom katastrof. Obcinał włosy kilku ludziom ze swojej parafii, a potem zwrócił uwagę, jak źle wyglądają bezdomni, i dołączył do City Mission, żeby im pomagać.

– Codziennie rano modlę się i proszę Boga, żeby prowadził moje oczy i ręce i żeby dał mi siłę stać, bo wiem, że nie jestem fryzjerem. Proszę Go, żeby nie zsyłał na mnie zmęczenia i znużenia, dopóki nie skończę – rzekł, dodając, że nikt nie narzeka na efekty jego pracy. – Zawsze mówią: „Mogę z tym żyć".

– Czy wiesz, jaka jest różnica między złym strzyżeniem a dobrym strzyżeniem? – zapytał John.

A potem wypalił:

– Cztery dni.

Don usiadł, a John zapiął mu czarną pelerynkę pod szyją.

– Wspaniale strzyże – stwierdził Don.

– Mówi tak z uprzejmości – stwierdził John.

– Mówię tak, bo to prawda – przekonywał Don.

John nigdy nie wziął ani centa za strzyżenie. I nigdy nie weźmie.

– Bóg mi świadkiem, że nie robiłbym tego dla pieniędzy – zastrzegł. – Nie lubię tego. Ale kocham robić to właśnie w ten sposób. Po prostu dobrze się czuję, kiedy kogoś ostrzygę. Większości tych facetów nie stać na fryzjera. Dopiero co wyszli z więzienia. Czasami drażni mnie ich żebranina. Kiedyś piłem na umór. Codziennie chodziłem pijany. Naprawdę codziennie. Któregoś dnia Bóg mnie od tego uwolnił. Kiedyś uwielbiałem przeklinać, a potem uwolnił mnie i od tego. Pozwolił mi dostrzec szpetotę takiego zachowania.

Wolny od własnej szpetoty, John może pomóc tym mężczyznom odnaleźć wewnętrzne piękno.

– Fryzura ma drugorzędne znaczenie – zdradził mi John. – To tylko środek do celu.

Przyciął Donowi włosy koło nosa i podał mu lusterko.

– Czuję się jak milion dolców – powiedział biedak do przystojnego mężczyzny w lustrze.

– Pięknie. Naprawdę pięknie.

Lekcja 12

Ujmuj się za innymi, zwłaszcza jeżeli nie mogą ująć się sami za sobą

Wiele razy w życiu powinnam była się za kimś ująć, ale tego nie zrobiłam.

Kiedyś rozmawiałam przez telefon ze słuchaczem, który zaczął mi opowiadać o swojej firmie. Wspomniał mimochodem, że jeden z jego klientów jest bardzo skąpy.

– Można by pomyśleć, że ma na nazwisko Goldstein – rzucił, a potem zmienił temat.

W mojej głowie rozległ się krzyk: „Goldstein? Czy on chciał przez to zasugerować, że Żydzi są chciwi? Powtarza ten stereotyp? Nie zamierzasz zareagować?".

Ale nie chciałam się wydać przemądrzała, więc nic nie powiedziałam.

Raz na wakacjach, na plaży, obserwowałam dwóch braci, którzy sobie dokuczali. Ich ojciec stracił w końcu cierpliwość i wziął jednego z nich na bok. Kazał mu wstać. Gdy tylko synek go posłuchał, kazał mu usiąść. Kiedy usiadł, ojciec znów rozkazał mu wstać. Chłopiec podnosił się i siadał jak posłuszny piesek, aż w końcu wybuchł płaczem.

Trwało to ponad piętnaście minut. Wszyscy wokół patrzyli na upokarzanego chłopca, ale nikt nic nie zrobił. Gdy malec się zdenerwował, jego brat zaczął sypać w niego piaskiem i rzucać zabawkami, śmiejąc się wesoło. Ojciec nie reagował.

Miałam ochotę krzyknąć do niego: „Przestań! Zostaw go w spokoju!". Ale inny głos szepnął mi do ucha: „To jego syn. To ich sprawa".

Nic nie zrobiłam.

W jednej z kawiarni w Cleveland spotkałam grupę kobiet. Po chwili niezobowiązującej rozmowy jedna z nich opowiedziała dowcip, który można było uznać za rasistowski. Byłam zdumiona. Żadna z kobiet się nie roześmiała, ale też żadna nie zareagowała. Któraś pospiesznie zmieniła temat.

Usłyszałam w głowie krzyk: „Jak możesz pozwalać, żeby te kłamstwa uchodziły za żarty? Powiedz coś!". Ale inny głos napomniał mnie: „Nie rób scen. Nawet jej nie znasz. Wystarczy, że się nie roześmiałaś". Posłuchałam niewłaściwego głosu i przemilczałam to.

Idąc parkingiem po meczu futbolu amerykańskiego w szkole w Kent, minęliśmy z przyjacielem kilku mężczyzn w podrasowanym samochodzie ze słowem „Ford" wypisanym ogromnymi literami na tylnej szybie. Mój przyjaciel stwierdził głośno, że straszne z nich prostaki. Kilka minut później ci sami mężczyźni minęli nas i obrzucili go rasistowskimi wyzwiskami. Mój przyjaciel był zły, ale nie przyznał, że to jego komentarz sprowokował cały incydent. Nie chcąc pogarszać sprawy, nic nie powiedziałam.

W którąś sobotę jechałam z parą znajomych na miejscowe Święto Bliźniąt w Twinsburg. Inny kolega podjechał do nas w swoim porsche i zażartował, że zamierza na miejscu podziwiać dziewczyny. Interesowało go tylko jedno: obrazowo pokazał, że zamierza znaleźć bliźniaczą parę ogromnych piersi. Ha, ha. Moja znajoma była wściekła, że tak uprzedmiatawia naszą płeć. Oprócz niej byłam jedyną kobietą w samochodzie. Chciałam ją poprzeć, ale milczałam.

Pewnego wieczoru, gdy z restauracji w Cleveland szłam do teatru, zobaczyłam pięcioosobową rodzinę, która wracała do samochodu. Nagle ojciec kopnął syna w plecy. Kiedy chłopiec zaczął płakać, miałam ochotę rzucić się na mężczyznę i wrzasnąć, żeby przestał. Ale jakim prawem miałam zwracać mu uwagę? To mogło być niebezpieczne. A co jeśli miał przy sobie broń? A co jeśli potraktuje dziecko jeszcze gorzej, kiedy odejdę?

Wciąż jeszcze słyszę moje milczenie. Nieustannie dźwięczy mi w uszach.

A ty słyszysz swoje?

Zbyt wielu z nas milczy. Lata temu napisałam artykuł śledczy o nastolatku z Rittman w stanie Ohio, aresztowanym za zabójstwo ojca. Will Snyder był przez lata maltretowany przez ojca alkoholika, który cierpiał również na poważną, nieleczoną chorobę psychiczną. Aż w końcu rankiem 21 stycznia 1996 ten spokojny siedemnastolatek, który nigdy nie sprawiał żadnych problemów, wziął kij baseballowy i zabił śpiącego ojca. Gdy wieść o tym rozeszła się po okolicy, na policję zadzwoniło wielu sąsiadów i przyjaciół chłopca, chcąc się za nim wstawić. Opowiedzieli funkcjonariuszom, jak często chodził posiniaczony. Sąsiedzi zobaczyli kiedyś, jak ojciec uderzył Willa tak mocno, że chłopiec upadł na ziemię. Przyjaciele widzieli go opuchniętego, z podbitymi oczami i siniakami. Po zakończeniu śledztwa okazało się, że siedemdziesiąt osób potwierdziło, iż Will był przez wiele lat bity przez ojca. Willa skazano za nieumyślne spowodowanie śmierci. Sędzia dał mu wyrok w zawieszeniu na pięć lat. Nikt się za nim nie ujął, dopóki nie było za późno.

Pastor Martin Niemoller wygłosił słynną mowę o tym, dlaczego dobrzy Niemcy nie bronili innych w czasach nazistowskiego reżimu.

To ważne przesłanie dla nas wszystkich:

> Kiedy przyszli po komunistów, nie protestowałem. Nie byłem przecież komunistą.
>
> Kiedy przyszli po związkowców, nie protestowałem. Nie byłem przecież związkowcem.
>
> Kiedy przyszli po Żydów, nie protestowałem. Nie byłem przecież Żydem.
>
> Kiedy przyszli po socjaldemokratów, nie protestowałem. Nie byłem przecież socjaldemokratą.
>
> Kiedy przyszli po mnie, nikt nie protestował. Nikogo już nie było.

Dlaczego nie reagujemy?

Boimy się, że nie mamy racji. Boimy się wyjść przed szereg. Boimy się, że na tym ucierpimy.

Ale nasze milczenie skazuje innych na dalsze cierpienia.

Wielebny Allan Boesak z Republiki Południowej Afryki, który walczył z apartheidem, powiedział kiedyś, że gdy u kresu naszych dni staniemy przez Bogiem, żeby osądził nasze życie, Bóg zapyta: „Gdzie twoje rany?".

Zbyt wielu z nas odpowie: „Nie mamy żadnych ran".

A wtedy Bóg zapyta: „Więc nie znalazłeś nic, o co warto było walczyć?".

Lekcja 13

Każdego dnia przychodź na nowo na świat

Telefon zadzwonił późnym niedzielnym wieczorem, tuż po 21.30. Kobieta po drugiej stronie słuchawki chrząknęła, a potem zostawiła krótką wiadomość na mojej redakcyjnej automatycznej sekretarce. Chodziło o mój optymistyczny felieton.

> Właśnie przeczytałam pani artykuł w niedzielnej gazecie. Urodziłam się w latach trzydziestych. Moja matka nie była zamężna. Oddała mnie do adopcji i zostałam adoptowana. Wolałabym, żeby usunęła tę ciążę, bo nigdy nie byłam szczęśliwa. Jestem przekonana, że bardzo wielu ludzi czuje się tak samo jak ja.

I to wszystko. Rozłączyła się.

Odsłuchałam tę wiadomość kilka razy, żeby sprawdzić, czy w jej głosie pobrzmiewa złość, smutek, czy może jedno i drugie. Ta kobieta wolałaby się nie urodzić. Przeżyła ponad pół wieku, ale nigdy nie czuła się szczęśliwa.

Zastanawiałam się, jak rozumie szczęście.

Czy nigdy nie widziała wspaniałego zachodu słońca? Albo setek gwiazd roziskrzonych na czarnym niebie? Czy nigdy nie doświadczyła namiętnego pocałunku?

Czy nigdy nie zjechała na rowerze ze wzgórza z wiatrem we włosach? Nie brodziła w strumieniu, czując, jak błoto wciska się między palce jej stóp? Czy nigdy nie zrobiła orła na śniegu, nie przeczytała świetnej powieści, nie wygrała w remika?

Czy mierzy szczęście chwilami czy latami? Najwyraźniej latami.

Być może przeanalizowała każdy rok po kolei i doszła do wniosku, że ma nieszczęśliwe życie.

Może nigdy nie przebolała faktu, że porzuciła ją biologiczna matka. Może ludzie, którzy ją adoptowali, byli wobec niej niemili albo wręcz agresywni. Ale nikt – nawet ten, kto od początku ma oboje rodziców – nie dostaje gwarancji absolutnej, bezwarunkowej miłości i szczęścia. Nie ma tak dobrze.

Za to jest znacznie ciekawiej.

Gdybyśmy cały czas byli szczęśliwi, przestałoby nas to cieszyć. To tak, jakby lato trwało przez cały rok. Znudziłoby nam się słońce i błękitne niebo, gdybyśmy oglądali je codziennie. Właśnie za to kocham Ohio. Tutejsza pogoda to idealna kombinacja burz z piorunami, zadymek, fal upałów, jesiennych liści i bitew na śnieżki.

Nikt nie ma idealnego życia.

Ale gdybyśmy mogli wrzucić wszystkie swoje problemy na jedną stertę i zamienić się nią z kimś innym, każdy wybrałby własną. Ja też wybrałabym moją, ze wszystkimi cierpieniami, lękami i chwilami rozpaczy. Za nic bym ich nie oddała.

Czy ta kobieta naprawdę wolałaby nie żyć? Żałowała, że w ogóle przyszła na świat. Przypomniał mi się Jimmy Stewart w filmie *To wspaniałe życie*. Stał na moście, gotów skończyć ze sobą, kiedy nagle pojawił się obok niego niezdarny anioł Clarence, żeby pokazać Jimmy'emu, jak bardzo brakowałoby go na świecie.

Może ta kobieta nie dokonała niczego tak spektakularnego jak uratowanie komuś życia, ale na pewno miała wpływ na czyjeś życie przez te wszystkie lata, przez które chodziła po ziemi. A jeśli dotąd nie miała, to może mieć od dziś.

Chciałam jej powiedzieć, żeby zaczęła życie od nowa. Jeśli cierpisz przez to, że rodzice cię nie kochali, idź na terapię. Weź rozwód ze swoją rodziną i stwórz nową, złożoną z kochających przyjaciół. Zacznij pracować społecznie, żeby ulżyć cierpieniom kogoś innego.

Chciałam jej powiedzieć, żeby porozmawiała z Bogiem. A jeśli w Bogu widzi obcą albo złośliwą istotę, która ją ocenia, to niech znajdzie sobie nowego Boga.

Chciałam jej powiedzieć, że nawet człowiek mający oboje rodziców, którzy kochają go nad życie i zawsze okazują mu wsparcie, nie ma zagwarantowanego szczęścia. Nikomu z nas nie spełniają się wszystkie marzenia. A jeśli się spełniają, to zwykle po tym, jak życie da nam mocno popalić.

Chciałam jej powiedzieć, żeby dała popalić życiu. Jeśli nienawidzi swojej pracy, to może ją zmienić albo przynajmniej zmienić to, jaki ma do niej stosunek. Jeśli nudzi ją jej dom, może przestawić meble. Pomalować ściany. Albo którąś wyburzyć.

Chciałam jej powiedzieć, żeby przepisała swoje życie. Przerobiła je na nowo. Każdy dzień zaczynała z czystym kontem. By rano sięgała po białe płótno i codziennie malowała w zapamiętaniu, bez żadnych zmartwień, bez strachu.

Ale nie mogłam jej nic powiedzieć. Nie zostawiła nazwiska ani numeru telefonu. Tylko odrobinę rozpaczy i ważną refleksję: szczęście to wybór. Czasem wybieram coś innego. Użalam się nad sobą, pogrążam w lęku, złości albo smutku. Kiedy się na tym przyłapię, robię chwilę przerwy i zadaję sobie pytanie: „Czy chcesz być szczęśliwa?".

Niekiedy zaskakuję sama siebie, bo odpowiedź brzmi: „Nie". Ale kiedy wypowiadam to słowo, „nie", mam jasność, że decyduję się być nieszczęśliwa. Moja rozpacz trwa krótko, bo wiem, że to ode mnie zależy, kiedy się skończy. Czasami wystarczy po prostu położyć się wcześniej spać.

Rano mam szansę narodzić się na nowo, znów przyjść na świat. Wszyscy uwielbiają noworodki! Noworodka nikt nie osądza. Jest idealny taki, jaki jest.

Mój przyjaciel Don Cozzens, ksiądz katolicki, zakończył kiedyś kazanie następującymi słowami: „Nie jesteśmy zepsutymi ludźmi, którzy przez całe życie naprawiają swoje błędy. Rodzimy się doskonali i przez całe życie to odkrywamy".

Dlaczego nie mielibyśmy odkrywać swojej doskonałości każdego dnia, patrząc w lustro?

Upomnij się o to, co twoje. Odkryj prawdę w tych cudownych wersetach proroka Izajasza: „Wezwałem cię po imieniu. Oto wyryłem cię na obu dłoniach".

Co widzisz, kiedy przeglądasz się w lustrze? Ja chcę zobaczyć w nim to, co widzi Jessica. To mała dziewczynka znana z filmiku na portalu YouTube, w którym wskakuje na blat w łazience i skanduje do lustra afirmacje.

W nagraniu *Daily Affirmation* („Codzienna afirmacja") ta pięciolatka z burzą jasnych loków stoi w rozkroku nad umywalką i wykrzykuje prosto do lustra: „Cały mój dom jest świetny! Mogę robić wszystko, co dobre! Lubię moją szkołę! Lubię mojego tatę! Lubię moich kuzynów! Lubię moje ciotki! Lubię moją mamę! Lubię moje siostry!".

Rozkręca się i zaczyna wymachiwać piąstkami w powietrzu. „Lubię moje włosy! Lubię moją fryzurę! Lubię moją piżamę! Lubię moje rzeczy! Lubię mój pokój! Lubię mój cały dom!" Potem klaszcze w dłonie, jakby była gotowa na podbój świata.

„Cały mój dom jest świetny! Mogę robić wszystko, co dobre", powtarza, schodząc z blatu, mijając nocnik i wannę pełną zabawek. „Tak, tak, tak, tak, tak. Mogę robić wszystko, co dobre, lepiej niż wszyscy inni!"

Kto nie chciałby czuć się tak dobrze każdego ranka? Niektórzy pewnie myślą, że afirmacje to głupota godna Stuarta Smalleya, bohatera odgrywanego przez Ala Frankena w programie *Saturday Night Live*, który powtarza sobie: „Jestem wystarczająco dobry, jestem wystarczająco mądry i do jasnej ciasnej, ludzie mnie lubią!". Ale z badań wynika, że nasze szczęście zależy od nas samych. Doktor Sonja Lyubomirsky, autorka książki *Wybierz szczęście: Naukowe metody budowania życia, jakiego pragniesz*, analizuje ludzkie szczęście. Jej badania wykazały, że okoliczności życiowe odpowiadają za dziesięć procent naszego poczucia szczęścia.

Tylko tyle?

Tak.

Za kolejne pięćdziesiąt procent odpowiada genetyka.

A reszta zależy wyłącznie od ciebie.

Więc może poświęć się w stu procentach tym czterdziestu procentom?

Linda Wisler Luft, która prowadzi firmę coachingową Fireball Coaching and Consulting w Columbus w stanie Ohio, kiedyś czuła się w swoim życiu jak w pułapce. Przeszło jej to dopiero, kiedy zaczęto u niej podejrzewać raka. Teraz zawodowo pomaga innym wydostać się z takich pułapek. Radzi im przyjrzeć się temu, jak postrzegają swoje życie w danym momencie. Najpierw poznaj swój aktualny punkt widzenia, a potem wybierz nową perspektywę, z której spojrzysz na własne życie. Podejmij decyzję, czego nie chcesz i czego chcesz.

Zachęca do stawiania sobie celów zgodnie z koncepcją SMART, czyli: prostych, mierzalnych, osiągalnych, realistycznych i określonych w czasie*. Spróbuj zwizualizować sobie każdy cel tak, jakbyś już go osiągnął. Wyobraź

---

* z ang. *simple*, *measurable*, *achievable*, *realistic*, *time-targeted*

sobie siebie za dwadzieścia lat. Czy już wiesz, jak ma wyglądać twoje przyszłe „ja"? W takim razie pozwól mu przychodzić na świat każdego dnia.

Codziennie rano spójrz w lustro i doceń ten cud, jakim jesteś teraz, a potem zacznij swój dzień i obserwuj efekty.

Lekcja 14

Czasem wystarczy uszczęśliwić jedną osobę

Jeśli widziałeś film z Jackiem Nicholsonem pod tytułem *Schmidt*, w połowie na pewno zacząłeś się zastanawiać, czy ten człowiek jest dla kogokolwiek ważny. Odpowiedź przychodzi na koniec, kiedy stojąc na gruzach swojego życia, Schmidt zdaje sobie sprawę, że jest ważny dla jednego dziecka.

Czasami tak bardzo staramy się uszczęśliwić wszystkich wokół, że nie przychodzi nam do głowy, iż może wystarczy uszczęśliwić jedną osobę. Mój przyjaciel Kevin Conroy, ksiądz katolicki, żyje według zasady: „Zacznij od biednych". Pracował jako misjonarz w Salwadorze i Kambodży. To do niego trafiają czeki, które wypisują Amerykanie pragnący pomóc dzieciom potrzebującym jedzenia, książek albo leków.

Poznałam go w 1986 roku, kiedy zaczęłam pracować jako dziennikarka. Miałam mocne postanowienie, że zmienię świat. Zamiast tego utknęłam na zebraniach komisji planowania przestrzennego, na których dyskutowano, jak wysoki może być płot w przydomowym ogródku w Lorain w stanie Ohio. Nudy. Później gazeta zleciła mi serię artykułów o biedzie. Rzuciłam się na ten temat. Gdzie można znaleźć biednych ludzi? Wszyscy, których o to pytałam, odpowiadali: „Porozmawiaj z Kevinem. On wie, gdzie są biedni".

Ojciec Kevin zjeździł ze mną całe Lorain: chodziliśmy wzdłuż torów kolejowych, zaglądaliśmy do moteli i garkuchni. Biedni byli wszędzie. Jak mogłam ich wcześniej nie zauważyć?

Później Kevin wyjechał pracować społecznie w Salwadorze, a potem w Kambodży. Nauczył mnie, żeby nigdy nie zapominać, iż kapłaństwo to właśnie małe akty miłości.

– Mieszkam w świecie, w którym żyje się za dolara dziennie – mawia.

W Phnom Penh, w organizacji Little Sprouts, pracuje z sierotami, których rodzice zmarli na AIDS. Jest ich dwieście siedemdziesiąt i wszystkie są zarażone wirusem HIV. Najmłodsze dziecko ma trzy lata, najstarsze – osiemnaście.

Kiedy Kevin wyjeżdżał, żeby odwiedzić rodzinę w Cleveland, dzieci płakały. Bały się, że już nigdy go nie zobaczą. W ich świecie ktoś, kto wyjeżdża, już nie wraca. Zanim wyruszył na lotnisko, jego podopieczni urządzili losowanie – zwycięzca mógł odwieźć Kevina.

Kevin wyznaje filozofię, że czasem można najpierw dać ludziom rybę, a później wędkę. „Jeśli nie damy im ryb, te dzieci chore na AIDS nie przeżyją dość długo, żeby nauczyć się korzystać z wędki", wyjaśnił. Jego zdaniem pomoc ubogim oznacza, że jedziesz tam, gdzie jesteś potrzebny, ale niemile widziany, i zostajesz, dopóki nie staniesz się mile widziany, ale niepotrzebny.

Jedna z moich ulubionych opowieści o Kevinie mówi o jego podróży do Hondurasu, by pomóc ofiarom huraganu. Trzy dni po przejściu huraganu Mitch w 1998 roku rozmaite organizacje usiłowały zgromadzić sprzęt medyczny, aspirynę, antybiotyki, bandaże i inne produkty potrzebne do udzielania pierwszej pomocy. Ludzie spontanicznie przynosili to wszystko do kościołów i na lotniska. Mieli ogromną potrzebę pomagania.

W ciągu pięciu dni na Honduras spadło półtora metra wody. Na zawsze odmieniło to ten kraj i jego mieszkańców. Huragan zabił ponad 19 tysięcy osób.

W Hondurasie potrzebne były leki, a nie zabawki. Ogromna lalka nie pasowała do reszty darów, ale kobieta na lotnisku nalegała, żeby ją zabrać. Gdy pakowała rzeczy dla ofiar huraganu, jej dzieci przyniosły tę lalkę z jej sypialni i włożyły ją do jednego z pudeł. Powiedziała im, żeby odłożyły ją na miejsce. To była jej lalka z dzieciństwa. Nie chciała jej oddawać.

Odwracała się trzy razy, a one za każdym razem przemycały lalkę z powrotem do pudełka. Kiedy po raz czwarty zobaczyła zabawkę w środku, przytuliła ją i rozpłakała się. Musiała ją oddać.

Zawiozła wszystko do Marthy Ponce, prezes Stowarzyszenia Honduraskiego w Cleveland. Przyciskając lalkę do piersi, opowiedziała Marcie, ile dla niej znaczy ta zabawka, i nalegała, żeby trafiła do właściwego dziecka.

Martha nie planowała jechać do Hondurasu, ale dołączyła do pięciodniowej misji pomocowej, w której brał udział Kevin. Opuściła swoją ojczyznę dwadzieścia trzy lata wcześniej. George Muehlheim, ratownik medyczny z clevelandzkiej straży pożarnej, postanowił pomóc, kiedy w telewizji zobaczył ogrom zniszczeń. Tak jak wszyscy pozostali uczestnicy czuł, że miał w życiu dużo szczęścia, i chciał jakoś pomóc innym.

Gdy Kevin i George spotkali się na lotnisku, nie byli pewni, co myśleć o lalce wielkości kilkuletniego dziecka, wystającej spomiędzy walizek, pudeł i plecaków pełnych antybiotyków, płynów nawadniających i innych produktów medycznych, ofiarowanych przez lokalne kościoły i apteki. Po co ją zabierać?

Kobieta, która przywiozła lalkę, zapewniła ich:

– Będziecie wiedzieli, komu ją dać.

„Nie wydaje mi się", pomyślał Kevin, przewracając oczami. Kobieta najwyraźniej zaklinała rzeczywistość. Lalka z długimi blond włosami nie była odpowiednia dla honduraskiej dziewczynki nawet pod względem kulturowym.

I właśnie on utknął z nią jako pierwszy. Trzymał ją na kolanach w samolocie pełnym służb pomocniczych, ludzi w uniformach Czerwonego Krzyża, a nawet psów ratowniczych. Kiedy wylądowali w Hondurasie, przesiedli się do różnych samochodów. Zniszczenia były tak ogromne, że dotarcie do celu zajęło im cały dzień.

Kevin wcisnął się z lalką i trzema innymi osobami do taksówki wielkości volkswagena garbusa. Taszczyli lalkę przez łożysko rzeki pełne kamieni i głazów. Dźwigali ją na pagórek wysokości dziesięciu metrów po prowizorycznej drabinie, która uginała się przy każdym kroku. Kevin nieraz zastanawiał się, po co targają ze sobą tę lalkę. Mruczał pod nosem: „Na cholerę nam ten klamot?".

Wszystko stało się jasne, kiedy spotkali ośmiolatkę, która przez cały czas wszystkim powtarzała: „Ktoś przywiezie mi lalkę".

Otóż o zmierzchu dotarli do wioski Jutiapa, w której nie włączono jeszcze elektryczności. Zespół planował zostawić dary w lokalnych klinikach i pomóc rozdzielić je między chorych. Pierwszym przystankiem był kościół, w którym Martha powiedziała księdzu i dwóm zakonnikom o lalce. Wszyscy trzej powiedzieli równocześnie to samo: „Kaila".

Kaila?

Biedna dziewczynka, która nawet przed huraganem miała trudne życie. Zgłosiła się do pracy w prowizorycznym schronisku w wiosce. Kiedy dwieście osób przyszło coś zjeść, Kaila została dłużej i zmywała naczynia. Została też następnego dnia, kiedy głodnych ludzi było już trzystu, i w kolejne dni, gdy schronisko obsłużyło czterysta osób.

Rodzina Kaili straciła wszystko w huraganie i mieszkała u krewnych. I tak mieli niewiele w swojej lepiance, z której nic nie zostało.

Kaila była tak biedna, że nie miała żadnych zabawek – ani jednej lalki. Inne dziewczynki nie chciały się z nią bawić, wyśmiewały się z niej. Odrzucały ją z powodu jej biedy.

Niedługo po tym, jak jej dokuczały, Kaila miała sen: ktoś przywiózł jej lalkę. Obudziła się podekscytowana i opisała zabawkę swojej mamie. Opowiedziała o niej dzieciom w szkole biblijnej, pochwaliła się księdzu.

Mama obiecała jej:

– Kiedyś będę miała wystarczająco pieniędzy, żeby kupić ci lalkę.

– Nie – zaprotestowała Kaila. – Ktoś mi przywiezie lalkę.

Ta bosa dziewczynka rozpłakała się, gdy zobaczyła lalkę, która wyglądała dokładnie tak samo, jak w jej śnie. Miała takie same długie włosy uczesane w kucyki, wstążki i sukienkę w kwiaty.

– Mamusiu, mamusiu, mówiłam ci! – krzyknęła Kaila.

Wszystkim łzy stanęły w oczach.

Kevin był zdumiony.

– Myśleliśmy, że naszą misją jest dostarczyć te wszystkie leki. A może naszym celem było uszczęśliwienie jednego dziecka – powiedział mi.

Czasem coś, co wydaje ci się bezwartościowe i nieważne, może mieć ogromne znaczenie. Nie możesz uszczęśliwić wszystkich ani rozwiązać każdego problemu. Ale możesz uszczęśliwić jedną osobę, i to wystarczy.

Lekcja 15

Sekret życia to żaden sekret. Przenika całe twoje życie

Jaki jest sekret życia? Co przyniesie ci szczęście? Podwyżka?

Raczej nie.

Przejście na emeryturę z okrągłą sumką na koncie?

Znów pudło.

Wygrana na loterii i przeprowadzka do wspaniałej rezydencji? Trzeci błąd. Wypadasz z gry.

Mam wrażenie, że eksperci dosłownie co roku dochodzą do wniosku, że dodatkowe zera na koncie nie sprawiają, iż jesteśmy bardziej szczęśliwi. Oczywiście, nikt nie chce być biedny, ale kiedy zaspokoisz podstawowe potrzeby: jedzenia, dachu nad głową i edukacji, nie kupisz szczęścia za pieniądze.

Ogólnie rzecz biorąc, wielkość ma znaczenie – wielkość twojej pensji – ale zdaniem badaczy szczęścia, nie tak duże, jak ci się wydaje. Owszem, niektórzy ekonomiści i psychologowie naprawdę dostają pieniądze za to, że badają szczęście. Podejrzewam, że są dość szczęśliwi z tego powodu.

Szczęście to popularny temat. Jak wynika z raportu opublikowanego w magazynie „Science", ludzie z wyższymi zarobkami nie deklarują wyższego poziomu szczęścia; twierdzą za to, że częściej się martwią i denerwują. W innym artykule wyczytałam, że na poziom szczęścia nie wpływa posiadanie dzieci lub zwierząt ani przejście na emeryturę. Autorzy nie napisali, co się dzieje, kiedy wszystkie trzy zjawiska występują jednocześnie.

Eksperci doszli do wniosku, że twoje spojrzenie na świat kształtuje twoje życie bardziej niż twoje życie kształtuje twoje spojrzenie na świat. Nie masz wpływu na to, co cię spotyka, ale masz wpływ na swoją reakcję na to, co cię spotyka.

Więc jaki jest sekret życia? Według twórców filmu *Sułtani westernu*, to bardzo konkretna rzecz. Jaka? O tym musisz przekonać się sam. W tym filmie trzej mężczyźni w średnim wieku szukają radości, którą zgubili gdzieś po drodze. Ostatecznie odkrywają, że sekret życia to jedna, konkretna rzecz. Ale nie zdradzają jaka. Musisz ją sam odnaleźć.

Jak? Eksperci proponują następujące metody poszukiwania szczęścia:

Wybieraj czas, nie pieniądze. Medytuj i módl się. Pogódź się z przeszłością. Spędzaj więcej czasu z przyjaciółmi. Żyj każdym dniem, każdą chwilą, każdym ciasteczkiem Oreo.

No dobrze, ta ostatnia sugestia jest moja.

Kiedyś ludzie szukali rozwiązania tej kwestii u przewodników duchowych. Ostatnio zwracają się z tym do coachów. Osobiście stawiam na mnichów, którzy twierdzą, że sekret polega na odnalezieniu Boga w chwili obecnej. Jeśli to zrobisz, przekonasz się, że sekret życia to żaden sekret.

To workowate ogrodniczki. Wiersze Mary Oliver i Billy'ego Collinsa. Muzyka Louisa Armstronga. Czekoladki firmy Godiva.

To uważnie słuchać. Poprosić kogoś do tańca. Jechać samochodem z opuszczonym dachem. Kochać swoje odbicie w lustrze. Czekać, aż twoi rodzice wrócą do domu. Dawać wszystkim szansę. Nie skupiać się na błędach. Nie liczyć punktów.

Sekret życia to chłodna strona poduszki.

I wodoodporny tusz do rzęs.

To mieć świadomość, że nikt nie wyjdzie z tego żywy. I rozkoszować się każdą minutą. Wozić zapasową oponę. Pamiętać o kontroli poziomu oleju. Nosić bawełnę. Wiedzieć, kiedy odpuścić. Wziąć na ręce noworodka. Śmiać się, kiedy jest się szczęśliwym. Płakać, kiedy jest się smutnym. Ustępować. Wkładać liściki do pudełka na drugie śniadanie. Odważyć się być innym.

Niczego nie żałować. Kochać Boga mimo wszystko. Przestać tępić dmuchawce. Mieć przyjaciół, którzy znają się na komputerach. Podać niższą cenę, niż ktoś się spodziewa. Kochać dziecko. Skomplementować swojego szefa. Uśmiechać się do klientów. Nauczyć kogoś literowania. Upiec ciasteczka.

Przynieść komuś kwiaty. Czytać dowcipy w gazetach. Wagarować. Zacząć od deseru. Nosić czerwoną bieliznę.

Zapalić najładniejsze świece. Nigdy nie dorosnąć. Nigdy się nie zestarzeć. Sekret życia to taniec country. Skrzypiąca huśtawka na werandzie. Kreskówki w sobotni poranek.

To zapomnieć, o co było się złym. Wznieść toast za nowożeńców. Ująć się za samym sobą. Modlić się za innych. Bawić się w „a kuku!" z dzieckiem. Przewrócić materac na drugą stronę. Zatrudnić pomoc domową. Nosić wygodne buty. Znać imię listonosza. Wpuścić samochód na swój pas. Śpiewać kolędy w lipcu. Pójść na spacer, gdzie cię nogi poniosą. Patrzeć, jak tańczą Gene Kelly i Fred Astaire.

To gęste koktajle czekoladowe. Spotkania grupy dwunastu kroków. Kawa bezkofeinowa po ósmej wieczorem. Wycieczki nad ocean. Karuzela. Kostium kąpielowy, w którym możesz się schylić. Krem z filtrem 30. Para ciepłych rękawiczek. Terapia grupowa. Kąpiele w pianie przy świecach. Flanelowa piżama. Pudełko sześćdziesięciu czterech kredek. Piosenka w twoim sercu.

To przestrzegać ograniczeń prędkości. Zwracać to, co pożyczasz. Przycinać swoje jabłonie. Zostawiać duże napiwki. Płacić rachunki w terminie. Nie drażnić pszczół. Dochowywać przysięgi małżeńskiej. Robić gwiazdy na trawniku przed domem. Podziękować nauczycielowi. Uklęknąć, żeby się pomodlić. Być konsekwentnym. Zamawiać jedzenie na wynos. Puścić pracowników wcześniej do domu.

Sekret życia to sturlać się po wzgórzu. Obrzucać się z przyjaciółmi świeżo skoszoną trawą. Śpiewać w deszczu. Dostawać pisane odręcznie listy. Wiedzieć, gdzie są wszystkie ptasie gniazda. Nie niszczyć pajęczyn. Zadawać głupie pytania. Pomyśleć życzenie na widok spadającej gwiazdy. Nie chodzić spać w złości. Prosić o pomoc.

To delikatne pocałunki. Kubuś Puchatek. Piosenki śpiewane przy ognisku. Otwarty szyberdach. Przejażdżki na wsi. Nowe skarpetki. Huśtawki z opon. Przerwa w szkole. Miseczka płatków z mlekiem przed snem. Fajerwerki. Dobra powieść na szafce nocnej. Kino samochodowe. Modlitwa o pogodę ducha. Ktoś, komu mogę się zwierzyć. Dojrzała, soczysta brzoskwinia. Pluszowy miś z jednym oczkiem.

Sekret życia to powiedzieć „Kocham cię" jako pierwszy. Mówić prawdę. Dawać cukierki dzieciom w Halloween. Czytać klasyków. Wkładać zdjęcia w ramki. Zapominać wszystkim długi. Nosić przy sobie aparat fotograficzny. Robić strachy na wróble. Używać słów, które wszyscy rozumieją. Sprawdzać baterie. Nie upierać się przy swoim zdaniu. Przyznawać się do błędów.

To długie spacery w lesie. Jazda konno w deszczu. Śnieżne dni. Karaoke. Nowa para butów. Stare zdjęcia. Duże, chrupiące jabłko. Przejażdżka wozem z sianem. Dziecięce zabawy. To cieszyć się z wygranej, nawet jeśli nie przypadła tobie. Nacisnąć klakson. Wstawić się za najlepszym przyjacielem.

Zadzwonić tylko po to, żeby powiedzieć: „Cześć". Napisać list, który zaczyna się ospale, a w końcu zajmuje pięć stron. Przekroczyć granicę stanu. Rozmawiać przez całą noc z mamą. Próbować się nie roześmiać, kiedy już i tak masz kłopoty.

To idealnie dopasowane dżinsy. Miłość do wnuka. Adrenalina. Pierwszy śnieg w roku. Zjazdy rodzinne. Psalm 23. Eskimoskie pocałunki z trzylatkiem. Grillowany ser i zupa pomidorowa w chłodny dzień. Szczeniaczki. Orły na śniegu. Zapach nowych adidasów. Uśmiech na czyjejś twarzy, kiedy mówisz coś, czego się nie spodziewa.

To grać w wyszukiwanie numerów rejestracyjnych. Oglądać stare filmy. Siedzieć na werandzie w czasie burzy z piorunami. Chodzić boso po trawie w letni deszcz. Spróbować czegoś nowego. Nic nie robić cały dzień. Wycinać oczy i usta w dyni. Traktować ludzi z szacunkiem. Mieć świadomość konsekwencji przed faktem. Iść na zwolnienie lekarskie.

Sekret życia to wiedzieć, że sam spełniasz swoje marzenia. Gdy idziesz za głosem serca. Wierzysz w siebie. Gdy możesz robić to, co chcesz, wtedy, kiedy chcesz. Gdy pamiętasz, kim jesteś i skąd pochodzisz.

Sekret życia to żaden sekret. Przenika całe twoje życie. To radość z tego, co już jest. Właśnie tu. Właśnie teraz. Wszędzie wokół ciebie.

Lekcja 16

Jeśli nie możesz być opoką, bądź kostką domina

Majok Thiik Madut uciekł przed sudańską wojną domową, ustrzegł się kul rebeliantów, przekroczył rwące rzeki pełne krokodyli, przetrwał wśród lwów i hien, przemierzył wiele mil po rozgrzanym piasku pustyni w palącym słońcu, żeby poczuć się bezpiecznie w Ameryce – i zmarł na przystanku autobusowym w Cleveland w stanie Ohio.

On i pozostali Zagubieni Chłopcy z Sudanu uciekli z ojczyzny w niemal biblijny sposób, osieroceni, bezdomni, nie mając nic oprócz siebie nawzajem. Razem przetrwali całe lata w obozach dla uchodźców w Kenii, bez rodziny, bez domu, do którego mogliby wrócić. Zagubieni Chłopcy nie pamiętali już, ilu ludzi umarło na ich oczach. Stracili z oczu swoje rodziny, bo wszyscy uciekali w popłochu. Nie wiedzieli, dlaczego ani w jaki sposób sami przeżyli, skoro tylu innym się nie udało.

Niemal trzydziestu Zagubionych Chłopców przyjechało do Cleveland, żeby spełnił się ich amerykański sen. Trafili tu dzięki programowi relokacji, realizowanemu przez Departament Stanu w 2001 roku. Kiedy wylądowali na miejscu, wszędzie wokół siebie zobaczyli biel. „Jakie dziwne zboże", pomyślał jeden Zagubiony Chłopiec, a potem zanurzył w nim dłonie, a biel się rozpuściła. Nigdy dotąd nie widzieli śniegu. Specjalista do spraw adaptacji środowiskowej znalazł Zagubionym Chłopcom tanie mieszkania i kiepską pracę, a potem pozostawił ich samym sobie. Nie mieli nikogo, kto pomógłby im zrozumieć ten nowy świat. Wzięli lodówkę za szafę. Jeden z nich sądził, że winda to jego pokój. Uczyli się angielskiego, słuchając rozmów ludzi i powtarzając ich słowa. Zdali się na pomoc garstki nieznajomych. Niektórzy znaleźli wolontariuszy, którzy podwozili ich do pracy, uczyli obsługi komputera, pomogli skończyć szkołę średnią. Ale większość z tych chłopców pozostała zagubiona, dopóki jeden z nich nie zginął.

Dwa tygodnie przed Bożym Narodzeniem w 2006 roku Majok Madut został śmiertelnie postrzelony, kiedy czekał na autobus. Miał dwadzieścia sześć lat, ale nadal zachowywał się jak chłopiec. Pod choinkę chciał dostać ciasteczka.

Na pogrzebie Zagubieni Chłopcy mieli na sobie workowate garnitury, które marszczyły się na pożyczonych eleganckich lakierkach, gdy powłócząc nogami, szli obok srebrnej trumny. Pomogli księdzu rozpostrzeć na niej białą płachtę, a potem powoli i delikatnie wygładzili materiał, jakby to było prześcieradło, na którym Majok ułoży się do snu. Ci wysocy, szczupli mężczyźni o wyrazistych rysach powstrzymywali łzy.

Wielebny Bob Begin poprosił o wybaczenie tego, co nie udało się ich społeczności.

– Nie stworzyliśmy dla was bezpieczniejszego miasta – powiedział Zagubionym Chłopcom. – Błagamy, żebyście nas nie opuszczali. Błagamy, zostańcie.

Bracia Majoka zaśpiewali mu do snu. Śpiewali wolno, z głębi duszy, a ich głosy wznosiły się i opadały jak jedna fala, jak modlitwa mnichów. Później wierni odśpiewali pieśń *Nie lękaj się*. Tego dnia jej słowa nabrały dużo większego znaczenia: „Będziesz szedł jałową pustynią, lecz nie umrzesz z pragnienia, będziesz szedł daleko i bezpiecznie, choć nie będziesz drogi znał...".

Na Cmentarzu Kalwaryjskim złożyli go w amerykańskiej ziemi, w miejscu, które nie było mu jeszcze domem. Zaśpiewali w języku *dinka*: *Wracasz do miejsca, z którego przyszedłeś*. Modlili się o to, by Bóg zabrał tam Majoka.

Po pogrzebie przyszli na lunch do sali parafialnej z twarzami mokrymi od łez. Inni żałobnicy zastanawiali się, co teraz zrobić. Jak pomóc pozostałym Zagubionym Chłopcom?

Sudańczycy powiedzieli mi, że chcieliby mieć ambitną pracę, w której zarobią na czynsz oraz czesne na studiach.

– Ciężko pracujemy – powiedział Akol Madut. – Nie mam matki. Nie mam ojca. Praca to mój ojciec. To moja matka.

Amiol Arop się bał.

– Jeśli ktoś pokaże nam drogę, damy sobie radę – zapewnił mnie. – Mamy potrzebne kwalifikacje. Jest nam ciężko. Martwimy się, jak sobie tu poradzimy.

Od Aleu Athuaia usłyszałam:

– Jesteśmy zdezorientowani. Nie wiemy, co robić.

Niedługo po śmierci Majoka dziwne przeczucie, że dzięki niemu stanie się coś dobrego, ogarnęło pewną katolicką zakonnicę, która próbowała pomóc chłopcom. Mary Frances Harrington, józefitka, powiedziała im, że otrzymają od Majoka wspaniały dar. W jakiś sposób potrafiła dostrzec świętość w tej potworności.

Zakonnica trzymała się tej iskierki nadziei. Z czasem setki wolontariuszy rozdmuchały ją w płomień. Los Zagubionych Chłopców odmienił się, kiedy nauczyciel historii w szkole średniej połączył siły z siostrą Mary – postanowili stać się dla nich opoką.

Miesiąc po śmierci Majoka historyk z liceum imienia św. Ignacego, Tim Evans, zaprosił na zebranie wszystkich, którzy chcieli pomóc. Przyszło ponad sto pięćdziesiąt osób. Mężczyźni w garniturach. Nastolatki w sportowych bluzach. Matki z dziećmi na rękach. Małe dziewczynki uczesane w kucyki. Starsze siostry zakonne z pobożnymi uśmiechami. Ludzie ze wszystkich ścieżek życia zgromadzili się w bibliotece, w której Tim koordynuje programy na rzecz sprawiedliwości społecznej; w której obowiązuje motto jezuitów „Na Większą Chwałę Bożą"; w której dzieci uczą się „być człowiekiem dla innych".

Tim nie zaprosił na spotkanie Zagubionych Chłopców. Obawiał się, że stracą nadzieję, jeśli ludzie przyjdą, a potem nic nie zrobią.

– To nasz czas. To ich czas – oświadczył tłumowi przybyłych. – Pracujmy wspólnie dla dobra tych chłopaków.

Potężny policjant z Cleveland uścisnął drobną dłoń zakonnicy. Chciał nauczyć Zagubionych Chłopców, jak radzić sobie w dużym mieście, chciał wytłumaczyć im, jakie zasady panują w Stanach. Agentka nieruchomości proponowała, by przebudować budynek, w którym mogliby zamieszkać. Prawnik zaoferował, że pomoże w kwestiach prawnych.

Niektórzy postanowili zostać opoką, inni – kostką domina. Jedni pomagali bardziej, drudzy mniej. Wokół chłopców powstała cała społeczność.

Setki osób przychodziło na składkowe obiady, wieczory gier i spotkania. Armia wolontariuszy pomogła chłopcom napisać CV i listy motywacyjne, a potem woziła ich na rozmowy kwalifikacyjne. Instruktorzy i nauczyciele uczyli ich prowadzić samochód, obsługiwać komputer, mówić po angielsku. Znaleźli chłopcom pracę i mieszkania i zebrali 93 tysiące dolarów, żeby pomóc im pokryć czesne, koszty uzyskania obywatelstwa oraz codzienne wydatki.

Wywołało to efekt domina.

Firma Dimple Dough Inc. stworzyła dla nich stronę internetową pod adresem www.sudlbc.org. Whole Foods zatrudniła dwunastu z nich. Liceum imienia św. Ignacego zapewniło doradców i wolontariuszy.

Zagubieni Chłopcy zostali obywatelami Stanów Zjednoczonych. Skończyli studia i podjęli pracę. Znaleźli żony i założyli rodziny.

Parafianie któregoś z kościołów zebrali pieniądze, żeby sprowadzić matkę jednego z Zagubionych Chłopców do

Ameryki. Kiedy rząd odmówił wydania jej dokumentów podróżnych, kościół pomógł jej wyjechać z Sudanu do Kenii, skąd mogła zadzwonić do swojego syna, Davida. Pierwszy raz od dwudziestu lat usłyszał jej głos.

Amiol Arop zapisał się do miejscowej szkoły pomaturalnej, żeby zostać nauczycielem matematyki.

– Zostanę tu – powiedział. – Czuję się tu jak w domu. To dobre miasto.

Malong Mabior uzyskał dyplom ukończenia szkoły średniej i poszedł do szkoły pomaturalnej na kurs księgowości. Stworzył projekt o nazwie Isaac's Wells (Studnie Izaaka), żeby mieszkańcy Sudanu nie musieli chodzić wiele mil po wodę pitną.

Peter Dek został pilotem, by móc pracować dla Agencji Narodów Zjednoczonych dla Pomocy Uchodźcom i ratować innych uchodźców.

Akol Madut wydał książkę o swoim życiu pod tytułem *Sleeping with the Sun in His Eyes: A Lost Boy at Home in the World* („Śpiąc w pełnym słońcu. Zagubiony chłopiec, dla którego domem był cały świat").

Z czasem ci mężczyźni stali się opoką dla innych, wysyłając w świat iskierki nadziei.

Kamień na grobie Majoka podsumowuje historię jego krótkiego życia. Napis na płycie nagrobnej miały kończyć słowa „Zagubiony Chłopiec Sudanu", ale chłopcy wiedzieli, że Majok nie jest już zagubiony, tak samo jak oni. Nalegali, żeby dodać jeszcze jeden wers.

Teraz napis brzmi tak:

Ukochany syn i brat
Majok Thiik Madut
Zagubiony Chłopiec Sudanu
Odnaleziony przez Boga

Lekcja 17

Dawaj tak, jakby świat był twoją rodziną, bo nią jest

Każdy z nas ma jakieś złe doświadczenia związane z dawaniem.

W pewien zimowy wieczór do drzwi naszego domu zadzwonił chłopiec, który zaproponował, że za pięć dolarów odśnieży nam chodnik. Nigdy wcześniej go nie widziałam, więc zapytałam, czy mieszka gdzieś niedaleko. Nie mieszkał, ale chciał trochę zarobić. Powiedziałam, że może zaczynać. I wtedy zauważyłam, że nie ma rękawiczek. Na zewnątrz było minus pięć stopni.

Chłopak zaczął odśnieżać, a ja krzyknęłam do męża na piętrze:

– Dzieciak, który chce odśnieżyć chodnik, nie ma rękawiczek. Mogę mu dać jakąś parę, której nie używasz?

– Pewnie, wszystkie, tylko nie moje dobre skórzane rękawiczki – odkrzyknął mój mąż.

– Może te czerwono-czarne? – zapytałam, podnosząc parę grubych rękawic narciarskich.

– Jasne – odpowiedział mój mąż, chociaż nie słyszał mnie dokładnie.

Dałam chłopcu rękawiczki.

Później mąż zapytał mnie, którą parę oddałam. Kiedy ją opisałam, skrzywił się.

– Czyli moje dobre skórzane rękawiczki?

Ups.

Czułam się okropnie, dopóki godzinę później nie wybraliśmy się na przejażdżkę i nie zobaczyliśmy tego chłopca. Nadal odśnieżał, ale przynajmniej było mu ciepło w ręce.

Czasami nie wiadomo, czy powinniśmy coś podarować. Prawie wszyscy moi znajomi dali się nabrać facetowi, który prosi o pięć dolarów, twierdząc, że zepsuł mu się samochód. Po pierwsze, samochodu nigdzie nie widać, a po drugie, mężczyzna bierze od ciebie pięć dolarów i dalej prosi innych o tę samą kwotę.

Zatem skąd mamy wiedzieć, kiedy i jak pomagać ludziom? Jak najlepiej dawać?

Napisałam kiedyś felieton o kobiecie, której groziła eksmisja. Czytelnicy przysłali nam tysiące dolarów, dużo więcej, niż potrzebowała na spłacenie zaległości w czynszu. Ale byłam zmuszona odmówić pomocy następnym dziesięciu osobom, które zadzwoniły z prośbą, żebym opisała ich smutną historię. Było ich po prostu zbyt wielu.

Wszyscy jesteśmy bombardowani prośbami o pomoc. Lepiej dawać lokalnie czy globalnie? Biednym w Republice Południowej Afryki czy w twojej dzielnicy? Potrzebującym krewnym czy nieznajomym?

Po tym, jak oddałam niewłaściwe rękawiczki, mąż zrobił mi wykład o Majmonidesie. Ten wielki średniowieczny żydowski filozof wyliczył osiem poziomów dawania, prowadzących do najwyższej formy dobroczynności.

Dawać, ale niechętnie. Dawać z uśmiechem, ale mniej niż powinieneś. Dawać odpowiednio dużo, ale dopiero, kiedy cię poproszą. Dawać, zanim cię poproszą. Dawać, kiedy nie znasz potrzebującego. Dawać anonimowo, żeby potrzebujący nie wiedział, kim jest dobroczyńca. Dawać tak, żeby dobroczyńca i potrzebujący pozostali dla siebie anonimowi. Dawać czas, wykształcenie lub pieniądze, żeby potrzebujący stał się niezależny.

Jak mówi stare przysłowie: „Daj człowiekowi wędkę, a będzie miał co jeść przez całe życie".

Może oddanie tych rękawiczek nie było takim złym pomysłem? Szkoda tylko, że nie należały do mnie.

Moja przyjaciółka Susan nauczyła swojego siostrzeńca daru dawania, wręczając mu sto dolarów na Boże Narodzenie. Połowa była dla niego, drugą miał oddać. Niektóre kościoły rozdają studolarowe banknoty wiernym w kościelnych ławach z zadaniem, żeby znaleźli twórcze sposoby dawania.

Ojciec Charlie Diedrick w kościele katolickim pod wezwaniem św. Barnaby w Northfield w stanie Ohio w pewną niedzielę rozdał 10 tysięcy dolarów. Nie były to pieniądze kościoła. Przekazał je jeden z parafian po lekturze książki *Kingdom Assignment* („Królewska misja"), napisanej przez pewną kalifornijską parę, która podarowała studolarowe banknoty stu osobom. Autorzy książki powiedzieli, że to pieniądze Boga, i poprosili wszystkich, żeby zainwestowali je w Jego Królestwo.

Ojciec Charlie nie był pewny, co się wydarzy, gdy spróbuje powierzyć parafianom misję od Boga. Czy ktoś się jej podejmie?

W którąś niedzielę wcisnął do kieszeni plik banknotów studolarowych i postanowił to sprawdzić.

– Zwykle na widok pastora zmierzającego do ambony wierni spodziewają się kolejnej pogadanki o pieniądzach – zaczął. – Ale dzisiejsza będzie miała trochę inny wydźwięk.

Pomachał banknotami w powietrzu i poprosił zebranych, żeby zrobili coś twórczego dla Boga.

Dzieci szarpały ojców za płaszcze, namawiając ich, żeby przyjęli to wyzwanie. Zmęczone matki poderwały się na równe nogi. Zgłosiło się tak wielu chętnych, że ojcu Charliemu zabrakło pieniędzy. Kiedy któraś z rodzin zmartwiła się, że ominie ją to doświadczenie, stojący z tyłu mężczyzna wyciągnął sto dolarów z własnej kieszeni. Ktoś, kto przyjechał z Georgii na chrzciny, wypisał czek na taką kwotę.

Ostatecznie ojciec Charlie rozdał tego dnia 12 tysięcy dolarów. Pomnożył pieniądze, jeszcze zanim wierni wyszli z kościoła.

A im bardziej starał się je oddać, tym więcej miał ich do oddania. Po kilku tygodniach parafianie spotkali się, żeby opowiedzieć, na co przeznaczyli swoje sto dolarów.

Jedna z rodzin kupiła worki marynarskie, płaszcze, koce, czapki i rękawiczki. Potem zrobiła kanapki z mortadelą i pojechała do centrum Cleveland, żeby obdarować tym wszystkim pięcioro bezdomnych.

Inna rodzina zlicytowała włoską ucztę na osiem osób urządzoną we własnym domu i zgromadziła ponad dwa tysiące dolarów dla chłopca z okolicy, który ucierpiał w poważnym wypadku.

Pewna kobieta zebrała tysiąc siedemset dolarów na dom dziecka. Inna zamieniła swoje sto dolarów w kwotę, która wystarczyła na sześć operacji dzieci z rozszczepem podniebienia.

Drużyna skautek zebrała cztery tysiące dolarów dla chłopca, który opiekował się chorym ojcem, oraz kobiety wychowującej pięcioro wnucząt.

Pieniądze pewnej dziewczynki wystarczyły na obiad z okazji Dnia Dziękczynienia dla pięćdziesięciu pięciu bezdomnych. Inna uzbierała 1400 dolarów dla fundacji Make-A-Wish, która spełnia marzenia ciężko chorych dzieci.

Jedna z kobiet wysłała swoje sto dolarów pewnemu więźniowi, żeby rozdzielił je między pięciu skazanych bez rodzin, które przyniosłyby im rzeczy osobiste.

Inna parafianka kupiła świece z napisami „Nadzieja", „Pokój" i „Miłość" i wraz ze świętymi obrazkami anonimowo je rozdała. Kobieta, u której cztery dni po tym, jak wzięła swoje sto dolarów, zdiagnozowano raka piersi, powiedziała, że dzięki temu zadaniu mogła się skupić na problemach innych. Zebrała trzysta pięćdziesiąt dolarów w postaci kuponów upominkowych dla samotnej matki z dziewięcioletnim synkiem. Kolejna rodzina wypełniła furgonetkę pieluchami, jedzeniem i ubraniami, a potem zawiozła to wszystko do ośrodka opiekuńczego dla dzieci.

Chociaż każdy wydał pieniądze inaczej, wszyscy zgodzili się co do jednego: oddając je, sami stali się bogatsi.

– Wiecie, jaka radość maluje się na twarzy dziecka w Boże Narodzenie? – zapytał jeden z mężczyzn. – Takie miny miały dzieciaki, kiedy daliśmy nasze prezenty.

Wszyscy ci ludzie byli szczodrzy, ale kiedy myślę o dawaniu, zawsze staje mi przed oczami chłopak, który nazywa się Chance Riley. Matka nazwała ostatnie ze swoich dzieci Chance*, bo to była jej ostatnia szansa na córkę.

Chance, siedemnastolatek z ostatniej klasy liceum w Wadsworth, strzygł owce na jarmarku w Medinie w stanie Ohio, kiedy usłyszał eksplozję. Niecałe dwieście metrów dalej wybuchł zabytkowy silnik parowy, zabijając pięć osób, a kilkadziesiąt raniąc. Chance dołączył do dzieci z grupy 4-H, które napełniały pięciogalonowe wiadra wodą, żeby oblać nią poszkodowanych.

Chance przyszedł na jarmark, żeby zdobyć nagrodę dla najlepszego hodowcy świń. Dwa dni po eksplozji pokazał w konkursie świnię, o którą dbał przez cały rok. Zainwestował w nią trzysta pięćdziesiąt dolarów, karmił ją rano i wieczorem i wyprowadzał cztery razy dziennie. Kiedy wygrał, całą nagrodę – 4180 dolarów – oddał ofiarom, mimo że żadnej z nich nie znał.

Mógł sobie kupić wszystkie płyty CD, o których marzył. Mógł ogołocić półki w sklepie GAP i sprawić sobie nowe ubrania. Mógł pokryć część wydatków związanych z przyszłymi studiami.

---

* z ang. szansa

Chance nawet się nad tym nie zastanawiał. Nie miał zamiaru zatrzymać dla siebie ani centa.

– Nie mogłem zrobić nic innego – wyjaśnił mi. – Wszyscy jesteśmy rodziną.

Ma rację.

Lekcja 18

Każdy jest twoim uczniem albo nauczycielem. A większość z ludzi występuje w obu tych rolach

Młody mężczyzna, wyglądający na jakieś dwadzieścia jeden lat, stał na rogu. Mówił do siebie i do przejeżdżających samochodów i wymachiwał czymś gorączkowo nad głową.

Kiedy pierwszy raz zobaczyłam go podczas codziennego spaceru po okolicy, prawie skręciłam w boczną uliczkę, żeby uniknąć spotkania. Zastanawiałam się, czy jest normalny. Potem podeszłam bliżej i zobaczyłam, że to chłopiec uwięziony w ciele mężczyzny. Trzymał w rękach zabawkę – ciężarówkę, do której ktoś przykleił po bokach połówki niebieskiego papierowego talerza w charakterze skrzydeł.

Najpierw zrobiło mi się smutno i zaczęłam współczuć jemu i jego rodzicom, że nigdy nie poprowadzi samochodu, nie wyjedzie na studia, nie ożeni się. A potem zaczęłam spacerować jego ulicą tylko po to, by go zobaczyć. Chciałam nacieszyć się czystą radością, jaka biła od chłopca, który sprawiał, że ciężarówki mogły latać. Nigdy nie dowiedziałam się, jak ma na imię i ile ma lat, nigdy też nie widziałam jego rodziców. Wiedziałam, gdzie mieszka, bo na progu jego domu stał szereg plastikowych ciężarówek, zabawek, z których kiedyś powinien wyrosnąć, ale nie wyrośnie.

Któregoś dnia minął mnie na rowerze i rzucił, przekrzykując daleki grzmot pioruna:

– Lepiej niech pani wraca do domu! Bo będzie padać i padać!

Kiedy indziej bawił się piłką w ogródku i ostrzegł mnie, że grając bez kasku można mocno uderzyć się w głowę i doznać uszkodzenia mózgu. Zastanawiałam się, jak uszkodził swój.

Ale czy jego mózg naprawdę był uszkodzony? Śmiał się głośniej, uśmiechał szerzej i bawił z większym zapałem niż wszyscy wokół.

Pomyślałam o ludziach takich jak on, których spotkałam na swojej drodze. Zawsze wydawało mi się, że nas potrzebują.

Ale może my potrzebujemy ich bardziej.

Dorothy i Al Petzkerowie mają siedmioro dzieci. Dwoje z nich jest upośledzonych umysłowo. O Theresie napisałam, kiedy rywalizowała w łyżwiarstwie figurowym podczas olimpiady specjalnej. Tamci sportowcy dużo mnie nauczyli o bezwarunkowej miłości i czystości serca.

– Są skromni – powiedziała Dorothy. – Nikogo nie dyskryminują. Wszyscy są dla nich równi. Theresa nie umie zrobić niektóre rzeczy. Ale wiele innych potrafi. A niektóre robi lepiej niż ty i ja. Każdy z nas jest upośledzony w niektórych kwestiach.

David Spurlock ma zespół Downa, a udało mu się odmienić swój zastęp skautów.

Na pierwszym spotkaniu zastępu numer 321 w Hudson w stanie Ohio ten niesforny dwunastolatek, który ma problemy z dłuższym skupieniem uwagi, zaczął biegać, bić i atakować innych chłopców. Nie rozumieli, co do nich mówi, i bali się go. Ale w ostatecznym rozrachunku David nauczył zastęp numer 321 tyle samo, ile sam się tam nauczył.

Skauci nauczyli go wiązać węzeł prosty, węzeł marynarski i węzeł ratowniczy. On nauczył ich, jak usłyszeć drugiego człowieka, zamiast tylko go słuchać. Nauczyli go, jak postawić namiot, udzielić pierwszej pomocy i ślubować wierność fladze Stanów Zjednoczonych. On nauczył ich skromności, cierpliwości i determinacji. Pokazali mu, jak bez kompasu odnaleźć drogę w lesie. On pokazał im, jak odnaleźć drogę w życiu, nie zważając na przeciwności losu.

Za każdym razem, kiedy David zdobywał kolejny stopień, świętował to cały zastęp. Gdy skończył osiemnaście lat, uzyskał tytuł Eagle Scout, najwyższy tytuł dla chłopców. Tylko dwóm procentom amerykańskich skautów udaje się go otrzymać.

Doktor Steve Lawrence, opiekun zastępu Davida, powiedział:

– Nie jestem pewny, czy bycie skautem dało Davidowi tak dużo, jak dużo pozostałym chłopcom dało przebywanie w jego towarzystwie. Wszystkich nas wzbogaciła jego obecność w tym zastępie.

To samo mówili studenci, którzy poznali sześcioletnią Sarah. Dziewczynka praktycznie mieszkała w kawiarni Brady's niedaleko Uniwersytetu Kent State. Jej niepełnosprawność pomogła wszystkim studentom poczuć się na świecie bardziej jak w domu.

Ta popularna kawiarnia należała do matki Sarah, Bonny Graham, ale to Sarah była jej sercem. Sarah wychowała się w Brady's. Mama chodziła z nią w nosidełku już kiedy dziewczynka miała dwa tygodnie. Trzymała ją na ramieniu, drugą ręką nalewając kawę.

Stos zabawek w kącie restauracji należał do Sarah, tak samo jak rozrzucone po lokalu kredki. Dawniej dziewczynka jeździła plastikowymi samochodzikami po drewnianej podłodze, wbijając je w stoliki i krzesła. Była pilną uczennicą Barneya, różowego dinozaura. Łapała mikrofon na scenie i śpiewała studentom:

– Ja kocham ciebie, ty kochasz mnie, jesteśmy szczęśliwą rodziną!

Jeśli nie klaskali, brała to na siebie.

Studenci nauczyli ją rozstawiać figury na szachownicy. Malowali jej paznokcie na czarno. Pewien skinhead o imieniu Lance zaczesał jej włosy do góry, żeby miała irokeza.

Nie rozumiała, co znaczy „obcy". Nauczyła się alfabetu migowego z książeczki z serii „Ulica Sezamkowa", żeby móc rozmawiać z głuchym dzieckiem, które czekało w kawiarni na autobus. Przysiadała się do ponurych staruszków i pytała ich: „Jak się nazywasz?" – nawet jeśli znała odpowiedź.

Zamiatała podłogę, myła naczynia i wspinała się na skrzynki z mlekiem w kuchni, żeby sięgnąć po kubki dla stałych klientów. Nikt nie wiedział, ile sześcioletnia Sarah ma właściwie lat. Przestała rosnąć w wieku czterech. Była opóźniona w rozwoju, miała problemy z sercem i chodziła do szkoły specjalnej.

Któregoś dnia, kiedy szykowała się do szkoły, jej serce przestało bić. Umarła w ramionach mamy.

Następnego dnia kawiarnię wypełnili żałobnicy. Mówili o tym, jak będzie im brakowało piosenki Sarah: „Czy jesteś wyjątkowy? Każdy jest wyjątkowy na swój własny sposób".

Jej mama nosiła przy sobie anonimowy list, który ktoś zostawił kiedyś dla Sarah:

> Nie wiem, ile masz lat, ani jak się pisze Twoje imię... Nie wiem o Tobie nic oprócz tej jednej rzeczy: za każdym razem, kiedy wchodzę do kawiarni, widzę w niej Twoje ślady. Może to być stół z rozrzuconymi kredkami, kolorowanką i wycinankami, albo zielony traktor w przejściu, który czeka, aż na niego wskoczysz i odjedziesz. Zawsze, kiedy tu siadam, żeby się pouczyć, słyszę Twój słodki głos. Zwykle się śmiejesz. Słyszałem Twoje imię tysiące razy, gdy wołała cię mama, i widziałem, jak denerwują się na Ciebie klienci, którzy chcą mieć święty spokój. Ja nie chcę. Za każdym razem, kiedy do mnie podchodzisz, pytam Cię o imię, a ty pytasz mnie o moje. Czytałem ci książeczkę Doktora Seussa i nigdy nie zapomnę, jak zaśmiewałaś się od pierwszej

> do ostatniej strony. Zachwyciło mnie, że Twoje niepewne nóżki noszą Cię tyle razy po schodach w kawiarni i nigdy się nie przewróciłaś. Mam nadzieję, że jesteś szczęśliwa w swoim życiu. Dzięki Tobie wiele osób się uśmiecha.

Bonny chciała schować ten list i wręczyć go Sarah, kiedy skończy osiemnaście lat. Zamiast tego zrobiła kopie dla wszystkich żałobników – uczniów Sarah.

Lekcja 19

Módl się tak, jakbyś wierzył w każde słowo

Kilka dni po tym, jak znalazłam w piersi guzek, poszłam do lekarza, żeby usłyszeć, że nie ma się czym przejmować. Pani doktor przyłożyła palce w odpowiednie miejsce i powiedziała: „Tak, ma pani guzek". Umówiła mnie na mammografię następnego dnia, ale nie wydawała się szczególnie zaniepokojona.

Nie martwiłam się, dopóki pielęgniarka na korytarzu nie pożegnała się ze mną słowami: „Będę się za panią modlić".

Modlić za mnie?

O rany.

Wtedy uświadomiłam sobie, że naprawdę mogę mieć raka. Wsiadłam do samochodu i zaczęłam płakać. To przecież nie mógł być guzek. Prawdziwy guzek. Taki, o których się czyta. Wyobraziłam sobie najgorszy scenariusz: że tracę włosy, piersi, życie. Że zostawiam moją córkę, moich pasierbów, mojego męża. Spojrzałam w lusterko i odgarnęłam włosy z twarzy. Nie, nie mogłam zachorować na raka. Łysa wyglądałabym okropnie.

Siedząc w samochodzie na parkingu, w pięć minut przeszłam od braku zmartwień do panicznego lęku przed śmiercią. Przez następne dwa tygodnie serce biło mi za szybko, a stopy nerwowo podrygiwały. Trzęsły mi się ręce i wszystko upuszczałam. Uczepiłam się wiary katolickiej, w której mnie wychowano, odmawiałam różaniec i czytałam psalmy. Modlitwy wystarczały na mniej więcej dwadzieścia cztery godziny, a potem każda traciła ważność i w środku słyszałam tylko łomotanie własnego serca.

Jak się modlić w takiej chwili? Chciałam znaleźć odpowiednią modlitwę, żeby guz zniknął. Czy powinnam myśleć pozytywnie, że to nie rak? A może całkowicie zaufać Bogu, niezależnie od wyników badania? Bardzo się bałam modlić w niewłaściwy sposób. Nie wątpiłam, że Bóg ma moc, żeby mnie uzdrowić, ale czy z niej skorzysta? W końcu wybrałam słowa: „Bądź wola Twoja". Jezus zawierzył się Ojcu w Ogrodzie Oliwnym w noc przed śmiercią tymi słowami: „Ojcze, jeśli chcesz, zabierz ode Mnie ten kielich! Jednak nie moja wola, lecz Twoja niech się stanie". Szczególny nacisk kładłam na fragment: „Zabierz ode mnie ten kielich", żeby Bóg miał stuprocentową pewność, że nie chcę mieć raka.

W wieczór przed pierwszą chemioterapią postanowiłam przyjąć to doświadczenie jako duchowe wyzwanie. Chciałam, żeby ten kielich mnie ominął, ale stało się inaczej.

Motto oddziału onkologii powinno brzmieć: „Damy ci w kość – żeby rak miał dość". Mój organizm przeżywał katusze. Niespodziewane efekty uboczne spadały na mnie jak grom z jasnego nieba. Gdy tylko poradziłam sobie z jednym, pojawiał się następny. Krwotoki z nosa. Wysypka. Dziwne bóle. Przez wiele tygodni żyłam o tłuczonych ziemniakach, jajecznicy i makaronie z sosem serowym, bo nie byłam w stanie przełknąć nic innego. Przeżuwanie tostów zbyt bolało. Czekolada smakowała jak metal. Nie miałam na nic siły. Próbowałam ćwiczyć, ale musiałam przestać, bo stale robiło mi się słabo. Moje ciało było za ciężkie, żeby wejść po schodach. Po prysznicu musiałam ucinać sobie drzemkę, żeby odpocząć. Moje życiowe cele ograniczały się do przyjęcia trzech posiłków dziennie i przespania całej nocy. Lista rzeczy do załatwienia skróciła się do podstawowych czynności życiowych: jeść, spać, wziąć prysznic, przejść z kanapy na kanapę.

Wszyscy inni wydawali się tacy zajęci własnym życiem. Nieustannie porównywałam się do nich i czułam się oszukana. Wszyscy mówią, że modlitwa daje siłę, ale zaczynałam w to wątpić. Po wielu dniach użalania się nad sobą w samotności zapytałam mojego męża:

– Skoro ci wszyscy ludzie, którzy podobno się za mnie modlą, naprawdę to robią, to dlaczego jestem taka chora?

Mój mąż, samozwańczy agnostyk, odpowiedział:

– Może byłabyś dużo bardziej chora, gdyby się nie modlili.

Dobrze powiedziane.

Wiarę błyskawicznie przywróciła mi jedna kartka z życzeniami powrotu do zdrowia. Przeczytałam w niej: „Wdzięczność jest matką wszelkich modlitw". Nadszedł czas, żeby przestać się skupiać na każdym bólu, ukłuciu i efekcie ubocznym. Mogło być dużo gorzej. Pomyślałam o kobiecie, która po przeczytaniu moich felietonów o doświadczeniach z rakiem przesłała mi zdjęcie swojej łysej sześcioletniej córeczki, która przechodziła chemioterapię. Inna kobieta napisała mi, że u jej męża wykryto nieoperacyjnego guza mózgu. Mieli dwoje małych dzieci. Kolejna czytelniczka w marcu straciła jedyną córkę i miała za sobą pierwszy samotny Dzień Matki.

Moja córka zachęcała mnie do prowadzenia dziennika wdzięczności. Im więcej pisałam, tym bardziej byłam przekonana, że ludzie naprawdę się za mnie modlą. Jeśli nie mogłam spać, w nocy odmawiałam za nich wszystkich różaniec.

Każde *Zdrowaś, Maryjo* miało uzdrowić kogoś innego. Koniec z modlitwami tylko za siebie. To był magiczny różaniec.

Kiedy zaczęłam modlić się za innych, poczułam się lepiej. Spróbowałam tego samego w następną noc, i w kolejną też. Zamiast prowadzić tylko dziennik wdzięczności, zaczęłam nowy, dziennik modlitw. Ale nie taki, w którym pisze się własne prośby do Boga. Ja wpisywałam imiona wszystkich, którzy potrzebowali pomocy. Zamiast raz po raz odtwarzać w wyobraźni swoje niedole, robiłam listę ich imion i modliłam się za nich. Codziennie wpisywałam kolejne imię, imię człowieka, który potrzebował modlitwy bardziej niż ja. Wysyłałam mu *Zdrowaś, Maryjo* i prosiłam po prostu: „Oby było ci lżej", a potem zasypiałam spokojnym snem, wdzięczna nie za to, co miałam, tylko za to, czego mi oszczędzono.

Długo po doświadczeniach z rakiem odkryłam nowy sposób, w jaki można się modlić, i teraz stosuję go codziennie.

Któregoś dnia weszłam do księgarni i zaczęłam przeglądać dział przewodników duchowych. Odkryłam cztery książeczki niejakiego Ernesta Holmesa. Nigdy wcześniej o nim nie słyszałam, a on na dobre zmienił sposób, w jaki się modlę. Zbyt wielu z nas, łącznie ze mną, stale prosi o pomoc, ale nigdy nie daje sobie czasu, żeby faktycznie ją otrzymać. Zawsze modliłam się niemal bez ustanku, ale i bez prawdziwej wiary.

Załóżmy, że dzwonię do mojej przyjaciółki Beth i zapraszam ją na lunch w czwartek, a ona przyjmuje zaproszenie. A potem dzwonię do niej co kwadrans, żeby się upewnić, czy na pewno chce zjeść ze mną lunch w czwartek. Zaczęłaby się zastanawiać: „Dlaczego Regina mi nie wierzy? Czyżby mi nie ufała, że przyjdę?". Tak zachowywałam się wobec Boga. Najpierw proszę, a potem wątpię.

Gdybym miała więcej wiary, zaufałabym modlitwie, wypowiadając ją po raz pierwszy, zamiast wciąż powtarzać to samo.

Holmes proponuje nowy sposób modlitwy. Najpierw zanurz się w Bogu, który cię kocha. Nazywam to „Bogiem w Dolby Surround". Potem poproś o to, czego potrzebujesz. Bądź konkretny. Nie pozostaw żadnych wątpliwości, o co ci chodzi. Biblia mówi: „Proście, a będzie wam dane; szukajcie, a znajdziecie; kołaczcie, a otworzą wam". Mówi też: „I otrzymacie wszystko, o co na modlitwie z wiarą prosić będziecie".

Dziś precyzyjnie określam, czego mi potrzeba. Ponieważ nie zawsze wiem, co jest dla mnie najlepsze, zostawiam decyzję Bogu i dodaję: „Ześlij mi to albo coś lepszego".

A potem – i na tym polega największa zmiana w moim przypadku – przez chwilę myślę o tym, że mam całkowite zaufanie do Boga, który mnie kocha. Świadomie otrzymuję od Boga to, o co się do niego zwróciłam. Poświęcam czas na to, żeby moja prośba została spełniona. Nigdy dotąd tego nie robiłam.

Ostatnią częścią modlitwy jest moment na podziękowanie. Zachowujesz się wtedy tak, jakby Bóg już cię wysłuchał. Jakbyś ufał w potęgę modlitwy. Jakbyś mógł uwierzyć Bogu na słowo.

Ta ostatnia część to jedyny fragment modlitwy, który powtarzasz. Podziękowanie. Kiedy ogarnia cię zwątpienie, nie zaczynasz się modlić od nowa i błagać Boga o zaspokojenie twoich potrzeb. Po prostu wierzysz, że Bóg już cię wysłuchał i mówisz: „Dziękuję Ci za...". Są takie dni, kiedy walczę ze strachem, bez końca dziękując Bogu.

Teraz modlę się tak, jakbym wierzyła w każde słowo. Przestałam raz po raz wysyłać Bogu tę samą wiadomość. To odmieniło moje życie. Uwolniło mnie od strachu, otworzyło nowe, nieprzemierzone ścieżki przede mną jako pisarką, gospodynią programu radiowego, matką, żoną i przyjaciółką. Wzbogaciło wszystkie moje relacje, począwszy od tej najważniejszej: relacji z Bogiem.

Prawdziwa wiara to nie modlitwa bez końca. To ufność, że Bóg usłyszał cię za pierwszym razem.

Lekcja 20

Przychodź wcześniej

Ten pomysł jest tak prosty, że większości z nas nie przychodzi do głowy.

Pomyśl, jak zmieniłby się świat, gdyby wszyscy przychodzili wcześniej do pracy, do szkoły, na lotnisko, na randki, na śluby, na wyznaczone spotkania z dziećmi i zjazdy rodzinne.

Dawniej wszędzie przychodziłam za późno: na zajęcia, na koncerty, do kościoła, do kina, na terapię, do pracy, na lunch, na kolację i na podwieczorek z przyjaciółmi. Niezależnie od tego, czy chciałam gdzieś przyjść, czy nie, zawsze się spóźniałam. Jeśli miałam gdzieś być o dziewiątej rano, przed dziewiątą nie wychodziłam z domu. Nigdy nie liczyłam, ile czasu zajmie mi dojazd. Nigdy nie myślałam o ludziach, którzy na mnie czekali i zastanawiali się, gdzie jestem, ani o tych pomiędzy mną a moim celem – kierowcach, których mijałam na autostradzie, przekraczając dozwoloną prędkość.

W dodatku nie znoszę czekać na innych. Kto lubi? Zaczynasz się irytować i wątpić, czy w ogóle przyjdą.

Osobiście stosuję zasadę półgodzinnej tolerancji. Jeśli nie pojawisz się w ciągu pół godziny od umówionego czasu spotkania, to nasze plany tracą ważność. O mojej zasadzie powiedziałam Bruce'owi – który później został moim mężem – a on zadzwonił z samochodu, kiedy jechał mnie odebrać przed naszą pierwszą randką. Wzdrygnęłam się, odbierając telefon, bo myślałam, że chce mnie uprzedzić o spóźnieniu.

– Powiedziałaś, co się stanie, jeśli przyjdę pół godziny po czasie – zaczął. – A co, jeśli będę pół godziny za wcześnie?

Byłam pod wrażeniem.

Mężczyzna, który przyjechał po mnie za wcześnie, sprawił, że poczułam się ważna. Szanowana. Ceniona. I zdałam sobie sprawę, że ja nie pozwalam tak się poczuć ludziom, z którymi się spotykam.

Pewien nieznajomy na lotnisku przekonał mnie, że przychodząc za wcześnie, bardzo pomagamy innym. Pojawił się na lotnisku Cleveland Hopkins w chłodny dzień. Najwyraźniej przesiadał się na samolot do domu w drodze powrotnej z jakiegoś ciepłego miejsca. Miał na sobie szorty, sandały i biały T-shirt, który podkreślał jego wakacyjną opaleniznę. Biegł przez budynek lotniska pięć metrów przed swoją żoną i synem. Dotarł do bramki dokładnie wtedy, kiedy samolot zaczął kołować.

Jego skóra lśniąca opalenizną przybrała odcień głębokiej czerwieni. Był wściekły. Nie zdążył na samolot. Zaczął krzyczeć na wszystkich wokół. Każdego człowieka w służbowym mundurze traktował jak wroga. Jego przestraszona żona spuściła głowę. Syn sprawiał wrażenie zawstydzonego. Ojciec był nie do zatrzymania.

– Co za ludzie! Nie mogę w to uwierzyć! – wrzeszczał.

Zaczął obwiniać pracowników ochrony za zbyt długo trwającą odprawę. Obsługę bramki, że nie wpuściła go na płytę lotniska. Krzyczał na stewardesę, która przeszła obok. Wszyscy byli winni, tylko nie on.

Spóźnił się na samolot, dlatego wychodził ze skóry, żeby zepsuć dzień innym. Czekałam na odprawę z trzema nieznajomymi mi osobami. Wszyscy pokręciliśmy głowami, patrząc, jak mężczyzna zatruwa życie każdemu pracownikowi lotniska.

– Trzeba przychodzić wcześniej! – powiedzieliśmy chórem.

Pomyśl, jak zmieniłby się świat, gdybyśmy przychodzili wcześniej. Koniec z agresją za kierownicą. Wszyscy dają sobie wystarczająco dużo czasu na dojazd. Mniej mandatów za przekroczenie dozwolonej prędkości. Każdy ma czas uwzględnić objazdy i opóźnienia.

Chronicznie się spóźniałam, dopóki terapeutka nie zwróciła mi uwagi, że powinnam zająć się swoim podejściem do czasu.

– Beznadziejnie radzisz sobie z czasem – stwierdziła. – Zachowujesz się tak, jakby nie istniał. Jakbyś żyła w strefie bezczasowej.

Miała rację. W głębi duszy wciąż byłam zbuntowaną nastolatką, która nie chciała nigdzie pojawiać się o właściwej porze. Z premedytacją nie noszę zegarka i nie chcę być rozliczana z każdej godziny, minuty i sekundy.

Bardzo długo nie szanowałam czasu – własnego ani cudzego. Mama powtarzała mi zawsze:

– Spóźnisz się na własny pogrzeb.

To akurat mi nie przeszkadzało. Jeśli gdzieś się spóźnić, to właśnie na to wydarzenie.

Jaki są minusy niepunktualności? Kiedy się spóźniasz, inni się denerwują. Odbierają to jako brak taktu i szacunku – i mają rację. Dochodzą do wniosku, że nie liczysz się z nimi, jesteś niekompetentny i egoistyczny – i mają rację. Psujesz sobie reputację. Ludzie myślą, że nie można na tobie polegać. Skoro nie można mieć pewności, że pojawisz się na czas, czy można mieć pewność, że wypełnisz swoje zobowiązania? Nie traktują cię poważnie. Twoje słowo przestaje być cokolwiek warte.

Oczywiście, zawsze przepraszasz i składasz obietnice, których nie zamierzasz dotrzymać. W końcu uciekasz się do kłamstw albo półprawd, żeby wytłumaczyć, dlaczego jesteś zbyt późno, bo chcesz lepiej wypaść w ich oczach. Koloryzujesz, opowiadając o korkach ulicznych, albo o tym, na ilu ulicach utknąłeś za szkolnym autobusem, albo jak wolno prowadziła staruszka w samochodzie przed tobą – gdy tak naprawdę spóźniłeś się dlatego, że zaspałeś, w drodze do drzwi próbowałeś załatwić jeszcze jedną sprawę, zostawiłeś sobie za mało czasu między spotkaniami albo nawet nie zastanowiłeś się, ile zajmie ci dojazd.

Niepunktualność wywołuje stres u ciebie i u wszystkich wokół. To jak jazda kolejką górską – dramatyczne sytuacje, skoki adrenaliny. Kiedyś rozkoszowałam się tym tanim dreszczykiem emocji, dopóki nie zdałam sobie sprawy, że po drugiej stronie znajduje się ktoś, na kogo to źle wpływa.

Niepunktualność wpływa negatywnie na relacje. Pomyśl, jak okropnie czują się twoje dzieci, kiedy spóźniasz się na ich imprezy szkolne i sportowe. To straszne, że muszą się martwić, czy przyjdziesz i zobaczysz, jak grają w piłkę nożną, koszykówkę albo hokeja. Czy zdążysz na ich przedstawienie szkolne albo na ich solówkę na recitalu.

Są też rozwiedzeni rodzice, którzy spóźniają się, kiedy odbierają dziecko przed wspólnym weekendem. Maluch stoi w oknie i ze łzami w oczach patrzy na każdy przejeżdżający samochód, którym nie jedzie mama albo tata. Dlaczego ma się martwić, że o nim zapomniałeś? Przyjedź, zanim stanie przy oknie. Zadbaj o spokój dziecka i bądź wcześniej, żeby wiedziało, że cenisz czas, który macie dla siebie. Nie pozwól, żeby choć przez chwilę pomyślało, że ci nie zależy; że nie przyjedziesz.

Spóźniając się, dajesz dzieciom zły przykład. Nie ucz ich, że można kazać na siebie czekać, że dobrze jest mieć wielkie wejście i podbudować sobie ego kosztem innych.

Widziałam ludzi, spóźniających się na pogrzeby i śluby. Przyciągają spojrzenia zebranych, odwracając uwagę od tego, kogo przyszli uhonorować. Więc dlaczego niektórzy z nas są w nieustannym niedoczasie?

– Dopadła mnie prokrastynacja – mówią ludzie.

Ale co to właściwie znaczy? Słyszałam, że prokrastynacja to po prostu strach z wyższym wykształceniem. Tym górnolotnym słowem wyjaśniamy, dlaczego odkładamy coś na później albo wcale nie chcemy tego zrobić. Unikamy bycia na czas ze strachu przed ludźmi, z którymi mamy się spotkać, lub boimy się, że jeśli przyjdziemy za wcześnie, będziemy musieli spędzić chwilę w samotności.

Niektórym ludziom chodzi o władzę: każąc na siebie czekać, próbują kontrolować innych. Przez nich świat na chwilę przestaje się kręcić. Inni w ten prosty sposób buntują się i nadają swojemu życiu odrobinę dramatyzmu.

Niektórzy stale się spóźniają, bo nie potrafią mówić: „nie", przez co nie zostawiają sobie dość czasu na wszystkie rzeczy, którym powiedzieli: „tak". Ale czy naprawdę zgodziłeś się na spotkanie, skoro i tak je przegapisz, bo się spóźnisz?

W wojsku panuje zasada: „Jeśli nie przyszedłeś pięć minut za wcześnie, jesteś spóźniony". Jest też stare powiedzenie: „Jeśli przyszedłeś pięć minut za wcześnie, to jesteś punktualnie. Jeśli jesteś punktualnie, to się spóźniłeś. A jeśli się spóźniłeś, to już tu nie pracujesz!".

Większość ludzi nie spóźniłaby się na rozmowę o pracę. Chcą zrobić świetne pierwsze wrażenie, więc pojawiają się pięć minut za wcześnie. Ale kiedy już dostaną pracę, codziennie spóźniają się te pięć minut i zupełnie im to nie przeszkadza.

Ja diametralnie zmieniłam sposób myślenia o czasie. Nie jestem ideałem, ale z reguły staram się zostawić sobie kwadrans oddechu między kolejnymi sprawami. Wpisuję w kalendarz chwilę przerwy. Dzięki temu mam czas znaleźć dobre miejsce do parkowania, zatelefonować z parkingu, zrelaksować się, pomodlić, zatrzymać w biegu, przygotować i zwyczajnie odetchnąć. Sprawdzam godzinę spotkania, dodaję kwadrans i uwzględniam czas na dojazd, a później obliczam, o której muszę wyjść z domu.

Kiedy lecę samolotem, przyjeżdżam na lotnisko dwie godziny przed odlotem. Dawniej można było pędzić przez terminal, podbiec do bramki i wskoczyć na pokład, kiedy samolot uruchamiał silnik. Teraz to niemożliwe. Zostawiam sobie dodatkowy czas na wszelki wypadek, którym może być alarm bezpieczeństwa, korki, przebita opona, problemy z parkowaniem albo długie kolejki do odprawy. To przyjemne uczucie mieć dość czasu, żeby poczytać książkę, sprawdzić pocztę elektroniczną, coś zjeść, odstresować się i przygotować na to, co mnie czeka po wylądowaniu.

Wypróbowałam też inne sposoby, które polecili mi przyjaciele. Przestaw zegarek o pięć minut do przodu. Sprawdź prognozę pogody wieczorem, żeby naszykować sobie przy drzwiach kozaki albo parasol na jutro. Przygotuj ubranie na następny dzień, spakuj lunch, nalej benzynę do baku i włóż do portfela gotówkę na obiad albo na opłaty parkingowe.

Codziennie odkładam klucze w to samo miejsce, do koszyka przy tylnych drzwiach, więc nigdy nie tracę czasu na poszukiwania. Tej sztuczki nauczył mnie mąż. Kiedy się pobraliśmy, każdego tygodnia marnowałam całe godziny na szukanie kluczy. Bruce kupił mi nawet specjalny breloczek: wystarczyło klasnąć w dłonie, żeby uruchomić sygnał dźwiękowy, który pozwalał go namierzyć. Zgubiłam breloczek.

Największa zmiana polega na tym, żeby przemyśleć, co na siebie biorę, zanim wpiszę to w kalendarz. Nim się na coś zgodzę, zostawiam sobie moment na zastanowienie, ile czasu zajmie mi to zobowiązanie. A później pytam samą siebie, z czego zrezygnuję, żeby to zrobić. To transakcja wiązana. Za każdym razem, kiedy mówisz „tak", równocześnie mówisz „nie" komuś albo czemuś innemu, prawdopodobnie samemu sobie. Dlatego częściej zaczęłam mówić „nie" niż „tak".

Jeśli chodzi o sprawy do załatwienia, na każdą przeznaczam określoną ilość czasu. Ile mi to naprawdę zajmie? W ten sposób każdej kartki w kalendarzu nie wypełnia lista zadań, których nie sposób wypełnić w ciągu dwudziestoczterogodzinnej doby.

Zamiast zawsze się spóźniać, możesz być tą osobą, która pojawia się za wcześnie, kimś, na kogo wszyscy mogą liczyć.

Życie jest nieprzewidywalne, ale ty nie musisz.

Lekcja 21

Nie bój się marzyć

Nie bój się marzyć.

To właśnie pomyślała mała Latanya w dniu, w którym wysyłano różowe formularze. To właśnie pomyślało kilku optymistycznych mieszkańców jej biednej, śródmiejskiej okolicy, kiedy planowali zbudować nową szkołę dla swoich dzieci. Ale najpierw historia Latanyi.

Był grudzień. Wszyscy pozostali uczniowie bez wahania wpisali na blankietach, jakie prezenty chcieliby dostać od Aniołów Amerykańskiej Poczty, która opiekowała się ich szkołą przez święta. Latanya zabrała swój różowy formularz do domu, żeby zastanowić się nad tym dokładniej. Kiedy mama zaproponowała, że pomoże jej stworzyć listę życzeń, sześciolatka zaprotestowała, oświadczając:

– Sama to zrobię.

A potem zapytała mamę, jak się pisze „buty" i „odzież".

Jej mama nie przeczytała wypełnionego formularza. Nauczyciel zebrał je od uczniów i dostarczył na pocztę, która co roku kupowała prezenty bożonarodzeniowe dla wszystkich dzieci z dwóch biednych szkół w Cleveland.

Lista Latanyi wyróżniała się na tle 1272 różowych kartek zebranych w szkołach podstawowych imienia Harveya Rice'a i Waltona. Większość dzieci prosiła o Barbie, figurkę G.I. Joe, lalkę, wrotki, gry video, płyty kompaktowe i kolorowanki. Formularz Latanyi przeraził pracowników poczty. Dziewczynka nie chciała znaleźć pod choinką lalki, pluszowej zabawki ani gry. Pod słowami: „To chciałabym dostać na gwiazdkę" napisała: „buty, ubrania do szkoły, jedzenie i łóżko". Jej prośba zdumiała urzędniczkę pocztową Debbie Cockrell.

„Przecież żadna sześciolatka nie powinna prosić o jedzenie i łóżko na gwiazdkę", pomyślała, a potem zadzwoniła do szkoły, żeby sprawdzić, czy dziewczynka naprawdę nie ma łóżka.

Dowiedziała się, że Latanya śpi razem z mamą. Właśnie przeprowadziły się do Cleveland z Nowego Jorku. Mama nie miała pracy. Debbie zaczęła działać. Kupiła zabawki, ubrania i jedzenie warte 400 dolarów i zaangażowała wszystkich w pracy w poszukiwania łóżka dla dziewczynki. Usłyszała o tym pracownica sortowni listów Yvette Lucas, która też miała marzenie do spełnienia.

Jedynaczka Yvette była załamana, kiedy we wrześniu tego roku zmarła jej matka. Yvette była przy mamie do końca i myślała, że pożegnała się z nią, rzucając garść ziemi na jej grób, ale cały czas miała wrażenie, że jest jeszcze coś do zrobienia.

Ostatnią wolą jej matki było, żeby wszystko, co posiada, trafiło do potrzebujących. Yvette przekazała czternaście worków ubrań do schroniska dla bezdomnych. Ale nadal miała zestaw dębowych mebli Thomasville do sypialni. Jej mama kupiła go w 1982 roku, kiedy zachorowała na raka, na wypadek, gdyby Yvette musiała wprowadzić się z powrotem do domu. Gdy tylko Yvette usłyszała o Latanyi, wiedziała, że przyszedł czas pożegnać się z kolejnymi wspomnieniami po mamie.

Na widok ciężarówki podjeżdżającej pod dom, matka Latanyi jęknęła ze zdumienia.

– Mój Boże! – zawołała, zasłaniając usta.

Po twarzy zaczęły jej cieknąć łzy. Trzymała dłonie złożone jak do modlitwy, gdy pracownicy poczty rozpakowywali jedzenie, zabawki i meble do sypialni.

– Nie mogę uwierzyć, że zawdzięczam to wszystko swojemu dziecku! – krzyknęła.

Yvette spojrzała na Latanyę i powiedziała jej mamie:

– Modlę się, żeby była pani z córką tak samo blisko, jak ja byłam z moją mamą.

Yvette ustawiła szafki i posłała łóżko. Nie chciała jeszcze wychodzić. To miało być pierwsze Boże Narodzenie od czterdziestu czterech lat, jakie spędzi bez mamy. Przesunęła palcami po pustym blacie toaletki, którą mała dziewczynka, dorastając, miała zapełnić butelkami perfum i kokardami, szminkami i lakierami do paznokci.

– Dziękuję, mamusiu – wyszeptała. – Jest pięknie.

Latanya wreszcie miała wymarzoną sypialnię.

Niestety, codziennie musiała wstać z nowego łóżka i iść do szkoły, która była jak koszmar na jawie. Szkoła podstawowa imienia Harveya Rice'a wyglądała jak opuszczony magazyn, otoczony metalową siatką wysoką na trzy metry. Wejście przypominało ciemną jaskinię. Nowi nauczyciele mieli problemy ze znalezieniem drzwi. Ja także. W okna wstawiono siatkę dla ochrony przed wypadającym szkłem. Kiedyś szyba pękła w sali dla pierwszaków, a szkło wsypało do środka. Dzieci z płaczem wybiegły na korytarz.

W zimie na uczniów padał śnieg. Pewnego dnia temperatura wyniosła trzy stopnie – wewnątrz. Dzieci przez cały dzień siedziały w kurtkach, a nauczyciele uszczelniali popękane szyby gazetami. W szkole nie było boiska, systemu nagłośnienia ani działających kranów z wodą pitną.

Przez cały rok szkolny 2002/2003 zaglądałam tam co tydzień i pisałam o tej podstawówce. Wchodziłam trzy piętra po zniszczonych czarnych stopniach, pod sufitem z zaciekami, obok dziur w ścianach, omijając płachty tynku, które spadły na stopnie.

Nigdy nie zapomnę chwili, gdy stałam na asfaltowym parkingu pełniącym funkcję boiska i patrzyłam, jak uczniowie świętują zakończenie roku szkolnego: przywiązywali kolorowe balony do zardzewiałych schodów obok paskudnych koszy na śmieci. Rodzice i mieszkańcy wspólnie doszli do wniosku, że te dzieci zasługują na coś lepszego. W końcu ich szkoła nosiła imię Harveya Rice'a, założyciela edukacji publicznej w stanie Ohio.

Chcieli zburzyć starą szkołę i po wielu latach przepychanek doprowadzili do budowy nowej. Miała to być oaza na pustyni biedy, która przyciągała handlarzy narkotyków i gangi; przez którą wybuchały strzelaniny.

Nowej szkole nadano imię Harveya Rice'a w 2009 roku. Rodzice, bibliotekarze, rada szkoły, miejscowe organizacje pomocowe i fundacje nie bały się marzyć i wspólnie pracowały nad tym, żeby zgromadzić potrzebną kwotę i znaleźć wsparcie dla ich pomysłu. Nowa szkoła jest częścią pięcioakrowego kampusu. Jest połączona z nową biblioteką, w której znajduje się punkt pomocy w odrabianiu lekcji i sala informatyczna. Szkoła kosztowała 16 milionów dolarów; biblioteka – 6 milionów dolarów. Wszystko to powstało dzięki współpracy okręgu szkolnego, bibliotekarzy, rozmaitych fundacji, organizacji pozarządowych, rodziców i lokalnych artystów. Teraz szkolny kampus stanowi centrum całej okolicy. To najlepszy przykład na to, co można osiągnąć, kiedy połączy się siły.

Wewnątrz na jasnych ścianach wiszą portrety ludzi sukcesu: neurochirurga Bena Carsona, fotografa Gordona Parksa, poetki Mayi Angelou.

W szkole jest sala muzyczna, laboratorium i sala informatyczna. Dyrektor prosił o dwa komputery. Dostał ich dwadzieścia dziewięć.

W klasach oprócz zwykłych tablic wiszą tablice multimedialne. Szkoła ma telewizory z płaskim ekranem, nowe dywany, windy, klimatyzację i pracownię plastyczną z trzema umywalkami i szafkami z artykułami do pracy. Teraz nie trzeba już wozić wózka z farbami z sali do sali.

Uczniowie pomogli stworzyć murale na ścianach. Któreś dziecko namalowało czapkę absolwenta i podpisało ją słowem „marzenie". Naprzeciwko wejścia wisi motto szkoły, które ma inspirować każdą Latanyę przestępującą jej progi: „Osiągniesz wszystko, jeśli w to wierzysz".

Łóżko. Budynek. Dwa marzenia.

Oba spełnione dzięki komuś, kto nie bał się marzyć – i zamienił je w rzeczywistość.

Lekcja 22

Wsłuchaj się w siebie. Odpowiedzi, których szukasz, znajdziesz we własnym wnętrzu

Pewnej wiosny pojechałam z siostrami do Arizony na weekend, który odmienił moje życie. Moja siostra Joan mieszka w Phoenix u podnóża góry i zaprosiła nas wszystkie na mały odpoczynek.

Dla zabawy wybrałyśmy się do Sedony. Buszowałyśmy po sklepach z pamiątkami i podziwiałyśmy wspaniałe formacje skalne w mieście uważanym przez wielu za centrum duchowości. Któraś z moich sióstr zaproponowała, żebyśmy poszły odczytać sobie aury. Czemu nie? Uznałyśmy, że to ciekawy pomysł. Później będziemy mogły sprawdzić, czy coś w tym jest.

Stłoczyłyśmy się w pokoiku na tyłach New Age'owego sklepu. Po kolei siadałyśmy, kładłyśmy dłonie na specjalnej tabliczce, a kobieta, która czytała aury, robiła nam zdjęcie. Na rozmazanej fotografii pojawiała się spora plama kolorów. Każde zdjęcie wyglądało zupełnie inaczej.

Przyglądając się naszym aurom, kobieta znalazła coś fascynującego do powiedzenia o każdej z nas. Nie wiem, jak to się stało, ale trafiała w dziesiątkę. U jednej zdiagnozowała problemy z wyrażaniem złości, drugiej poradziła przestać poświęcać się wyłącznie pracy, kolejnej zaleciła podróże. Kiedy doszła do mnie, powiedziałam jej, że nie jestem pewna, czy coś zobaczy, bo boli mnie głowa. Czułam nadciągającą migrenę i nie wiedziałam, czy nie zakłóci to mojej aury. Rzadko miewam migrenę, może raz na rok, ale kiedy to nastąpi, wszystko rozmywa mi się przed oczami, a dwadzieścia minut później mam wrażenie, jakby na głowę raz po raz opadał mi ciężki młot. Potem robi mi się niedobrze i przez kilka godzin pęka mi głowa, aż w końcu mdleję z bólu.

Kobieta obserwowała mnie przez chwilę, a potem zapytała:

– Dlaczego boli cię głowa?

– Nie wiem – odpowiedziałam.

– Owszem, wiesz.

„Co za kretynka", pomyślałam. Ale zmroził mnie jej ton. Może miała rację. Czy naprawdę znałam odpowiedź? Skupiłam się przez chwilę i zadałam sobie pytanie: „Regina, dlaczego boli cię głowa?". W odpowiedzi usłyszałam: „Bo chodziłaś w słońcu bez nakrycia głowy".

Zanim zdążyłam się odezwać, kobieta powiedziała:

– Musisz nosić kapelusz na słońcu.

Bingo. To dlatego zaczęła mnie boleć głowa. Kilka godzin wcześniej siedziałam w pełnym słońcu podczas lunchu. Poczułam dziwne mrowienie w głowie, ale nie zwróciłam na nie uwagi. Zignorowałam tę kontrolkę mojego organizmu, tak samo jak ignoruję kontrolkę silnika, która zapala się na desce rozdzielczej.

Nie pamiętam, czego dowiedziałam się o swojej aurze, ale ta kobieta nauczyła mnie wsłuchiwać się w siebie – najpierw zadawać pytania samej sobie, szukać odpowiedzi we własnej duszy i nigdzie indziej. Cóż za rewolucyjna myśl, że twoje ciało zna odpowiedzi, których potrzebujesz.

Od tamtej pory rzadziej miewam migrenę. Najczęściej pojawiała się, jeśli za długo przebywałam na słońcu. Teraz noszę przy sobie kapelusz i prawie nigdy nie boli mnie głowa.

W głębi duszy rzeczywiście nosimy prawdę. Żeby ją usłyszeć, musisz przestać robić z siebie ofiarę i szukać odpowiedzi u wszystkich wokół. Jeśli chcesz wsłuchać się w swój wewnętrzny głos, musisz poświęcić na to czas i otoczyć się ciszą. To mi pomogło uzdrowić ciało i odzyskać w życiu równowagę.

Co by się stało, gdybyś naprawdę uwierzył, że twoje ciało zna wszystkie potrzebne odpowiedzi? Może naprawdę umie rozstrzygnąć większość naszych wątpliwości?

Zapytaj siebie, czego potrzebujesz, i oczekuj odpowiedzi. Ta metoda jeszcze nigdy mnie nie zawiodła, gdy chciałam pomóc swojemu ciału.

Przez wiele lat zmagałam się z bólem rąk. Miałam wrażenie, że każdy dziennikarz w redakcji nosi stabilizatory nadgarstków i cierpi na zespół cieśni nadgarstka. Szybko do nich dołączyłam.

Ręce bolały mnie od pisania na klawiaturze. Niestety, w ten sposób zarabiam na życie. Ból stopniowo rozprzestrzeniał się od dłoni, przez przedramiona, aż po ramiona. Moja przyjaciółka nazywała go chorobą japiszonów. Śmiałabym się, gdyby to tak nie bolało. Doszło do tego, że musiałam sprzedać samochód. Nie mogłam zmieniać biegów, więc kupiłam nowy, z automatyczną skrzynią. Nie byłam w stanie uprawiać ogródka – kopanie grządek, pielenie i wyrywanie chwastów za bardzo bolało. To krępująca dolegliwość, bo jej nie widać. Któregoś dnia jakiś chłopczyk poprosił, żebym wniosła jego rower na ganek. Nie rozumiał, dlaczego nie mogę mu pomóc. Miałam tak słabe ręce, że nie podniosłabym nawet galonu mleka.

Największe upokorzenie przeżyłam na fizjoterapii. Któregoś dnia na rowerze treningowym obok mnie ćwiczył wysoki, szczupły mężczyzna. Był robotnikiem budowlanym, który pracował nad odzyskaniem sprawności w nogach po tym, jak zawaliła się na niego ściana. Przez pół roku miał całe ciało w gipsie.

– A pani co się stało? – zapytał.

Chciałam móc mu powiedzieć, że odniosłam kontuzję przez swoją brawurę w jakichś dramatycznych okolicznościach, na przykład skacząc ze spadochronem albo wspinając się po górach.

– Za dużo pisałam na klawiaturze – przyznałam, zawstydzona prawdą.

Ostatecznie musiałam zrobić badanie przewodnictwa nerwowego, żeby sprawdzić, co jest nie tak. Polegało ono na stymulowaniu nerwów w moich dłoniach i rękach impulsami elektrycznymi. Laborantka przylepiła mi na ramieniu dwie elektrody, jedną z czerwonym przewodem, drugą z czarnym. Cała procedura skojarzyła mi się z uruchamianiem rozładowanego akumulatora. Czarny stymulator z dwoma wystającymi pręcikami wysyłał impulsy elektryczne do moich nerwów. Przed rozpoczęciem badania laborantka zapytała:

– Już pani rodziła, prawda?

Pierwszy impuls był jak mocne uderzenie serca. Kolejny jak porażenie najczulszego nerwu w łokciu. Trzeci przywiódł mi na myśl zabawkę z dzieciństwa, minigenerator prądu. Emitował niewielkie impulsy, którymi się nawzajem raziliśmy. Impuls o najwyższym napięciu podczas badania był mniej bolesny niż wstrząs, który zaaplikowałam sobie sama, usiłując wyjąć stłuczoną żarówkę z lampy podłączonej do gniazdka. Wyciągałam kawałki szkła z oprawki nożem do chleba, gdy nagle kopnął mnie prąd. Jego siła zwaliła mnie z nóg.

Całe badanie trwało pół godziny. Wykazało, że moje urazy wynikają z chronicznego przeciążenia mięśni (Repetitive Strain Injuries, czyli w skrócie RSI). Krótko mówiąc: za dużo pisania, za mało przerw.

Później przeczytałam wszystkie książki na temat RSI, które wpadły mi w ręce, i postanowiłam po prostu zacząć słuchać swojego ciała. Teraz, kiedy czuję, że moje ręce są zmęczone, przestaję pisać. Ustawiam minutnik na dwadzieścia minut i robię sobie przerwę, wstaję z fotela i zaczynam się rozciągać. Ściskam silikonowe piłeczki, żeby mieć silne dłonie. Ból stopniowo minął. Odkąd zaczęłam słuchać swojego ciała, moje ręce są silniejsze niż kiedykolwiek.

Przez krótki okres miałam problemy z plecami. Czułam ciągły ból z lewej strony, a z prawej – sporadyczne ukłucia, jakby ktoś dźgał mnie nożem. Niewiele wcześniej skończyłam naświetlania w związku z rakiem, więc obawiałam się najgorszego. Rezonans magnetyczny pokazał, że nie ma przerzutów. Uff. Okazało się za to, że mam zapalenie dysku. Zamiast się poddać i uznać, że to po prostu słabszy punkt w moim ciele, postanowiłam zatrzymać się na chwilę, wyciszyć i zapytać o zdanie swoje plecy. Czego im trzeba? Skąd ten ból?

W odpowiedzi usłyszałam: „Za dużo na siebie bierzesz". Nikomu nie odmawiałam. Martwiłam się problemami wszystkich wokół i próbowałam zaspokoić ich potrzeby do tego stopnia, że w końcu ugięłam się pod ich ciężarem.

Postanowiłam częściej mówić „nie", przestać obarczać się tak wielką odpowiedzialnością. Codziennie ćwiczę i rozciągam się, żeby wzmocnić mięśnie w okolicach kręgosłupa i być bardziej gibka. Od lat nie bolały mnie plecy. Szanuję je i dbam o nie, a kiedy dają mi sygnał ostrzegawczy, już go nie ignoruję. Jeśli czuję jakikolwiek ból, robię sobie przerwę i pytam: „Do kogo należy ten ciężar, który na siebie wzięłam?".

Nadal od czasu do czasu tracę równowagę w życiu. Pewnego lata przesunęła mi się szczęka. Przez dwa miesiące górne i dolne zęby nie pasowały do siebie. Miałam trudności z jedzeniem i mówieniem. Mój dentysta zasugerował, że powodem może być stres. Czy zgrzytam zębami przez sen? Umówiłam się na wizytę do chirurga szczękowego, który zrobił mi prześwietlenie. To była ogromna ulga, wiedzieć, że przesunięcia nie spowodował jakiś guz. Chirurg nie chciał stosować żadnych inwazyjnych metod, żeby naprawić ten problem, a ja podzielałam jego zdanie. Podał mi kilka sposobów na to, żeby szczęka sama wróciła na swoje mięśnie: miałam ją rozluźniać przez kilka tygodni. Przestać żuć gumę. Nie jeść lodów i twardych cukierków. Rozgrzewać ten obszar przed snem. Delikatnie masować szczękę i mięśnie karku.

Zapisałam to wszystko w notesie, a potem wróciłam do domu, usiadłam i zaczęłam medytować. Zapomniałam zapytać swojego ciała, czego potrzebuje. Dlaczego moja szczęka była w niewłaściwym miejscu? Odpowiedź: bo ja znalazłam się w niewłaściwym miejscu w moim życiu. Całe dnie wypełniało mi podpisywanie książek i dawanie wykładów; żułam gumę za gumą, jak nałogowy palacz, który odpala jednego papierosa od drugiego. Potrzebowałam znaleźć więcej czasu dla siebie, na chwilę spokojnej, relaksującej samotności.

Zaczęłam uprawiać raz w tygodniu jogę. Do tego dorzuciłam masaż raz na miesiąc. Wyrzuciłam gumy. Pojechałam na rekolekcje milczenia. Po dwóch tygodniach szczęka wskoczyła na właściwe miejsce. Po miesiącu ból zniknął i od tamtej pory nie wrócił.

Judi Bar, terapeutka jogi w Cleveland Clinic Wellness Center, nauczyła mnie, jak słuchać siebie, żeby wiedzieć, czemu w moim życiu powinnam powiedzieć „tak", a czemu – „nie". Mój wewnętrzny radar był całkiem rozregulowany. Potrzebowałam jasnych wytycznych. Myślałam, że muszę reagować na wszystko, co pojawi się w jego zasięgu. Wszystkiemu mówiłam „tak".

Judi kazała mi siedzieć przez kilka minut w ciszy.

– Oczyść umysł ze wszystkich myśli i po prostu oddychaj – poradziła.

A później powiedziała:

– Zapytaj swoje ciało, jakie to uczucie, kiedy mówi „tak"? Pozwól, żeby twoje ciało powiedziało ci, jak się czujesz, gdy jesteś na „tak".

Więc siedziałam w ciszy i zapytałam je o to. Na początku nic się nie działo. Potem oswoiłam się z tym pytaniem i poczułam, jak rozgrzewa mi się skóra na twarzy. Miałam wrażenie, że siedzę w promieniach słońca, które docierają aż do mojego serca. Czułam, jak usta rozciąga mi uśmiech, jak klatka piersiowa rozszerza mi się z każdym oddechem, jakby moje serce otwierało się na słońce jak kwiat.

– Okej, to całkiem niezłe „tak" – oceniła Judi.

Potem znów kazała mi się rozluźnić i oddychać głęboko przez kilka minut.

– A teraz zapytaj swoje ciało, jak to jest, kiedy mówi „nie".

Zapytałam. Nic się nie wydarzyło. Było jak czysta karta. Później ogarnęły mnie wątpliwości i niepokój. Siedziałam, czekając, aż usłyszę swoje „nie" głośno i wyraźnie. Zamiast tego poczułam się zdezorientowana i przestraszona. Później zaczęło mi brzęczeć w głowie. Męczył mnie ten dziwny wewnętrzny szum, równie irytujący jak zakłócenia fal radiowych.

Judi poprosiła, żebym opisała jej swoje „nie".

– Właściwie go nie poczułam – odpowiedziałam.

– Powiedz, czego doświadczyłaś – nalegała.

Opowiedziałam jej o zwątpieniu, niepokoju, hałasie, strachu i szumie.

– To jest twoje „nie" – stwierdziła. – Kiedy tego doświadczasz, powinnaś powiedzieć „nie".

Ten moment odmienił moje życie. Zawsze myślałam, że gdy będę chciała komuś odmówić, poczuję to z całą mocą. Nie doświadczałam takiego potężnego, zdecydowanego „nie", więc w końcu mówiłam „tak" każdej potrzebie, każdemu zobowiązaniu. Ale w ten sposób mówiłam „tak" rzeczom, które nie były radosne, ważne ani inspirujące.

Teraz słucham swojego ciała. Co godzinę robię chwilę przerwy i pytam je: „Czego potrzebujesz?". A potem nasłuchuję odpowiedzi. I słyszę niesamowite rzeczy. Moje ciało naprawdę potrzebuje przerwać pracę, żeby jeść, zrobić siku, rozciągnąć się, przespacerować, napić i poruszać.

Kiedy wsłuchuję się w swoją duszę, słyszę „tak" jasno i wyraźnie. „Tak" jest jak pokaz fajerwerków albo przynajmniej jak iskra radości. A „nie"? Kiedy mój umysł zasnuwa mgła i ogarnia szum, wtedy mówi „nie".

Gdy nauczysz się słuchać samego siebie, będziesz zaskoczony tym, co usłyszysz. Naprawdę nosisz w sobie odpowiedzi. Słuchaj, a odkryjesz, kiedy powiedzieć „tak" i – co jeszcze ważniejsze – kiedy powiedzieć „nie".

Lekcja 23

Wejdź do gry

Gdzie są mówcy motywacyjni, kiedy najbardziej ich potrzebujesz? Wszystkie te inspirujące przemówienia, wygłaszane na ceremoniach rozdania dyplomów, należałoby odtwarzać nowym uczniom – zarówno świeżo upieczonym studentom, jak i pierwszoklasistom w liceum. To właśnie pierwszoroczniacy, czy to w szkole, czy na uczelni, powinni usłyszeć te wspaniałe rady.

Próbuj sięgnąć gwiazd. Słuchaj, co podpowiada ci intuicja. Wybierz własną drogę.

Ten pierwszy rok jest jak kubeł zimnej wody. Pasmo sukcesów? Nie do końca. Gwiazdy gasną. Intuicja milknie. Droga okazuje się ślepym zaułkiem. Albo są na niej zwężenia i wyboje.

Brad Paisley ma w swoim repertuarze świetną piosenkę, w której wyśpiewuje rady dla siedemnastolatka, którym kiedyś był. Zwraca się do siebie samego sprzed wielu lat: „Gdybym mógł napisać do siebie list". Chętnie powiedziałby temu chłopakowi, żeby poszedł na kurs maszynopisania, uczył się hiszpańskiego i przestał tak się zamartwiać algebrą.

Co ja bym powiedziała uczennicy, którą kiedyś byłam? To samo, co każdemu licealiście: wejdź do gry. Próbuj wszystkiego. Ciesz się wszystkim. Otwórz na kogoś i na coś swoje serce, nieważne czy będzie to chłopiec czy dziewczyna, któryś przedmiot szkolny czy dyscyplina sportu. Nie musisz wegetować przez te cztery lata. Możesz sprawić, że będą magiczne, jeśli będziesz otwarty na wszystko, do niczego się nie przywiązując.

Jak powiedział kiedyś Theodore Roosevelt:

> Nie krytyk się liczy, nie człowiek, który wskazuje, jak potykają się silni albo co inni mogliby zrobić lepiej. Chwała należy się mężczyźnie na arenie (...), który (...) w swych najlepszych chwilach poznał tryumf wielkiego wyczynu, a w najgorszych, gdy przegrywa, to przynajmniej przegrywa z odwagą.

Odważ się wejść do gry. Odważ się wkroczyć na arenę życia. Właśnie to chciałabym powiedzieć nastoletnim dzieciom moich przyjaciół, które zaczynają szkołę średnią. Pamiętam Max, Kate i Aleksa jeszcze z okresu prenatalnego, kiedy byli tylko fasolkami oglądanymi na zdjęciach USG. Jak to możliwe, że noszą teraz buty w rozmiarze 10? Że przerośli rodziców? Że występują w przerwie meczu ze swoim zespołem?

Gdybym tylko potrafiła przekonać ich, żeby się tym cieszyli. Nawet najgorsze chwile w ich obecnym życiu kiedyś zamienią się w najlepsze opowieści, z których będą się śmiać – po kilku latach psychoterapii.

Ale teraz wszystko jest takie poważne.

Bądźcie dla siebie wyrozumiali. Niektórzy uwielbiają szkołę średnią. Inni jej nienawidzą. Tak czy inaczej, ona trwa tylko cztery lata. Jeśli odliczysz wakacje, święta i weekendy, tak naprawdę zajmuje jedynie dwa lata twojego życia.

Cztery lata mogą wydać się wiecznością, jeśli uwzględnić pracę semestralną z literatury brytyjskiej na dziesięć stron, kurs na prawo jazdy, pierwszą randkę, pierwszy zawód miłosny, szlaban na wyjścia za złe stopnie, nieustanne kłótnie z rodzicami, wrażenie, że nikt cię nie rozumie, gigantyczny pryszcz, który wyrasta ci na nosie godzinę przed studniówką, nieudaną próbę dostania się do drużyny cheerleaderek, otrzęsiny na obozie muzycznym i skreślenie ze składu drużyny futbolu amerykańskiego. Tyle rzeczy może pójść – i pójdzie – nie tak.

Patrz na wszystko z lotu ptaka. Wznieś się ponad to i spójrz z góry na krajobraz, jakim jest całe twoje życie. Te smutne licealne lata? To tylko chmura na horyzoncie... albo zdradliwe jezioro. Wszystko zależy od perspektywy, więc dobrze jest zachować pewien dystans.

Dokonuj dobrych wyborów. Dumbledore wyjaśnił Harry'emu Potterowi, że to nasze wybory ukazują, kim naprawdę jesteśmy – o wiele lepiej niż nasze zdolności. To od ciebie zależy, co wybierzesz, przyjacielu. Wszyscy dostajemy od życia gorsze karty. Różnica polega na tym, jak rozegrasz tę partię. Albo jak dobrze blefujesz.

Używaj korektora. Pryszcze znikną szybciej, jeśli nie będziesz ich wyciskać. Odrobina fluidu w kolorze dopasowanym do cery czyni cuda. Włóż jaskrawe skarpetki, szaloną koszulę albo zafarbuj włosy na wściekły pomarańcz, żeby zwrócić uwagę na coś innego.

Daj coś z siebie innym. Wszyscy mówią, że dzieci w okresie dojrzewania – też nienawidzę tego określenia – są najbardziej egoistycznym rodzajem *homo sapiens*. Pokaż im, że się mylą. Kiwnij palcem w domu. Wyrzuć śmieci. Włącz odkurzacz. Posprzątaj garaż. Zaproponuj pomoc sąsiadowi. Przytul ciotkę Betty. Odwiedź wujka Joe. Od czasu do czasu rób jedną małą rzecz, która wzbogaci czyjeś życie.

Zapisz się gdzieś. Wszystko jedno gdzie. Do jednego klubu. Jednej drużyny sportowej. Jednego komitetu. Wybierz jedną rzecz, którą czujesz się podekscytowany jak dziecko.

Zostaw telewizor, komórkę, komputer i gry wideo na kilka godzin. Spróbuj czegoś nowego, co może ci się spodobać – niech to nie będzie wybór, który sprawi przyjemność twoim rodzicom albo pomoże ci się dostać na odpowiedni uniwersytet.

Rozchmurz się. Teraz masz wrażenie, że wszystko jest śmiertelnie poważne. Nie jest. A jeśli jest, przestanie takie być, kiedy skupisz się na czymś innym.

Otwórz się. Wpuść do swojego serca kogoś, kto rozumie ciebie, twoje poczucie humoru, twoją muzykę, twoje marzenia. Nie umawiaj się z kimś, kto zamyka ci oczy na cud, jakim są twoi przyjaciele, twoja rodzina i ty sam. Znajdź kogoś, kto sprawia, że się uśmiechasz, śmiejesz i bujasz w obłokach przez całą drogę do domu.

Bądź sobą. Jesteś dość dobry. Twoje ciało oszaleje od hormonów, ale i tak mu ufaj. Twoje serce będą rozsadzać sprzeczne emocje, ale i tak go słuchaj. Nie zmieniaj swojego ciała, swoich opinii i swoich wartości dla taniego poklasku.

I jak śpiewa Paisley, nie bój się. Masz jeszcze dużo czasu do najlepszych lat swojego życia.

Później jest lepiej. Zaufaj mi.

A jeszcze lepiej, zaufaj sobie.

Lekcja 24

Bóg nie zawsze powołuje silnych. Czasem musisz być dość słaby, żeby mu służyć

Wszyscy znamy te historie.

Elvis Presley dostał kiedyś jedynkę z muzyki i usłyszał, że nie powinien rzucać dla śpiewania pracy kierowcy ciężarówki. Michaela Jordana wyrzucili w liceum ze szkolnej drużyny koszykówki. *Przeminęło z wiatrem* zostało odrzucone trzydzieści osiem razy, zanim znalazło wydawcę. J. K. Rowling żyła z pomocy społecznej, zanim *Harry Potter* uczynił z niej miliarderkę.

Nauczyciel muzyki Beethovena stwierdził, że nie ma on talentu do komponowania. Winston Churchill dwa razy nie zdał do Królewskiej Akademii Wojskowej, a później ukończył ją z najgorszym wynikiem na roku. Lucille Ball odesłali ze szkoły aktorskiej za zbytnią nieśmiałość. Julia Roberts nie dostała roli w operze mydlanej *All My Children*.

Thomasa Edisona dwa razy zwalniano z pracy za niską wydajność. Babe Ruth miał rekordową liczbę strikeoutów. Walt Disney stracił pracę w gazecie – szefowie uznali, że brakuje mu wyobraźni. Van Gogh sprzedał za życia tylko jeden obraz. Abraham Lincoln cierpiał na depresję, miał na koncie dwa nieudane przedsięwzięcia biznesowe i osiem przegranych wyborów. Powiedzcie to Pomnikowi Lincolna.

Porażki tych ludzi sukcesu przekonują mnie, że nasze słabości to tylko rewers naszych atutów. Dawniej bałam się mówić, co myślę. Czym się zajmuję w pracy? Przedstawiam swoje opinie w felietonach w największej gazecie w Ohio.

Między naszymi atutami a słabościami zwykle zachodzi bezpośredni związek. Bardzo długo nie chciałam wykorzystać swoich atutów, bo wtedy musiałabym zmierzyć się ze swoimi słabościami. Upłynęło wiele czasu, zanim zrozumiałam, że Bogu przydaje się i jedno, i drugie. Jeszcze później uświadomiłam sobie, że czasem Bóg wybiera nas z powodu naszych słabych, a nie mocnych stron.

To dla mnie wielka pociecha, że w Biblii Bóg nie zawsze wybiera silnych. Znajduje ludzi grzesznych i słabych, a potem odmienia ich życie. Ktoś taki jak Mojżesz, który zabił człowieka, zostaje wybrany, żeby wyprowadzić ludzi z niewoli ku wolności. Dawid, który skazał kogoś na śmierć, trafia na tron. A Jezus do grona dwunastu najbliższych uczniów zaliczył człowieka, który Go okłamał, człowieka, który w Niego zwątpił i człowieka, który Go zdradził.

Moje ulubione bożonarodzeniowe czytanie zaczyna się od zdania: „Nie bójcie się!". Te trzy słowa oznaczają, że Bóg obdarzy kogoś słabego wielką mocą. Uwielbiam ten moment w filmie *A Charlie Brown Christmas* („Boże

Narodzenie Charliego Browna"), kiedy Linus postanawia wyjaśnić przyjacielowi, czym jest Boże Narodzenie, cytując Ewangelię według św. Łukasza:

> Nie bójcie się! Oto zwiastuję wam radość wielką, która będzie udziałem całego narodu: dziś w mieście Dawida narodził się wam Zbawiciel, którym jest Mesjasz, Pan. A to będzie znakiem dla was: znajdziecie Niemowlę owinięte w pieluszki i leżące w żłobie.

Słyszałam kiedyś, że powinniśmy czytać Biblię tak, jakbyśmy byli jednym z jej bohaterów. Któregoś roku ojciec Tom Fanta z mojego kościoła wygłosił kazanie, wcielając się we właściciela gospody, który w wieczór wigilijny odprawił Świętą Rodzinę. Odegrał tę rolę od początku do końca, od lekceważącej odmowy aż po przejmującą skruchę.

Powiedział, że wszyscy jesteśmy tym gospodarzem, który zamknął drzwi i nie znalazł miejsca dla drugiego człowieka. Nie mamy czasu porozmawiać ze znajomym, który przechodzi burzliwy rozwód. W naszym napiętym harmonogramie brak miejsca na wolontariat w domu pomocy dla kobiet ani na opiekę nad dzieckiem przyjaciela.

Wszyscy jesteśmy pasterzami, zajętymi swoimi owcami – pracą, zainteresowaniami, rodziną – i przerażonymi, kiedy przychodzi do nas Bóg, nieważne, czy przybiera postać aniołów niebiańskich, ziemskich – przyjaciół, rodziny i nieznajomych – czy też przejawia się w formie problemów i kryzysów. Wzdrygamy się, gdy wiedzie nas w jakieś nieznane albo nieprzyjemne dla nas miejsce; gdy każe nam zboczyć z precyzyjnie wytyczonej ścieżki kariery albo wykreślić coś z wypełnionego po same brzegi kalendarza.

Wszyscy jesteśmy jak Józef, który mógł po cichu odesłać Marię, zamiast wikłać się w związek wymagający od niego więcej, niż chciał z siebie dać. Wolimy to, co normalne, pewne, przewidywalne – to, nad czym mamy kontrolę. Planujemy swoje życie w taki sposób, żeby Bóg nie miał najmniejszych szans, by się wtrącić i wszystko zepsuć.

Jesteśmy jak Maryja, która przestraszyła się na widok anioła. Czy naprawdę chcemy być z Bogiem tak blisko? „Nie bój się", uspokoił ją anioł.

Co by się stało, gdyby Bóg powołał nas do wyższych celów?

Brzmi dobrze – ale tylko przez chwilę. Dopóki nie podliczymy kosztów. A jeśli to oznaczałoby przeprowadzkę? Niższe zarobki? Powrót do szkoły?

Kiedy Bóg powołał Jeremiasza, ten chciał Mu odmówić; uznał, że jest za młody na taką służbę. Mojżesz też nie był zachwycony misją prowadzenia Izraelitów przez pustynię do Ziemi Obiecanej.

Pewien ksiądz zwierzył mi się, że przed przyjęciem święceń miał wątpliwości, czy jest dość silny, żeby zostać księdzem. I wówczas ktoś go zapytał: „A czy jesteś dość słaby?".

Żeby powiedzieć Bogu „tak", nie trzeba być silnym – można być słabym i powiedzieć „tak" mimo tej słabości.

Jeśli twoja odpowiedź na pytanie: „Czy jesteś dość silny, żeby służyć Panu?" brzmi „Nie", to być może zadajesz sobie niewłaściwe pytanie.

Czy jesteś dość słaby, żeby Mu służyć?

LEKCJA 25

Kiedy nie masz nic oprócz wiary, masz wszystko, czego potrzebujesz

Przez całe życie słyszałam o biedzie Trzeciego Świata. Widziałam ją na fotografiach w gazetach, magazynach; oglądałam w programach telewizyjnych – ale na własne oczy zobaczyłam ją dopiero, gdy pojechałam do Salwadoru.

W 1992 roku dobiegała końca wojna domowa w Salwadorze, a redakcja „Beacon Journal" w Akron w stanie Ohio postanowiła wysłać tam reportera. Miałam odnaleźć pewnego młodego Salwadorczyka o imieniu Jose, który stracił nogę w wybuchu miny lądowej i w szpitalu niedaleko Akron założono mu protezę.

Wyruszyłam do Salwadoru w towarzystwie fotografa tydzień przed oficjalnym ogłoszeniem zawieszenia broni. Wystarczyła godzina, by Salwador odurzył moje zmysły. Przytłoczyły mnie dźwięki, zapachy i widoki. Ludzie mieszkali w lepiankach z wyschniętego błota i patyków. Dachy robili z tektury albo blachy falistej. Wychudzone, brudne i bose dzieci żebrały przy drodze. Indyki i kurczaki mieszkały razem z ludźmi w domach z klepiskiem.

Przejazd z lotniska do La Libertad był jak podróż w czasie. Miasto sprawiało wrażenie planu filmowego. To nie mógł być rok 1992. Jak ludzie mogli żyć w takich warunkach? Najnowocześniejszą technologię, pozwalającą przesyłać tekst z telefonu przez komputer, przywieźliśmy do kraju, w którym nie było nawet wody pitnej.

Po przyjeździe nocowaliśmy z fotografem w maleńkim motelu. Co chwilę wyłączał się w nim prąd. W pokoju latały owady wielkości ptaków. Trudno było zasnąć. Następnej nocy zatrzymaliśmy się u clevelandzkich misjonarzy w La Libertad. Pokazali nam, gdzie żołnierze i buntownicy zabijali ludzi, a potem zrzucali ciała na drogę. Zobaczyliśmy dziury po kulach obok kościelnego ołtarza. Podczas którejś wymiany ognia jakiś żołnierz strzelił w ramię Jezusa na obrazie.

Spaliśmy na łóżkach polowych. Upewnialiśmy się, czy pościel nie dotyka podłogi, i zamykaliśmy plecaki, żeby nie wpełzły do nich tarantule. Po sali latały nietoperze. Słodki zapach mango i bananów na rynku mieszał się z fetorem odchodów kurczaków, indyków i świń. Po ulicach walały się śmieci. Budziły nas autobusy głośne jak ciągniki z przyczepami. Słyszeliśmy muzykę dudniącą w odległości wielu przecznic.

Zatrudniliśmy tłumacza i wyruszyliśmy na poszukiwania Josego. Salwador ma prawdziwie rajskie krajobrazy: morze, piasek, niebo, góry, wulkany i palmy kokosowe. Z pomocą miejscowego księdza odnaleźliśmy Josego w miasteczku Nejapa u podnóża wulkanu. Mieszkał ze swoją babcią, Eduardą Morales, przy drodze gruntowej pięćdziesiąt mil od San Salvador. Jose był spokojnym, nieszczęśliwym chłopcem, który stracił oboje rodziców. Eduarda straciła niemal wszystkich bliskich z wyjątkiem wnuka. Zajmowali lepiankę mniejszą niż garaż na jeden samochód. Spali razem na małym łóżku z drewnianej płyty. Nie mieli elektryczności ani bieżącej wody.

Eduarda, która upinała srebrzyste włosy w kok, cierpiała na malarię, artretyzm i niedożywienie. Jej syna zastrzelili żołnierze, a wnukowi urwała nogę partyzancka mina lądowa. Żyli we dwójkę z dnia na dzień, jedli, kiedy udało im się znaleźć żywność albo pracę. Matka porzuciła Josego wkrótce po porodzie.

Jose Raul Morales miał jedenaście lat, ale doświadczeń starczyłoby mu na sześćdziesiąt jeden. Przez całe życie uchylał się przed kulami żołnierzy. Pokoju zaznał tylko raz, kiedy pojechał na dwanaście tygodni do Ohio po swoją protezę nogi. Wojna była częścią jego życia tak samo jak zbieranie trzciny cukrowej i ucieranie kukurydzy na kolację. W Nejapie podczas dwunastoletniej wojny domowej życie straciło siedemset dzieci. W całym kraju zginęło 75 tysięcy ludzi, ogromna liczba jak na kraj z pięciomilionową populacją.

Jose nadal bał się zbliżać do drogi, na której stracił nogę. Pokazał mi drzewo, pod którym jako siedmiolatek stał tamtego ranka w marcu 1988 roku. Partyzanci wysadzili linie wysokiego napięcia. Jose patrzył, jak robotnicy je naprawiają, a potem zrobił krok w tył i usłyszał wybuch.

Jego kolega pobiegł po Eduardę.

Żołnierze zawieźli go do szpitala, oddalonego o godzinę drogi. Lekarze amputowali mu nogę powyżej kolana. Wypisali go po trzech miesiącach.

Był jednym z dwadzieściorga pięciorga dzieci, które poleciały do Stanów Zjednoczonych uzyskać pomoc lekarską. Nauczył się używać protezy dzięki ówczesnemu projektowi HOPE* (Health Opportunities for People Everywhere) pomocy medycznej dla ludzi na całym świecie. Josemu i Eduardzie bardzo się podobało w Ohio. Pielęgniarki i lekarze rozpieszczali ich prezentami i otaczali miłością. Chciała go adoptować pewna rodzina w Stanach Zjednoczonych, ale Eduarda musiałaby zrzec się praw do opieki nad wnukiem, a tego nikt nie chciał.

Jose mówił do swojej babci „mamo".

Eduarda miała siedemdziesiąt cztery lata. Na spacerze po polu obok jej domu powiedziała mi, że wojna toczyła się wszędzie wokół nich. Wskazała mi miejsce, w którym pierwszy raz zobaczyła pokój. Czy pokój może występować w jednym określonym miejscu?

– To było tutaj – powiedziała, wyciągając pomarszczony palec w stronę błękitnego nieba.

Zobaczyła na nim sztuczne ognie z okazji zakończenia wojny.

Jej zdaniem pokój nie był zasługą partyzantów ani żołnierzy. Całą zasługę przypisywała Bogu.

– To Bóg zsyła nam pokój – powiedziała. – Musimy o niego prosić.

* z ang. nadzieja

Sama nigdy nie przestała. Modliła się o pokój za każdym razem, kiedy słyszała wymianę ognia i wybuchy bomb w pobliżu. Modliła się o pokój zawsze, gdy partyzanci wdzierali się do jej domu i kiedy żołnierze żądali jedzenia. Modliła się o pokój, kiedy Jose chował się pod łóżkiem albo kucał w kącie.

Nie miała nikogo oprócz Josego. Sprzedawała resztki kawy, pozostawione na polach po zbiorach. Martwiła się, że Jose nie będzie mógł pracować przez amputowaną nogę. Rzadko opuszczał lekcje, mimo że w czwartej klasie musiał chodzić do szkoły pół mili.

Po ponad siedemdziesięciu latach w palącym słońcu każdy cal jej skóry pokrywały zmarszczki. Ale z oczu oraz głosu Eduardy bił młodzieńczy duch, którego nie mogła złamać ani bieda, ani wojna. Chociaż wojna zrobiła z Josego mężczyznę, ona zachowała wiarę dziecka.

– Cokolwiek ześle Bóg – powiedziała, kiwając głową jak posłuszna córka – nic nie mówię, bo nie mam prawa. Mogę tylko cierpliwie cierpieć.

Z jakiegoś powodu wystarczał jej sam dar życia.

– *Si, si*! – krzyknęła. – Po całym tym cierpieniu, Bóg mi pobłogosławił. Po wszystkim, co przeszłam, wciąż obdarza mnie życiem. Jestem Mu wdzięczna.

Jej modlitwa brzmiała: „Cokolwiek ześle Bóg".

Eduarda dziękowała za sam dar życia. Były dni, kiedy nie miała nic więcej.

Nigdy nie widziałam tak żarliwej wiary jak wiara tej biednej kobiety. Ona i Jose nie mieli nic prócz siebie nawzajem i swojej wiary. Dla niej to było wszystko. Na tej górze otaczali mnie najbiedniejsi ludzie na ziemi, ale ich wiara była bogatsza niż gdziekolwiek indziej. Oni pozostają wierni nawet wtedy, gdy głodują, gdy nie mają dachu nad głową, gdy armie zabijają ich najbliższych, gdy partyzanci zajmują ich domy, gdy miny lądowe urywają im kończyny. Mimo wszystko wciąż wielbią Boga.

Zanim poznałam Eduardę, nie rozumiałam słów: „Błogosławieni ubodzy duchem". Ubodzy duchem są błogosławieni nie dlatego, że są biedni, nie dlatego, że nie mają nic, tylko dlatego, że nie są przywiązani do niczego prócz Boga.

Kiedy nie masz nic oprócz wiary, masz wszystko, czego potrzebujesz.

Lekcja 26

Bądź dobrym mnichem. Uczyń swoje życie modlitwą

Mój najlepszy nauczyciel pisania planował zostać mnichem. Bill O'Connor nie wytrzymał długo w klasztorze, ale niósł to doświadczenie ze sobą przez życie. Byliśmy reporterami w „Beacon Journal" w Akron w stanie Ohio. Zawsze, gdy irytowałam się jakimiś drobiazgami albo bardzo ważnymi sprawami, które w rzeczywistości były zupełnie nieważne, mówił łagodnym głosem: „Po prostu bądź dobrym mnichem".

O co mu chodziło? Czy dobry mnich miał żyć w ubóstwie, czystości i celibacie? Nie dla Billa. Kiedy denerwowałam się bliskim terminem oddania tekstu albo jakimś innym wydarzeniem, które czekało mnie w przyszłości, Bill zachęcał, żebym skupiła się na chwili obecnej. Kiedy niecierpliwie czegoś wyczekiwałam i przyszłość mnie rozpraszała, Bill zachęcał, żebym skupiła się na chwili obecnej.

– Nie przegap tych wszystkich dni między dziś a tym, czego się boisz albo nie możesz doczekać – powiedział mi. – Bądź obecna tu i teraz.

Nie znajdziesz szczęścia, szukając na całym świecie lekarstwa na to, co cię dręczy. Mnisi składają śluby stałości miejsca. Zostają w klasztorze, nawet gdy czują się niespokojni i rozdrażnieni. Mają ustalony, święty porządek dnia, który nadaje ramy ich życiu. Wypełniają święte miejsca modlitwą, niezależnie od tego, czy zmywają naczynia, pieką chleb czy śpiewają psalmy.

To św. Benedykt wprowadził zasadę, że mnisi powinni się zobowiązać do pozostania w jednej społeczności. Chodziło o to, żeby zakonnicy przestali tułać się po świecie w poszukiwaniu idealnego miejsca na służbę Bogu, jak gdyby takie miejsce istniało. Przed opactwem Gethsemani w Kentucky, w którym mieszkał trapista Thomas Merton, w kamieniu nad metalową bramą wyryto dwa słowa, które witają i prześladują każdego, kto je zobaczy: „Tylko Bóg".

To rozwiązanie każdego problemu. Więcej Boga.

Tak wielu z nas, łącznie ze mną, usiłuje wypełnić puste miejsce po Bogu wszystkim innym. Alkoholem, narkotykami, czekoladą, pączkami, randkami, hazardem, seksem, zakupami, zwycięstwami albo nieprzerwanymi pochwałami innych ludzi. Nieważne, czym wypełnimy to miejsce, nadal czujemy pustkę, bo nic nie może zastąpić Boga.

Merton dożył swych dni w tym klasztorze w Kentucky, pisząc całe tomy o świętości codziennego życia, jakie toczyło się wokół niego. Nie musisz być mnichem, żeby zrozumieć, że źródłem szczęścia jest nasze wnętrze, a nie kolejny dom, praca czy małżeństwo.

Kiedy sama szukałam Boga, odwiedziłam opactwo Gethsemani. Jeśli chcesz modlić się non stop, możesz uczestniczyć w powszednich praktykach, począwszy od czuwania o 3.15 rano aż po kompletę o 19.30. W międzyczasie mnisi odmawiają psalmy i pracują.

Wstawałam co rano na czuwanie, mimo że podczas śpiewu zamykały mi się oczy. Poznałam brata Matthew Kelty'ego, który wygłaszał kazania zaraz po kolacji. Powiedział nam:

– Bóg jest kapryśny.

Takie słowa usłyszeliśmy od mnicha, który słynął z noszenia pod habitem kowbojskich butów.

Usiadłam na wzgórzu w fotelu ogrodowym Adirondack, ustawionym obok ogromnego pomnika, i przypomniałam sobie starego amisza, który zwykł mówić wszystkim napotkanym ludziom:

– Módl się o wdzięczne, skromne serce.

Na cmentarzu każdy mnich dostaje taki sam skromny krzyż. Krótki i biały, z zaokrąglonymi brzegami i niewielką tabliczką z imieniem i datą śmierci. Z daleka te krzyże przypominają białe lilie, zasadzone na zielonym zboczu.

Te cztery dni w Gethsemani pokazały mi, że potrafię żyć bez gazet, telefonu i telewizora. Potrafię żyć w ciszy, chociaż sporo rozmawiałam sama ze sobą. Potrafię żyć bez lodów i czekolady, chociaż wciąż mam na nie ochotę.

Mnisi mogą wskazać nam drogę do Boga, ale to dzięki ramionom mojego męża, mojej córki i moich pasierbów Bóg żyje i przejawia się we mnie. Przyjechałam do

Gethsemani na poszukiwania, ale na miejscu zrozumiałam, że już znalazłam to, czego szukam. Abrakadabra. Wszędzie dobrze, ale najlepiej w domu, który Bóg stworzył już w twoim sercu. Przez cały czas nosiłam w sobie tę moc. Bóg jest już obecny we mnie.

Mój przyjaciel ojciec Jim Lewis lubi dawać następującą radę wszystkim, którzy zwracają się do niego o pomoc:

– Odpowiedzią jest Bóg. Jak brzmiało twoje pytanie?

Nigdy nie zapomniałam prostej historii o szkole katolickiej, którą pewien mężczyzna opowiedział grupie moich przyjaciół. Michael miał kiepski dzień, dlatego opluł zakonnicę. Zakonnicę! W szkole katolickiej to ciężkie przestępstwo. Ofiara chłopca zaciągnęła go do gabinetu dyrektorki. Miał wrażenie, że siedzi pod drzwiami całą wieczność. Zastanawiał się, jaką dostanie karę. A potem zakonnica wyszła z gabinetu i usiadła obok niego. Spodziewał się ostrych słów, ale ona odezwała się łagodnie:

– Michaelu, uczyń swoje życie modlitwą.

Nigdy tego nie zapomniał.

Uczyń swoje życie modlitwą. Nie pogonią za kolejnymi osiągnięciami, nagrodami, popularnością, władzą, uznaniem, pieniędzmi czy sławą.

Wielu z nas ucieka się do modlitwy w trudnych chwilach. Każdy ma ulubione słowa, jakimi zwraca się do Boga w nagłych wypadkach. Możesz się modlić w razie potrzeby albo uczynić całe swoje życie modlitwą. Kiedy zachorowałam na raka, stosowałam obie metody. Odmawiałam kryzysowe modlitwy, żeby przetrwać ten czas, ale zobaczyłam też całe swoje życie jako modlitwę, dar dla innych. Codziennie podłączam się do mojego źródła mocy, jakim jest Bóg, i mam Siłę Wyższą na cały dzień.

Jak uczynić swoje życie modlitwą? Dzięki ćwiczeniom. Codziennie błogosławię swoje życie słowami św. Augustyna, który poprosił Ducha Świętego, by go odmienił. Inni mogą używać określeń: Duch, Boża Miłość czy Wieczna Obecność. Nazwa nie ma znaczenia. W moim przypadku sprawdzają się słowa św. Augustyna:

> Duchu Święty, tchnij mnie swoim tchnieniem, aby moje myśli były święte.
> Prowadź mnie, Duchu Święty, aby i moja praca była święta.
> Przyciągaj mnie do siebie, Duchu Święty, abym kochał tylko to, co jest święte.
> Umacniaj mnie, Duchu Święty, abym bronił tego, co jest święte.
> Strzeż mnie, Duchu Święty, abym zawsze był święty.

A potem oddycham. W ciągu dnia, kiedy mam mętlik w głowie, zarządzam chwilę przerwy. „Po prostu oddychaj", przypominam sama sobie.

Czasami w tych przerwach błogosławię siebie, kładę sobie dłonie na głowie i proszę Boga, żeby pobłogosławił to, co myślę. Potem zasłaniam uszy i proszę Boga, żeby pobłogosławił to, co słyszę. Dotykam oczu i modlę się, żeby Bóg pobłogosławił to, co widzę. Później zakrywam dłonią usta i proszę Boga, żeby pobłogosławił to, co mówię. Przykładam dłoń do serca i proszę Boga, żeby pobłogosławił to, co czuję. W końcu rozkładam obie dłonie i proszę Boga, żeby pobłogosławił to, co robię.

I wracam do swoich zajęć, wiedząc, że jestem bezpieczna, tak jak wszyscy ludzie, których spotykam na swojej drodze.

Lekcja 27

Uwierz w obfitość

Odebrałam ten telefon do redakcji na kilka tygodni przed Bożym Narodzeniem. Na zawsze miał on otworzyć mój umysł i serce na wiarę w obfitość.

Wigilia to czas, kiedy odrobinę łatwiej uwierzyć nam w cuda. To również czas, kiedy redakcje gazet zalewane są prośbami o pomoc. Jest tak wielu potrzebujących i tak dużo szlachetnych inicjatyw, że nie wiadomo, od czego zacząć, a kiedy już zaczniesz, nie wiadomo, kiedy skończyć. Ilu ludziom możesz pomóc? Jak bardzo możesz pomóc każdemu z nich? Jeśli dziennikarz za często pisze o biednych, którzy potrzebują żywności, dachu nad głową, ubrań i zabawek, ryzykuje, że czytelników przestanie to interesować. Ile razy można mówić o tym samym i prosić ich, żeby wyciągnęli portfel i pomogli kolejnemu nieznajomemu?

W grudniu, gdy zadzwoniła do mnie rodzina Staci Callihan, moje serce było już trochę znużone tymi wszystkimi potrzebami. Ciotka Staci chciała, żeby ktoś napisał o jej siostrzenicy, która leżała na oddziale intensywnej opieki medycznej w Szpitalu Dziecięcym w Akron. Staci miała pięć lat i była bardzo chora. Żeby mogła wyjść ze szpitala do domu, jej dom musiałby w zasadzie przypominać szpital.

Ta mała dziewczynka leżała pod respiratorem. Lekarze wypuściliby ją do domu tylko pod warunkiem, że będzie miała odnowioną sypialnię ze specjalną klimatyzacją, piecem z filtrem i miejscem na sprzęt wspomagający oddychanie oraz aparaturę monitorującą. Cały dom musiałby zostać przystosowany do poruszania się w nim na wózku inwalidzkim. Potrzebny był podjazd i nowy pokój, spełniający wszystkie potrzeby Staci. Nawet instalację elektryczną należałoby wymienić, żeby mogła obsługiwać niezbędną aparaturę medyczną. Jej rodziców nie było na to stać.

Matka dziewczynki, Lily, odeszła z pracy, żeby być przy córce. Ojciec, Jess, zarabiał mniej niż 25 tysięcy dolarów rocznie. Zanim ciotka skończyła wyliczać potrzeby Staci, ja już poczułam się przytłoczona. Prawie odmówiłam. Potrzeb było tak dużo, że nawet gdybym opisała sytuację dziewczynki, mało kto mógłby jej pomóc. Kto miałby przeznaczyć na to tysiące dolarów? Próbowałam wytłumaczyć mojej rozmówczyni, że nic nie mogę zrobić. Staci i tak umrze, mogła to być kwestia tygodni albo miesięcy. Nie chciałam dawać nikomu złudnej nadziei. To byłoby straszne, gdybym o niej napisała i nie zgłosił się nikt chętny do pomocy.

– Proszę chociaż ją odwiedzić – błagała ciotka. – Proszę do niej przyjechać – zaklinała. Widziała we mnie potęgę mediów. Byłam jej ostatnią deską ratunku, jej jedyną nadzieją. Nie sądziłam, że ktokolwiek pomoże tej rodzinie, ale rozbłysła we mnie jakaś drobna iskierka wiary. „Nigdy nie wiadomo", pomyślałam.

Lekarze namawiali rodzinę, żeby pozwoliła Staci umrzeć, przez co prośba ciotki wydała mi się jeszcze bardziej szokująca. Myślałam tylko o tym, ile będzie kosztować taka przebudowa domu. Nie pomyślałam, jak bardzo siostra dziewczynki, Rachael, pragnęła powrotu Staci do domu. Nie rozumiałam, jak mocno rodzice kochali swoją śpiącą królewnę.

Kiedy zobaczyłam Staci pierwszy raz, wyglądała jak lalka naturalnych rozmiarów. W jej jedwabistych brązowych włosach lśniła spinka ozdobiona gwiazdkami. Miała długie, ciemne rzęsy. Ubrana była w błękitną sukienkę, białe rajstopy i skórzane lakierki. W jej łóżeczku leżał pluszowy Święty Mikołaj, a na jednym z aparatów stała plastikowa choinka. Radio grało *Cichą noc*. A Staci spała. Mama nazywała ją Śpiącą Królewną. Staci spała przez cały czas. Mózgowe porażenie dziecięce, zapalenie płuc, ataki i problemy z oddychaniem wycieńczyły jej maleńki organizm. W nosie i ustach miała plastikowe rurki. Powinna teraz siedzieć na kolanach Świętego Mikołaja, bawić się lalkami, pytać, czy renifery potrafią latać. Zamiast tego walczyła o życie.

Zdaniem neurologa Staci miała nie dożyć dziesiątych urodzin. Lily wiedziała, że życie jej córki będzie krótkie, ale chciała, żeby Staci spędziła ten czas, który jej pozostał, w domu.

– Nie było jej dane długie życie, ale znalazła się tu z ważnego powodu – powiedziała mi. – Jest jak anioł zesłany z nieba.

Jak miałam odmówić aniołowi w Boże Narodzenie?

Opisałam w gazecie, czego potrzebuje ta mała dziewczynka. Chwilami czułam się okropnie, że niepotrzebnie robię jej rodzinie nadzieję i proszę czytelników o tak wiele w okresie, kiedy ich rodzinne budżety i tak są napięte. Wątpiłam, czy mój tekst przyniesie rodzinie Callihanów dość pieniędzy nawet na podjazd dla wózków inwalidzkich.

Telefon, o którym piszę, rozległ się w mojej redakcji w dzień po ukazaniu się artykułu o Staci. Właściciel firmy budowlanej przeczytał mój tekst w „Beacon Journal" i chciał jej pomóc. Paul Testa z przedsiębiorstwa P. J. Testa Builders Inc. był już po rozmowie z Callihanami.

– Zbuduję to – oświadczył.

– Podjazd dla wózków inwalidzkich?

– Nie, wszystko – doprecyzował.

Rozmawiał już ze wszystkimi dostawcami, podwykonawcami i pracownikami. Zgodzili się przeznaczyć na ten cel swój sprzęt i materiały, zaoferowali swój czas i umiejętności. W jeden dzień Paul Testa zdążył zebrać ekipę do budowy dodatkowego pokoju i renowacji domu. Za darmo.

Prezent na gwiazdkę dla Staci kosztował ponad 20 tysięcy dolarów. Dla Paula i wszystkich pozostałych nie miało znaczenia, że Staci może umrzeć lada dzień. Jeden z pracowników powiedział mu:

– Jeśli spędzi w domu chociaż jeden dzień, warto to zrobić.

Paul wyjaśnił mi, że podjął się tego zadania od początku do końca, bo wiedział, że nikt inny nie będzie miał takiej możliwości. Poza tym było Boże Narodzenie.

Staci spędziła w domu więcej niż jeden dzień. Przeżyła tam dziesięć miesięcy. Prawie dożyła kolejnej Gwiazdki. Zmarła w swojej nowej sypialni, kiedy jej mama wyszła na świąteczne zakupy.

Lily zaniosła prezenty Staci do kościoła, żeby inne potrzebujące rodziny miały co otworzyć pod choinką.

– Jestem wdzięczna, że umarła w domu – powiedziała Lily. – Zawsze była tu szczęśliwa.

Staci pochowano 22 grudnia 1993, w rok po tym, jak Paul Testa i jego ekipa pierwszy raz zjawili się w jej domu w Akron, żeby zbudować dla niej pokój. Kiedy zobaczyłam zdjęcie Staci na stronie z nekrologami, uderzyło mnie, że to dziecko o wyjątkowych potrzebach samo zaspokajało wyjątkowe potrzeby. Staci Callihan nauczyła mnie, że ludzkie serca mają nieograniczoną pojemność i nigdy nie wiemy, ile w sobie pomieszczą.

Nauczyła mnie, że żadna prośba nie jest zbyt śmiała. Żadna potrzeba nie jest zbyt wielka. Że nadzieja na cud nigdy nie jest absurdalna. A życie nigdy nie jest zbyt krótkie, by nie mieć znaczenia.

Lekcja 28

Rozbłyśnij swoim światłem, choćby otaczały cię ciemności

Kiedy zgasły światła, w pierwszym momencie wszyscy podejrzewaliśmy to samo: atak terrorystyczny. Wkrótce dowiedzieliśmy się, że nastąpiła awaria zasilania. Nie tylko w Cleveland, ale na większości obszaru Wschodniego Wybrzeża, Środkowego Zachodu i na części terytorium Kanady. Ten ciemny dzień stał się jednym z najjaśniejszych momentów w naszym życiu.

Syn mojego przyjaciela, Finnegan, odkrył, czym jest światło podczas największej ciemności w historii Stanów Zjednoczonych. Półtoraroczny chłopczyk biegał po naszej kuchni po ciemku, w samej pieluszce, a jego pucułowate policzki błyszczały w świetle latarki, którą wpakował sobie do buzi. Trzymał ją przy twarzy i pędził z pokoju do pokoju jak gigantyczny świetlik.

Nie będzie pamiętał tej awarii. Dowie się o niej tylko tyle, ile mu powiemy.

Jeśli będziemy szczerzy, opowiemy mu, jak w pierwszej chwili przestraszyliśmy się, że terroryści opanowali kraj, wyłączając prąd, bo ta największa awaria w historii

Ameryki miała miejsce 14 sierpnia 2003, zaledwie dwa lata po atakach z 11 września. Opowiemy mu, że kiedy emocje opadły, awaria nie wydawała się wcale taka zła. Bez prądu zostało około 55 milionów ludzi, w tym większość mieszkańców Nowego Jorku, Baltimore, Buffalo, Detroit, Cleveland i Toronto. W Pensylwanii nie działały pociągi. Nieczynne lotniska zamieniły się w obozowiska uwięzionych podróżnych. Billboardy na Times Square zgasły. Odwołano przedstawienia na Broadwayu. Pociągi metra stanęły w tunelach i trzeba było ewakuować tysiące ludzi.

Awaria pozbawiła nas energii elektrycznej, więc znaleźliśmy inne źródło energii. Jeździliśmy do domu w godzinach szczytu bez sygnalizacji świetlnej, która chroniłaby nas przed agresją na drodze. Faceci w szortach i czapeczkach baseballowych kierowali ruchem, jakby dyrygowali orkiestrą. Żaden kierowca nie był na tyle poirytowany, żeby wcisnąć klakson, gdy samozwańczy kontrolerzy machali rękami tam i z powrotem, regulując rzekę samochodów. Skrzyżowania zamieniły się w czterokierunkowe postoje, na których ludzie spokojnie czekali na swoją kolej.

Opowiemy mu, że ludzie tkwili uwięzieni w windach, że supermarkety były zamknięte, mięso się zepsuło, a lody roztopiły; że na lotniskach, z których nie odlatywały samoloty, nie działały elektroniczne czujniki ruchu w toaletach publicznych, dlatego nie można było umyć rąk ani spuścić wody.

Opowiemy mu, jak razem z mamą urządzili sobie piżamowe przyjęcie w naszym salonie, bo w ich mieszkaniu na czwartym piętrze bez klimatyzacji czy wiatraków było za gorąco w ponad trzydziestostopniowym upale, a poza tym bezpieczniej i zabawniej przetrwać kryzys w towarzystwie.

Opowiemy mu, że kiedy my jedliśmy kolację przy świecach, mieszkańcy osiedli dla osób starszych siedzieli przed domami na fotelach ogrodowych, sąsiedzi gawędzili ze sobą z werand swoich domów, ludzie rozmawiali na gankach w świetle świec, a dzieci wpatrywały się w gwiazdy, zwykle niewidoczne w blasku latarni.

Opowiemy mu o tym, jak zdesperowany tłum zignorował dwa czerwone napisy „Zamknięte" na drogerii firmy Walgreens; jak czterdzieści osób czekało na baterie, wodę, świece i lód, ale nikt nie wydzierał się na pracowników, którzy wpuszczali do środka po dwóch klientów. Opowiemy mu, jak ludzie na początku kolejki tańczyli, a matki na końcu obiecywały dzieciom lody na kolację. Opowiemy mu, że nikt się nie zdenerwował, kiedy któryś mężczyzna wyszedł z dziesięcioma galonami wody i ostatnią paczką lodu. Zamiast tego ludzie zaczęli bić mu brawo, ktoś krzyknął: „Zadanie wykonane!" i wszyscy się uśmiechnęli.

Opowiemy mu, jak wróciliśmy do domu i odkryliśmy, że nie możemy otworzyć bramy garażowej, odsłuchać wiadomości na automatycznej sekretarce ani podgrzać obiadu w mikrofali. Nie widzieliśmy nawet jedzenia w lodówce.

Opowiemy mu, że niezależnie od postępu technologicznego na świecie, zawsze trzeba nosić przy sobie gotówkę, a w domu trzymać zapałki, świece, baterie, butelkowaną wodę, jedzenie w puszkach i radio zasilane bateriami; że bak powinien być zawsze przynajmniej w połowie pełny i że należy znać imiona sąsiadów.

Będziemy się rozwodzić nad tym, jak to nie dało się korzystać z bankomatów, odtwarzać płyt kompaktowych, oglądać DVD, używać komputerów ani oglądać CNN. Opowiemy mu, że sieci komórkowe padły z przeciążenia, a większość telefonów i tak przestała działać, bo nie było jak ich naładować.

Wytłumaczymy, że musieliśmy gotować wodę i wąchać jedzenie; że nie wiedzieliśmy, czy prysznic poprawia czy pogarsza sytuację, bo leciała z niego żółta woda.

Będziemy wspominać, jak przyjemnie było na chwilę oderwać się od czytania e-maili, surfowania po internecie i oglądania reality show, po to by poznać prawdziwych ludzi, sąsiadów z domów obok i naprzeciwko, słuchać świerszczy przy otwartych oknach i łapać świetliki.

Opowiemy mu, że w całym Nowym Jorku, Toronto, Detroit i Cleveland praktycznie nie było szabrowników, że sklepy dawały za darmo buty osobom, które musiały przejść wiele mil do domu, że ludzie podwozili nieznajomych, urządzali pikniki, wykładając jedzenie w otwartych bagażnikach samochodów, sklepikarze robili hot-dogi na ulicach, sklepy spożywcze rozdawały lody, a rozmaite osiedla urządzały całonocne imprezy uliczne z okazji awarii.

Powiemy mu, że kiedy zawiodła nas elektryczność, my nie zawiedliśmy siebie nawzajem.

Platon powiedział: „Łatwo wybaczyć dziecku, które boi się ciemności. Prawdziwą tragedią jest, gdy człowiek boi się światła".

W jednym z najciemniejszych dni naszej historii wszyscy staliśmy się światłem, które rozproszyło ciemności.

Lekcja 29

Pocieszaj chorych. Bądź tym, kto zostanie, gdy wszyscy inni się ulotnią

Kiedy walczyłam z rakiem, próbowałam w miarę możliwości prowadzić normalne życie. Zaraz po ostatniej chemioterapii pojechałam wygłosić przemówienie na konferencji dla dziennikarzy jako przewodnicząca Krajowego Stowarzyszenia Felietonistów.

Starałam się wyglądać jak najlepiej w czasie mojego lotu z Cleveland do San Diego, ale czułam się fatalnie. Stewardesie zrzedła mina, kiedy zobaczyła mnie zwiniętą w kłębek na fotelu, łysą, chudą i słabą.

– Jest pani moją bohaterką – oświadczyła, wręczając mi stos poduszek.

Chyba pomyślała, że podróż opłaciła mi fundacja spełniająca marzenia śmiertelnie chorych ludzi. Rany, czy wyglądałam aż tak źle?

Prawdopodobnie tak.

Czy czułam się lepiej z tą świadomością?

Raczej nie.

Co powiedzieć komuś, kto choruje na raka? To pytanie słyszy każdy, kto cierpiał na nowotwór. W tej chwili w naszym kraju żyje 10 milionów ludzi, którzy mają lub mieli raka. Pokolenie powojennego wyżu starzeje się, dlatego coraz więcej osób będzie żyło z tą diagnozą i chorobą. Rak nie oznacza wyroku śmierci jak kiedyś, ale wielu ludzi wciąż jeszcze tak myśli.

Zawsze miałam ochotę przygotować dla nich ściągawkę z podstawowymi zasadami postępowania. Amerykańskie Towarzystwo Walki z Rakiem podaje mnóstwo wskazówek na swojej stronie internetowej, www.cancer.org. Ich najlepsza rada? „Mów to, co dyktuje ci serce".

Moja najlepsza rada? Zacznijmy od tego, czego nie robić. Te wskazówki to owoc moich własnych doświadczeń z rakiem i podpowiedzi moich oddanych przyjaciół i członków rodziny, którzy chorowali na raka. Każdy jest inny, ale to ogólne wytyczne, jak pocieszać chorych, które można stosować również w przypadku innych dolegliwości:

Nie znikaj. Rak wydobywa z ludzi najlepsze i najgorsze cechy. Jeśli chodzi o przyjaciół, rak oddzielił silnych od słabych. Nie wszyscy znaleźli się po właściwej stronie. Niektórzy zniknęli bez śladu. Jedna z najważniejszych dla mnie przyjaźni nie przetrwała raka. Przyjaciółka nie mogła sobie poradzić z moją chorobą. Dawniej rozmawiałyśmy codziennie. Kiedy zachorowałam na raka, przestała dzwonić i nie odpowiadała na moje telefony. Nie bądź tym przyjacielem, który się ulotni. Pisz listy, przychodź w odwiedziny, wysyłaj e-maile i smsy, dzwoń. Bądź długodystansowcem. Im dłużej trwa terapia, tym większa wiąże się z nią samotność.

Nie opowiadaj strasznych historii o tych, którym się nie udało. Zbyt wiele osób lubuje się w długich, rozwlekłych opowieściach, które źle się kończą. Jeśli główny bohater twojej historii umiera, nie można tego uznać za *happy end*. To nie pomaga.

Jeśli chodzi o raka, nikt nie zna właściwych słów. Postaw na prostotę i powiedz: „Możesz na mnie liczyć" – ale powiedz to szczerze. Czasem najlepiej nic nie mówić. Sama twoja obecność znaczy więcej niż wszelkie słowa. Nie zrywaj kontaktu z chorym, nawet jeśli jest zbyt słaby, żeby mówić, nawet jeśli zasypia za każdym razem, gdy go odwiedzasz, odwołuje plany i nie oddzwania. Pokaż, że nadal może na ciebie liczyć. Teraz jest skupiony na tym, żeby wyzdrowieć, a nie oddzwonić, zwrócić ci naczynie po zapiekance czy wysłać podziękowanie.

Nie dawaj porad medycznych i nie zniechęcaj chorego do terapii, na którą się zdecydował. Niezależnie od tego, czy zgadasz się z jego wyborem, czy nie, uszanuj go. Nie jesteś onkologiem.

Nie rozpędzaj się i nie traktuj diagnozy jako wyroku śmierci. Osoba, którą widzisz przed sobą, nadal żyje, niezależnie od tego, jakie ma rokowania.

Nie obwiniaj chorego za jego chorobę. Nie mów, że przyczyną raka mógł być brak ćwiczeń, palenie, zbyt duże ilości czerwonego wina albo negatywne myślenie.

Zachowaj dla siebie wszystkie niepochlebne komentarze, na przykład jak duże wydają się uszy pacjenta łysego po chemioterapii. Kiedy zaczęły mi odrastać włosy, przypominały meszek pokrywający brzoskwinię.

Pewna kobieta powiedziała mi, że wyglądam z nim, jakbym miała brudną głowę. Auć. Zastanów się, czy to, co mówisz, jest potrzebne, pomocne albo miłe.

Nie bój się chorego. Rak nie jest zaraźliwy. Jeśli zawsze się przytulałeś, nie stawaj teraz trzy metry od chorego. Podejdź bliżej i uściśnij go.

Nie mów, że wiesz, jak się czuje. Naprawdę nie masz pojęcia. Nawet jeśli miałeś raka, nie wiesz, jak to odczuwa ta konkretna osoba.

Nie pytaj o sprawy osobiste, które powinny interesować tylko lekarza albo małżonka. Szanuj prywatność chorego. Niektórzy wolą zachować swoje dolegliwości dla siebie. Inni mówią o nich publicznie. Każdy ma prawo wybrać, czy zamknie się w sobie, czy powiadomi o swojej chorobie cały świat.

Nie składaj obietnic, których nie możesz albo nie chcesz dotrzymać. Proponuj tylko to, co naprawdę zamierzasz zrobić.

Nie bierz niczego do siebie. Ludzie z rakiem bywają poirytowani, nerwowi, smutni, przygnębieni i źli. Są też potwornie zmęczeni. Chory przyjaciel nie zawsze odpowie na twój telefon. Ale trwaj przy nim. Pamiętaj, że ciężar podtrzymywania przyjaźni spoczywa na tym, kto jest zdrowy.

Nie zmuszaj chorego do mówienia o czymś, o czym nie ma jeszcze ochoty rozmawiać. Kiedy moja przyjaciółka Monica trafiła do hospicjum, nadal planowała następne zabiegi chemioterapii. Wiedzieliśmy, że jest już na nie za późno, ale nie odbieraliśmy jej nadziei. Nie musieliśmy jej przypominać, że umiera. Miała trzydzieści dziewięć lat. Wciąż jeszcze marzyła, że kiedyś wyjdzie za mąż i urodzi dzieci. Słuchaliśmy jej cierpliwie i namawialiśmy ją, żeby spokojnie odzyskiwała siły. Nigdy nie wróciła do zdrowia, ale przed śmiercią mogła cieszyć się każdym posiłkiem, każdym gościem, każdym promieniem słońca wpadającym do jej sali.

Kiedy dowiesz się, że ktoś ma raka, wstrzymaj się z rozpaczą. Ten człowiek wciąż jest wśród żywych. Zapytaj po prostu: „Co mogę dla ciebie zrobić?". I uważnie wysłuchaj odpowiedzi.

A teraz wskazówki, co robić.

Bądź z chorym w kontakcie – telefonuj, dzwoń, wysyłaj kartki. Pogódź się z tym, że odpowie ci na tyle, na ile starczy mu sił.

Zamiast pytać: „Co mogę zrobić?", proponuj konkrety. Kiedy ograniczysz opcje do wyboru, ułatwisz zadanie umysłowi rozkojarzonemu po chemioterapii. Zapytaj: „Może zawieźć cię do biblioteki?". „Może pójdziemy do kina?", „Może przynieść ci koktajl mleczny?".

Przysyłaj filmy, książki, kosze upominkowe, kwiaty i posiłki w pojemnikach, których zwrotu nie oczekujesz. Wykup dla chorego trzymiesięczny abonament na portalu Netflix. Kiedy Monica była w szpitalu, jej siostra Jacqui zrobiła listę stu filmów, które trzeba obejrzeć. Oglądały je po kolei, a ja podarowałam im kilka miesięcy dostępu do Netflixu. Dawaj choremu kupony do miejscowych restauracji i pizzerii.

Nie zapominaj o opiekunie chorego. Daj mu szansę pójść na spacer, uciąć sobie drzemkę i porozmawiać o czymś innym niż rak. Stwórzcie z przyjaciółmi amatorską firmę cateringową i przywoźcie mu gotowe posiłki. Pomóż mu założyć stronę internetową na portalu CaringBridge, skrzynkę pocztową w serwisie Listserv albo bloga. Dzięki temu będzie mógł z łatwością utrzymywać kontakt z wieloma osobami równocześnie.

Trudno jest poprosić o pomoc. Ułatw to choremu. Zaproponuj, że coś za niego załatwisz. Popilnuj dzieci. Przynieś coś do jedzenia. Wynajmij firmę sprzątającą. Zrób pranie. Zapełnij lodówkę. Jeśli nie możesz zrobić czegoś, o co cię prosi, powiedz to szczerze.

Mnie wspierali nieznajomi, przyjaciele i rodzina. Przywozili mi pocztę z pracy i oglądali ze mną filmy. Przysłali mi tyle bukietów, że salon przypominał dom pogrzebowy. Moja przyjaciółka Judy została ze mną po operacji i myła mi włosy w kuchennym zlewie przez dwa pierwsze dni, kiedy nie mogłam pójść pod prysznic. Od Jane dostałam nową koszulę nocną i szlafrok. Sheryl przywoziła mi lunch, dodawała otuchy i przynosiła najnowsze plotki z pracy, żebym była na bieżąco. Beth wypożyczała dla mnie całe stosy filmów.

Tyle osób zaoferowało mi pomoc, że musiałam podzielić je na drużyny. Jim, kolega z pracy, którego siostra Pat zmarła na raka, skopiował dla mnie jej dziennik, w którym opisywała walkę z chorobą.

Pat stworzyła własne przedsiębiorstwo uzdrowicielskie. Mianowała Dyrektora Działu Duchowości, Dyrektora

Działu Humoru, Dyrektora Działu Urody, Naczelną Kelnerkę i Goligłowę. Każda z tych osób stała na czele zespołu, który miał za zadanie pomóc Pat wyzdrowieć.

To mnie zainspirowało. Zrobiłam listę ludzi, którzy zgłosili chęć pomocy. Od wszystkich usłyszałam:

– Daj znać, jeśli mogę coś dla ciebie zrobić.

Podzieliłam ich na grupy. Ci, którzy potrafili gotować i sprzątać, trafili do zespołu opiekuńczego. Z przyjaciół, którzy zawsze patrzyli na życie optymistycznie, stworzyłam własną Drużynę Cheerleaderek. Ci, którzy mnie rozśmieszali przez długie lata fatalnych związków, utworzyli Komisję Humoru. Członkinie Komisji Urody rysowały mi kredką brwi, kiedy nie miałam własnych, dobierały kolczyki, które odwracały uwagę od mojej lśniącej łysiny, i pokazały mi, jak wiązać chustkę.

Mężowi zleciłam kontrolę nad rozliczeniami i kwestiami ubezpieczeniowymi, żebym nie musiała patrzeć na rachunki ze szpitala i martwić się, ile kosztuje mój powrót do zdrowia. Wiem, że inni pacjenci proszą znajomych o gromadzenie informacji na temat ich stanu zdrowia, porządkowanie dokumentacji medycznej, notowanie nazw leków i ich efektów ubocznych oraz o towarzyszenie im podczas zabiegów.

Pomóż choremu na raka tak rozdzielić obowiązki, żeby nikt nie był przeciążony. Zrób listę jego potrzeb i pragnień, a potem dopasuj do odpowiednich punktów tych członków rodziny, przyjaciół współpracowników i sąsiadów, którzy najlepiej je wypełnią. Komisja Transportu może wozić pacjenta, pokrywać koszty parkowania podczas rodzinnych wizyt w szpitalu i organizować wspólne dojazdy na mecze piłki nożnej. Zespół ds. Duchowości może zapewniać wsparcie poprzez *reiki*, medytację, modlitwę, jogę, *journaling*, muzykoterapię, ciekawe płyty albo inspirujące audiobooki.

Słuchaj. Nie musisz znać odpowiedzi, dawać rad ani proponować planu działania. Po prostu słuchaj. Oswój się z ciszą i zawsze patrz choremu w oczy, niezależnie od tego, jak wygląda. Pozwól mu mówić o czymś innym niż rak: o filmach, książkach, bieżących wydarzeniach. Nie jest tylko pacjentem. To wciąż twoja matka, ojciec, siostra, brat, przyjaciel, współpracownik.

Słuchaj sercem, nie tylko uszami. Chory nie prosi, żebyś wyleczył go z raka. Po prostu chce wiedzieć, że pomagasz mu przejść przez to doświadczenie. Daj mu przestrzeń na jego emocje. Pozwól mu płakać, przeklinać i narzekać i nie oceniaj go.

Jeśli czujesz się niekomfortowo, oswój się z tym. Chory na raka czuje się znacznie mniej komfortowo niż ty. Spróbuj postawić się na jego miejscu. Aparatura monitorująca, kroplówki, blizny i łysina nie zmieniają faktu, że to wciąż ta sama osoba, którą kochasz.

W razie wątpliwości, zapytaj po prostu: „Czy mogę zrobić coś, żebyś poczuł się lepiej?". A potem to zrób.

Ta rada dotyczy też stewardes.

Lekcja 30

Bogaty Ojciec, który cię kocha, obdarza dostatkiem ciebie i wszystkie swoje dzieci

Najważniejsze, czego nauczył mnie o pieniądzach mój tata, to jak je składać.

Jeśli sięgnąwszy do kieszeni, wyciągałam z niej pomięty banknot dolarowy albo co gorsza kilka banknotów zwiniętych w kulkę, tata kręcił głową i mówił:

– Nie wolno tak traktować pieniędzy.

Następnie ostrożnie rozprostowywał je wielkimi dłońmi o twardej skórze – dłońmi opalonymi od pracy w pełnym słońcu, krycia dachów gontem i instalowania rynien, dłońmi brudnymi od smoły i farb przemysłowych, dłońmi pooranymi bliznami od rur grzewczych i ostrych krawędzi pieców.

Tata nauczył nas nosić banknoty złożone płasko na pół – najpierw wzdłuż dłuższej, a potem wzdłuż krótszej krawędzi. W ten sposób, gdyby rozłożyły się w kieszeni, nie mogłyby z niej wypaść.

Mój tata szanował pieniądze, bo dorastając, miał ich tak niewiele. Jego rodzina straciła wszystko w czasie wielkiego kryzysu. Tata przerwał naukę w ósmej klasie i poszedł do pracy, żeby wesprzeć rodziców i rodzeństwo. Przez całe życie był blacharzem. Latem pracował na dachach, zimą naprawiał piece. Przez resztę czasu kładł przewody grzewcze w firmach.

Nigdy nie dowiedziałam się, ile zarabia. Mama dostawała od niego pieniądze na zakupy spożywcze i sprzęty domowe. Kiedy stracił pracę, mama wzięła część etatu, czego bardzo się wstydził. Załamała go świadomość, że jego żona chodzi do pracy. Chciał, żeby jego jedenaścioro dzieci zostało w małym miasteczku, w którym się wychowaliśmy. Był urażony, kiedy wszyscy wyprowadziliśmy się, żeby pójść na studia albo do pracy.

Jak wiele osób, które wychowały się w rodzinie robotniczej, nie mieliśmy dobrego zdania o bogatych. Dorastając, uważaliśmy, że można patrzeć z góry na tych, którzy mają dużo pieniędzy. Nie mogliśmy mieć uprzedzeń wobec nikogo innego. Uczono nas, że należy szanować ludzi wszystkich ras, narodowości i religii. Ale o ludziach z pieniędzmi mówiło się: „ci ludzie".

Nikt nie powiedział wprost, że są kimś złym, ale podświadomie czuliśmy, że zamożność idzie w parze z grzechem chciwości. Nie należało podziwiać bogaczy ani aspirować do bogactwa.

Co dziwne, niemal gloryfikowaliśmy biedę. „Błogosławieni ubodzy w duchu" zmieniło się w „Błogosławieni ubodzy". Kościół katolicki podkreślał, że Jezus był biedny, jakby bieda powinna być naszym najwyższym celem w życiu.

Upłynęło dużo czasu, zanim zrozumiałam, że Bóg nie ma nic przeciw pieniądzom i tym, którzy w nie opływają.

Dorastając, słyszałam, jak ludzie przestrzegają tego, kto wygrał na loterii, dostał spadek albo wysoką podwyżkę: „Korzeniem wszelkiego zła jest pieniądz", jakby bogactwo było klątwą. Biblia mówi co innego. Mówi: „Korzeniem wszelkiego zła jest chciwość pieniędzy".

Dużo wysiłku kosztowało mnie dojście do punktu, w którym przestałam gloryfikować ubóstwo i demonizować bogactwo. Wcześniej nie mogłam wieść bogatego życia. Nie chodziło tu o grubość portfela, tylko o własne nastawienie, które ograniczało poziom moich zarobków i możliwość pomagania innym. Przez wiele lat unikałam myślenia o pieniądzach. Nie inwestowałam w swoją emeryturę. Nie mogłam się zebrać na odwagę, żeby poprosić o podwyżkę. Zarabiałam na tyle dużo, żeby się utrzymać, i próbowałam być za to wdzięczna.

Słyszałam, że w problemach z pieniędzmi nigdy nie chodzi o pieniądze. Chodzi o to, jak myślisz o pieniądzach albo jak traktujesz pieniądze. Problemem jest nasza z nimi relacja. Ma ją każdy. Czy to dobra, czy zła relacja?

Któregoś dnia moja przyjaciółka Vicki pożyczyła mi książkę *Myśl i bogać się*. Tytuł wydał mi się niemal obsceniczny. Słowo „bogać się" zniechęcił mnie do czytania. Czy naprawdę można myśleć o tym, jak się wzbogacić? Przeczytałam ją, ale nadal miałam problem ze słowem „bogactwo". Wydawało mi się, że pragnąc bogactwa, zdradzę robotnicze korzenie mojego taty.

Z czasem zaczęłam czytać inne książki o finansach. Większość z nich sugerowała, żeby zastanowić się, skąd się wzięły nasze przekonania na temat pieniędzy. Mnie prawie wszystkie przekazał tata. On nauczył mnie, że „pieniądze nie rosną na drzewach". Kiedy prosiliśmy, żeby nam coś kupił, odpowiadał zawsze: „Nie potrzebujesz tego". Kiedy narzekaliśmy, że chcemy mieć coś lepszego, napominał nas: „Ślepy cieszyłby się na ten widok".

Moja mama przez większość życia nie zarabiała. Któregoś dnia wróciłam podekscytowana od koleżanki i opowiedziałam, że w jej domu jest okno z witrażem. Okno z witrażem! Moja mama warknęła:

– Nasz dom ci nie odpowiada?

Może miała ciężki dzień, ale ja usłyszałam: „Nie podziwiaj czegoś, czego nie masz. Ciesz się z tego, co masz. Koniec kropka".

Moi rodzice spoglądali na świat przez pryzmat biedy i trudno było to zmienić. Po dzieciństwie pod znakiem wielkiego kryzysu został im strach przed niedostatkiem.

Nosiliśmy używane ubrania. Tata nigdy nie kupował na kredyt. Za wszystko płacił gotówką. Pochodził z pokolenia pracoholików, żywicieli rodziny, którzy pracowali cały dzień, wracali do domu, czytali gazetę, jedli obiad, a potem szli do garażu jeszcze trochę popracować. Jedynym hobby mojego taty była praca.

Z takiej perspektywy rozrywka to przejaw lenistwa. Zabawa jest marnotrawstwem czasu. Najważniejsze to mieć stałą pracę i zapewnić sobie bezpieczeństwo. Podejmowanie ryzykownych decyzji w imię spełniania marzeń jest nieodpowiedzialne.

Ci, którzy mają biedę we krwi, wierzą w ograniczenia i rywalizację, w niedostatek i brak, w strach i wstyd.

Trzymają się kurczowo tego, co mają; nie wyobrażają sobie, że mogliby wypuścić to z rąk, by zdobyć coś lepszego.

Dawniej bałam się, że dostanę sześciocyfrową pensję. Wtedy byłabym bogata, a to coś złego, więc nie prosiłam o podwyżkę. Dawniej, bardziej niż nowe lśniące bmw, mercedesa czy porsche, podziwiałam samochód z niedopasowanymi drzwiami, na cegłach zamiast kół. Dawniej wycinanie kuponów zniżkowych uważałam za szlachetny czyn.

Nieustannie powtarzałam zdania typu: „Nie mogę", „Nie mam tyle pieniędzy" albo „Nie stać mnie na to".

Musiało minąć sporo czasu, zanim pozbyłam się mentalności biedaka i zrozumiałam, że moja kondycja finansowa zależy ode mnie, nie jest dziedziczna ani ustalona raz na zawsze.

Uwierzyłam, że bogactwa wystarczy dla mnie i dla innych ludzi. Uwierzyłam w Boga obfitości, Boga dostatku. Moje pieniądze są pieniędzmi Boga, a Bóg nie ma nic przeciw pieniądzom.

Kiedy zmienisz sposób myślenia o pieniądzach, zmienią się twoje dochody. Po tym, jak pozbyłam się mentalności biedaka, zyskałam nową umiejętność przyjmowania i dawania. Stworzyłam dla siebie całą listę nowych przekonań na temat pieniędzy, dostatku i bogactwa.

Prowadzę dziennik obfitości, w którym opisuję wszelkie jej przejawy: ludzi, miejsca i chwile, dzięki którym moje serce przepełnia wdzięczność i zachwyt nad darami oraz dobrymi uczynkami, jakich doświadczam. Nie zapominam też o ludziach, którzy czują się tak dzięki mnie. Opisuję lunch, którym częstuje mnie córka, posiłki, które przygotowuję dla innych, uściski wymieniane z bliskimi, monety znalezione na chodniku, zdobyte nagrody literackie, wysokie napiwki dla kelnerek, telefony, kartki pocztowe, inspirujące rozmowy i pozytywne e-maile, które wysyłam i otrzymuję, podziękowania od siostrzenic i siostrzeńców.

Błogosławię każdy czek, który wypisuję. Zamiast utyskiwać i zrzędzić na widok rachunków za gaz, elektryczność i wodę, dziękuję w myślach za ciepły dom, światło do czytania, gorący prysznic i jedzenie z lodówki. Na pojemniku na rachunki i książeczkę czekową przykleiłam napis: „Dostatek", wypisany jaskrawymi czerwonymi literami.

Powołałam Zespół ds. Obfitości, złożony z tych ludzi w moim życiu, którzy chcą dla mnie tego, co najlepsze, jeszcze bardziej niż ja. Konsultuję z nimi decyzje finansowe i razem z nimi cieszę się z trafnych wyborów.

Ćwiczę radosne dawanie. Kiedy przychodzi czas płacenia podatków, nie narzekam. To dowód, że miałam dostatni rok. Koniec z jęczeniem, że jestem ofiarą polityków. Moje podatki idą na te wszystkie rzeczy, z których korzystam: dobrze zaopatrzoną bibliotekę, równe autostrady, policję i straż pożarną oraz szkoły, w których uczą się wszystkie dzieci w moim otoczeniu.

Wypisałam sobie czek od wszechświata na kwotę wymarzonej pensji i przykleiłam go w szafce na kosmetyki w łazience, by patrzeć na niego za każdym razem, kiedy ją otworzę. Przeglądam się w lustrze i mówię do siebie:

– Regina, zasługujesz na dostatek.

Otwieram się na niego i jestem gotowa go przyjąć.

Mentalność bogacza nie oznacza, że wygrywa się kosztem innych. W tej sytuacji nie ma przegranych. To przekonanie, że pieniędzy wystarczy dla wszystkich. To swoboda finansowa. To wiara. To uważnie wydawać, oszczędzać i obdarowywać innych. Kochać to, co robisz, tak mocno, że nigdy nie czujesz się jak w pracy.

Świadomie zapraszam pieniądze do swojego życia. Uważam je za przydatne narzędzie, które pozwoli mi utrzymać się na emeryturze i nie być ciężarem dla moich dzieci. Które będzie im pomagać w życiu na długo po tym, jak odejdę. I które teraz pozwala mi robić dobre uczynki i błogosławić świat.

Źródłem mojej siły jest Bóg. Moim życiem nie rządzi szef, firma ani gospodarka. Zamiast wyrokować: „Nie stać mnie na to!", dziś zastanawiam się przez chwilę i zadaję sobie pytanie: „Czy ja naprawdę chcę, żeby było mnie na to stać? A jeśli tak, to jak mogę do tego doprowadzić?".

Już nie gardzę pieniędzmi. Szukam dostatku w sobie samej.

Już nie gardzę bogatymi ludźmi. Sama uważam się za bogatą.

Bogaty Bóg, który mnie kocha, obdarza mnie dostatkiem.

I ciebie również.

LEKCJA 31

Pomagaj innym w drodze na szczyt

Niektórzy ludzie pojawiają się w twoim życiu i odciskają na nim niezatarte piętno. Dokładnie pamiętasz moment, w którym spotkaliście się po raz pierwszy.

Dla mnie takim człowiekiem była Monica Turoczy. Poznałam ją kilka lat temu na imprezie charytatywnej połączonej ze zbiórką funduszy na Centrum Pomocy Ofiarom Gwałtu w Cleveland.

Nie była najwyższą kobietą na sali, ale sprawiała takie wrażenie, bo chodziła z wysoko podniesionym czołem. Czarne włosy zawsze miała perfekcyjnie ułożone, a kolor szminki dobrany do lakieru do paznokci, torebki i butów.

Była mistrzynią nawiązywania kontaktu: rozmawiała ze wszystkimi gośćmi w taki sposób, by każdy czuł się ważny. Wiedziała, że ludzie uwielbiają mówić o sobie, więc patrzyła rozmówcy w oczy i zasypywała go pytaniami, a odpowiedzi naprawdę ją interesowały.

Zostałyśmy przyjaciółkami w chwili, w której się poznałyśmy. Zawsze witała mnie dwoma słowami: „Cześć, złotko!". A w każdej rozmowie używała jak przecinka swojego ulubionego słowa: „fantastyczne".

Była ode mnie młodsza o piętnaście lat, ale zawsze zachowywała się jak troskliwa starsza siostra i udzielała mi porad na temat mody, pracy i związków. Moja przyjaciółka Monica kierowała się w życiu zasadą: „Pomagaj innym w drodze na szczyt".

Nieważne, na jaki szczyt się wspinasz – zawsze zabieraj kogoś ze sobą. Możesz się wspinać po szczeblach kariery w wysokich obcasach, butach roboczych z metalowym noskiem albo wygodnych mokasynach. Nie ma znaczenia, jak jesteś ubrany; ważne, kogo zabierzesz ze sobą na kolejny szczebel. Ceń każdą osobę, którą spotykasz na swojej drodze, niezależnie od jej pozycji zawodowej.

Nikt nie powinien się wspinać po szczeblach kariery sam. Wywinduj kogoś ze sobą na kolejny poziom.

– Nigdy nie wypieraj się tego, że jesteś kobietą w biznesie – mówiła Monica młodszym koleżankom. – To twoja jedyna przewaga w pokoju pełnym mężczyzn. Zbyt wiele kobiet uważa, że musi nawiązywać kontakty służbowe w ten sam sposób jak mężczyźni. Stwórz własne metody.

Monica oddawała się pracy i nawiązywaniu kontaktów z pasją, bo nigdy nie robiła tego tylko dla siebie; zawsze chciała wzbogacić życie innych. Dawała kobietom siłę być najlepszą wersją siebie. Zamiast uczyć się zasad baseballu i golfa, żeby dostosować się do upodobań mężczyzn, zaczęła organizować kobiece pogaduszki. Stworzyła instytucję biznesowego pedikiuru, gdzie kobiety mogły nawiązywać kontakty podczas zabiegów kosmetycznych.

Na rozmowy przy pedikiurze zapraszała wiele ważnych biznesmenek, młodych i starszych, weteranek i początkujących.

– Skoro mężczyźni mogą wyjść z pracy na partyjkę golfa, to my możemy zrobić sobie pedikiur – oświadczyła.

Jej filozofia życiowa?

„Znajdź swój rytm i idź jak burza".

Kiedy rzuciła pracę w Radzie Wyższej Edukacji w Północnowschodnim Ohio, ten rytm zaprowadził ją do Waszyngtonu. Któregoś majowego dnia wpadłam na jej ciotkę w sklepie Costco.

– Słyszałaś o Monice? – zapytała. – Jutro przechodzi operację mózgu.

Wszystko zaczęło się od uporczywego bólu głowy. Tomografia wykazała, że rak zaatakował cały jej organizm, mózg, płuca i brzuch. Z energicznej trzydziestoośmiolatki Monica zamieniła się w umierającą kobietę z IV stadium raka.

Przeprowadziła się z powrotem do Cleveland, żeby mieć najlepszą opiekę medyczną na świecie. Wiele lat wcześniej na raka piersi zmarła jej mama, dlatego to siostra Moniki, Jacqui, opiekowała się nią na każdym etapie leczenia.

Stoczyły piękną walkę. Operacja. Naświetlania. Chemioterapia. Jacqui wiele tygodni spędziła przy łóżku siostry w Szpitalu Uniwersyteckim. Wspierała Monicę fizycznie i psychicznie, na nowo ucząc ją chodzić, kiedy rak zaatakował jej kręgosłup.

Nigdy nie zapomnę, jak Monica ubrała się na swoją pierwszą chemioterapię. Przyszła wystrojona jak na randkę. Ja na zabiegi wkładałam dżinsy i tenisówki. Monica miała na sobie zwiewną białą spódnicę i jaskraworóżową bluzkę, dopasowaną do koloru butów, lakieru do paznokci i szykownego kapelusza.

Kiedy po operacji mózgu miała zawroty głowy, śmiała się:

– Jestem dziś strasznie zakręcona.

Po naświetlaniach miała problemy z pamięcią, więc mawiała:

– Opowiedz mi, o czym mi mówiłaś przed chwilą.

Umierając na raka mózgu, pytała:

– A jak się miewa twój wnuk?

Po jej śmierci miałam wyrzuty sumienia, bo wciąż jej obiecywałam, że będzie lepiej. Mój przyjaciel Patrick, który jest księdzem, delikatnie zwrócił mi uwagę:

– Teraz jest jej lepiej.

Jacqui poprosiła mnie, żebym na pogrzebie przeczytała wiersz, który napisała o sobie Monica. Czyta się go jak ogłoszenie towarzyskie. Opisuje Monicę lepiej, niż ja mogłabym to zrobić:

Jestem elegancką parą czarnych skórzanych kozaków. Jestem świetną książką i gorącą latte w zimny, słoneczny poranek nad Potomakiem. Jestem wiśniowym manikiurem i pedikiurem w sandałkach na szpilce wiosną.

Jestem dziewczyną, która zawsze w zdumionym zachwycie patrzy na widok z Parkway przy pełni księżyca, kiedy kopuła Kapitolu i Pomnik Waszyngtona skąpane są w srebrnym blasku.

Jestem popołudniem w Galerii Renwicka i stekiem na kolację zakrapianą szkocką w restauracji Charlie Palmer.

Jestem zarozumiała... dowcipna i zabawna.

Jestem partią golfa na osiemnaście dołków z wynikiem około dziewięćdziesięciu uderzeń w słoneczny dzień w Hilton Head albo w klubie Congressional, a w kwietniu – marzeniem, by zagrać w klubie Augusta.

Jestem winem, które sprzedaje się lepiej na degustacji niż z katalogu. Jestem brzęczeniem w twojej głowie, kiedy zaczynasz trzecią rozmowę konferencyjną w piątkowe popołudnie.

Jestem nieustraszoną dyskutantką na temat związków zawodowych, polityki zagranicznej, edukacji, opieki zdrowotnej i wyborów do Kongresu.

Jestem szczęśliwa jak dziecko w Boże Narodzenie, kiedy nad Tidal Basin w promieniach kwietniowego słońca rozchylają się kwiaty wiśni, by mógł je podziwiać Thomas Jefferson.

Jestem dziewczyną, która będzie zachwycona, jeśli na randkę zabierzesz ją na spacer po wyspie Roosvelta i pizzę z serem w Paradiso.

Jestem kobietą, która chodzi boso po plaży w Porto Mari w połowie lutego, popijając sok z owoców tamaryndowca po nurkowaniu wśród błazenków.

Jestem słońcem, które pada tylko na zbocza na północ od Sieny, odbijając się od wzgórz Chianti i zielonych gajów oliwnych.

Jestem płomieniem, którego się nie boisz.

Monica była jak zimne ognie. Płonęła jasno i szybko, a później szybko zgasła. Ale jej światło noszą w sobie wszyscy, których zabrała ze sobą w drodze na szczyt.

Lekcja 32

Bądź oryginalny. Znajdź własną drogę

Najlepsze przemówienia na ceremonii rozdania dyplomów są krótkie. Niewielu ludzi zapamięta długą mowę. Przemowa gettysburska trwała dwie minuty. A później zaczęła się dwugodzinna przemowa tego drugiego faceta. Mało kto wie, o czym mówił tamtego dnia Edward Everett.

Lincoln był skromny albo naiwny, gdy stwierdził: „Świat ani nie zwróci uwagi, ani nie zapamięta słów wypowiedzianych tu, lecz nigdy nie zapomni tego, co oni tu zrobili". Nigdy nie zapomnieliśmy mowy, wyrytej dziś przy jego pomniku w Waszyngtonie, którą kończyły słowa: „rządy narodu, przez naród i dla narodu nie znikną z powierzchni ziemi".

Zupełnie nie pamiętam, kto przemawiał na rozdaniu matur w moim liceum i na dwóch uroczystościach wręczenia dyplomów podczas moich studiów. Sama miałam okazję zwrócić się do absolwentów szkoły średniej, uniwersytetu i akademii policyjnej. Kiedy sprawdziłam, o czym mówili inni w takich okolicznościach, przekonałam się, że większość namawia absolwentów, żeby szli własną drogą, i cytuje Henry'ego Davida Thoreau, który pisał o kroczeniu w rytm wybijany przez innego dobosza.

Jak iść własną drogą?

Pozwól, żeby prowadziło cię życie. Praca, której nie chcesz, może pomóc ci w karierze, której pragniesz. Dzięki temu, że porzucił cię wymarzony partner, możesz poznać swoją drugą połówkę na następnym przyjęciu. Odrzucenie to niezbędne doświadczenie życiowe. Zanim ukończyłam studia, rozesłałam trzydzieści CV i dostałam trzydzieści listów odmownych. Bolesny proces eliminacji zawiódł mnie przed jedyne drzwi, które wciąż stały przede mną otworem – zostałam dziennikarką w małej gazecie, a ta praca okazała się dla mnie przełomem w życiu zawodowym.

Nigdy nie mów „nigdy".

Obiecałam sobie, że nigdy nie będę relacjonować wydarzeń politycznych ani biznesowych. To za nudne, za sztywne, za nijakie. Moja pierwsza praca? Pisanie sprawozdań z pracy ratusza dla dziennika „Lorain Journal" w Lorain w stanie Ohio. A kolejna? Raporty biznesowe w „Beacon Journal" w Akron. Miałam niewłaściwe zadanie, za to znalazłam się we właściwym miejscu.

Nie siedź bezczynnie. Zamiast czekać, aż szef przyzna ci jakieś stanowisko i zadanie, sam nadaj sobie odpowiedni tytuł i zasłuż na niego. Nie mów: „Jestem tylko... (uzupełnij odpowiednim słowem)". Zachowuj się tak, jakbyś był kimś więcej. Najpierw spełnij oczekiwania szefa, ale później spełniaj własne. Zamiast czekać, aż nowy partner powie: „Kocham cię" – sam zaryzykuj. Odważ się pokochać jako pierwszy.

Kochaj ten etap, na którym się teraz znajdujesz: jesteś wciąż w fazie prac. Nieustannie się rozwijasz. Uszanuj plan naszego wielkiego Mistrza. Odkryj projekt własnej duszy. Bądź twórczy. Śmiały. Dziwaczny. Ekstrawagancki. Bądź oryginalny. Bądź sobą. Kiedyś słyszałam o mężczyźnie, który tak bardzo podziwiał Matkę Teresę, że wysyłał jej mnóstwo listów. Planował przyjechać do Kalkuty, żeby uczynić dzieło jej życia dziełem swojego życia. Pewnego dnia w końcu otrzymał od niej odpowiedź. Zdumiała go: „Znajdź sobie własną Kalkutę".

Stwórz własną mapę. Zamiast szukać swojego miejsca na ziemi, zaprojektuj je. Nie używaj map innych ludzi. Z mapą jest jeden problem (poza tym, że nie da się jej z powrotem złożyć): zaprowadzi cię tylko tam, gdzie trafił już ktoś inny. Dlatego nie istnieje mapa reszty twojego życia. Poza tym mapy są zbyt rzeczowe. Na żadnej mapie nie znajdziesz wykrzykników.

Nie idź na uniwersytet w Notre Dame tylko dlatego, że cała twoja rodzina tam studiowała, zwłaszcza jeśli w głębi duszy wolisz uniwersytet w Georgetown. Nie idź na studia, jeśli tak naprawdę marzysz o pracy na kolei i od dzieciństwa słyszysz w sercu gwizdek konduktora. Nie zostawaj w swoim miasteczku, prowadząc rodzinną firmę, jeśli pociąga cię nowojorska scena teatralna albo chcesz zasiąść w krześle reżysera w Hollywood.

Kiedy mapa staje się bezużyteczna, wyciągnij kompas. Każdy z nas ma własny. Nosisz go w sobie. Wskazuje twoją prawdziwą północ, miejsce przeznaczone tylko dla ciebie, twoje największe pragnienie, twoje powołanie otrzymane od Boga. Sięgaj po ten kompas zawsze, gdy czujesz się zagubiony.

Słuchaj siebie.

Ignoruj otaczające cię głosy. Różni ludzie będą potrząsać szklaną kulą ze sztucznym śniegiem, w której mieści się twój świat. Wystarcza krytyczna uwaga, złośliwa plotka, zatrzaśnięte drzwi, a wokół ciebie zaczynają wirować białe płatki. Zachowaj spokój, wycisz się. Pozwól im wirować. W końcu opadną i odkryjesz, że skarb w twojej kuli pozostał nienaruszony.

Każdy ma właściwe dla siebie miejsce. Twoje miejsce nie należy się nikomu innemu.

Dla wielu ludzi najtrudniejszy etap życia zaczyna się po ceremonii wręczenia dyplomów. Kiedy frędzle już przełożono, czapki podrzucono, przemówienia zapomniano. Jesteś zdany tylko na siebie w świecie studiów podyplomowych, pracy, podróży czy służby wojskowej. Może przez jakiś czas czujesz się pewny swojego wyboru, a nawet jesteś z niego dumny. Ale przychodzi taki dzień, że zaczniesz się zastanawiać: „Co ja najlepszego zrobiłem?".

Może to być dzień, w którym odkryłeś, że twój współlokator nie uznaje dezodorantów. Albo gdy obóz dla rekrutów tak dał ci w kość, że nie masz pojęcia, jak wytrzymasz kolejną godzinę, ale nie możesz rozczarować rodziców i odejść, bo od czasów twojego prapradziadka wszyscy z twojej rodziny dzielnie służyli krajowi. A może ktoś, z kim miałeś podróżować po Europie, nagle się zakochał i zostawił cię samego w schronisku młodzieżowym we Frankfurcie. Albo praca, z którą wiązałeś wielkie nadzieje, do której biegłeś jak na skrzydłach w nowym garniturze i z lśniącą teczką pełną marzeń, okazała się najnudniejszym zajęciem na świecie albo którymś kręgiem piekła, bo na widok szefa dostajesz nerwowych tików, pokrywasz się wysypką i trzęsą ci się ręce.

Może wszystko wydaje się jasne, a droga, którą podążasz, wygląda na nową, prostą i dobrze oznakowaną. Ale pewnego dnia natkniesz się na wyboje, potem na objazd, aż w końcu się zgubisz. Droga się rozwidli i będziesz musiał wybrać – a co, jeśli wybierzesz źle? Albo droga się skończy i będziesz miał ochotę zawrócić? To znaczy, że nadszedł czas wytyczyć własną ścieżkę.

Musisz wsłuchać się w swój wewnętrzny głos. W głębi duszy wiesz, po co się tu znalazłeś, kim masz zostać, co powinieneś robić. Właśnie tam usłyszysz najgłębszą, najczystszą prawdę, z dala od zgiełku, szumu i hałasu otaczającego świata. Właśnie tam usłyszysz, co mówi do ciebie Bóg, jeśli tylko zechcesz go wysłuchać. Ta podróż w głąb duszy to jedyna podróż, która się liczy. Ale w nią musisz wybrać się sam.

Możesz przeglądać katalogi uniwersyteckie, szukając w nich odpowiedzi na pytanie, co zrobić ze swoim życiem, możesz rozmawiać z przyjaciółmi, żeby dowiedzieć się, co oni planują, możesz prosić o radę rodziców i nauczycieli, odpowiadać na mnóstwo ogłoszeń o pracę albo wstąpić do armii, marynarki wojennej, lotnictwa wojskowego czy piechoty morskiej.

Ale dokąd posyła cię Bóg?

Bóg wyznaczył ci na tym świecie specjalne miejsce, którego nie może zająć nikt inny. Twoim zadaniem jest je odnaleźć. Nie masz obowiązku się tam stawić – ale dostałeś zaproszenie. Żeby na nie odpowiedzieć, zajrzyj w głąb duszy i zapomnij o tym, kim powinieneś zostać według swoich rodziców, nauczycieli i przyjaciół. Odrzuć pragnienia otaczających cię ludzi. Zostaw za sobą oczekiwania świata. Nie spełniaj marzeń kogoś innego.

Usiądź w ciszy samego siebie i słuchaj. Usłyszysz to, co niektórzy nazywają cichym głosem Boga, a inni – intuicją. A potem podsyć swój wewnętrzny ogień, nieważne czy będzie to nieśmiała iskierka, której sam nie rozumiesz, czy buchający płomień, który cię trawi.

Nie zawsze będzie łatwo. Możesz czuć pokusę, by zadowolić się czymś bezpieczniejszym. Możesz martwić się konkurencją. Ale nikt inny nie zostanie wezwany w miejsce, które Bóg przeznaczył dla ciebie. Nikt nie może wypełnić go twoimi doświadczeniami, talentami, atutami i słabościami, pragnieniami i marzeniami. Twoje miejsce w życiu należy tylko do ciebie.

Jeśli próbujesz być kimś innym, poniesiesz porażkę. Świat już ma taką osobę. Teraz potrzebuje ciebie.

Ścieżka, którą wytyczysz, może nie mieć sensu dla nikogo na świecie oprócz ciebie. I nie musi. Jest wyłącznie twoja.

Zacznij nią iść.

Lekcja 33

Wykorzystaj potęgę nadziei

Każdej wiosny mój przyjaciel Kevin dzwoni zapytać, o czym będzie mój wielkanocny felieton.

Ja pytam, o czym będzie jego kazanie, ponieważ Kevin jest księdzem. Rzucamy różne pomysły, gawędzimy o innych sprawach, a potem kończymy rozmowę, nie rozstrzygając najważniejszej kwestii. Później zwykle okazuje się, że wybraliśmy ten sam temat.

Któregoś roku Kevin zapytał mnie:

– Co daje ci nadzieję?

Nie miałam gotowej odpowiedzi.

A może miałam zbyt wiele odpowiedzi, żeby się na którąś zdecydować.

Co daje mi nadzieję?

Pierwszy krokus, który kiełkuje w ziemi. Pączkujący bez. Zapach hiacyntów. Ptasie gniazdo pełne maleńkich niebieskich jajeczek.

Widok pierwszego motyla w roku.

Podwójna tęcza.

Kobiety w ciąży i rozchichotane panny młode.

Paluszki noworodka, które rozprostowują się w zwolnionym tempie. Pomarańczowe rybki, pływające pod lodem w zamarzniętym stawie.

Wiersze Billy'ego Collinsa, Adrienne Rich i Gerarda Manleya Hopkinsa. Pieśni religijne takie jak *Cudowna Boża łaska*, *Nie bójcie się* i *Gdy na ten świat spoglądam, wielki Boże*.

Dmuchawiec, który wyrasta z betonu, wychylając główkę do słońca.

Ostatni jesienny liść, który nie chce spaść. Czterolistne koniczyny.

Błękitne nieba Van Gogha i baletnice Degasa w tiulowych spódniczkach.

Nowe nuty. Karty do głosowania. Życzliwość nieznajomych.

Mnisi na całym świecie, którzy codziennie modlą się o pokój. Wersety z Pisma Świętego: „Niech się nie trwoży serce wasze" z Ewangelii Św. Jana (14:1) i obietnice u Izajasza (25:8) – „… raz na zawsze zniszczy śmierć. Wtedy Pan Bóg otrze łzy z każdego oblicza".

Każdy świt, który rozprasza mrok.

Życiowe lekcje Maksa Clelanda, Stephena Hawkinga, Rosy Parks, Anne Frank, Helen Keller, Beethovena i pana Rogersa.

Film *Skazani na Shawshank*.

Monety wrzucane do fontann. Życzenia urodzinowe. Sukienki komunijne. Grand slam na otwarcie sezonu.

Nowo narodzone źrebięta. Piekarnia pełna tortów weselnych.

Żonkil, który wyrósł w nieoczekiwanym miejscu. Studenci dziennikarstwa.

Dawcy organów, tacy jak córka mojego kuzyna, która dwojgu ludziom dała wzrok, a mojej przyjaciółce Beth nerkę, co uratowało jej życie.

Zakonnica, która powiedziała:

– Ze wszystkich sił starałam się być dobra. Ale Bóg nie potrzebuje mojej dobroci. On chce mojej miłości.

Zdrowiejący alkoholik, który mówi drugiemu:

– Widzę, jak krąży w Tobie Bóg.

Startujący samolot. Świeczki urodzinowe na moment przed tym, jak zgasi je życzenie. Goście weselni pozujący do zdjęć przy fontannach przed Muzeum Sztuki w Cleveland.

Pusta strona w nowym dzienniku.

Słowo *dayenu*, powtarzane nieustannie podczas Święta Paschy, żeby podkreślić, że wystarczyłoby nam wyzwolenie z niewoli. Przejście przez morze. Odnalezienie suchego lądu. Pokarm na pustyni.

Moja głucha przyjaciółka Debbie, która potrafi mnie zrozumieć, czytając z ruchu warg, nawet kiedy mówię za szybko.

Tablice przed kościołami z hasłami w rodzaju: „Modlitwa jest twoją kierownicą czy hamulcem ręcznym?".

Kałuża, w której kąpią się wróble. Taki zachód słońca, który sprawia, że zapominasz o złym dniu.

Słowa z książki *Płacz, ukochany kraju* Alana Patona, który pisze, że tylko miłość daje pełnię mocy.

Młodzież, która głosuje po raz pierwszy.

Dziecko, które niesie do domu stos książek z biblioteki. Widok krów pasących się przed farmą, którą mijam samochodem.

Cytat z Psalmu 43, werset 3–4: „Ześlij światłość swoją i wierność swoją: niech one mnie wiodą i niech mnie przywiodą na Twoją świętą górę i do Twych przybytków! I przystąpię do ołtarza Bożego, do Boga, który jest moim weselem".

Kaplica męczenników w Jezuickim Domu Rekolekcyjnym w Parmie.

Mój studiujący siostrzeniec, który przyjechał do domu na wakacje i wyjaśnił mi, że odkąd go widziałam ostatnio wcale nie urósł, tylko przestał się garbić.

To, że główka dziecka pachnie piękniej niż deszcz.

Piosenki country, które radzą: „Kochaj tak, jakbyś nie bał się być sam".

Słuchacz kursu pisania w Ursuline College, który powiedział mi: „Pióro jest nieustraszone. Głos często zdradza strach".

Psalm 30, werset 12: „Biadania moje zmieniłeś mi w taniec; wór mi rozwiązałeś, opasałeś mnie radością".

Pisarki Kathleen Norris, Joan Chittister oraz Annie Dillard.

Uczniowie pianisty Paula Schenly'ego w Instytucie Muzyki w Cleveland.

Bazie wierzbowe.

Siostry karmelitanki, które w wielkanocny poranek śpiewają, wkładając w to całe serce.

Dzieciątko w żłobie. Pusty grób.

Pełny kościół podczas mszy w Wielkanoc. Wystające spod śniegu fioletowe krokusy.

Rolnicy, artyści i poeci. Światło o świcie i o zmierzchu.

Promienie słońca na trawie i świadomość, że Bóg ma mnie na oku.

Historie opowiedziane na witrażach. Dziecko ściskające garść zerwanych przed chwilą dmuchawców, jakby to był bukiet róż.

Nieznajomy, który mówi ci: „Na zdrowie!", kiedy kichniesz. Przedszkolak pytający: „Dlaczego?" setny raz w ciągu pięciu minut.

Pensjonariuszka domu opieki, która nie poznaje swojej rodziny, ale odmawia z pamięci *Ojcze nasz*.

Strażacy i policjanci ryzykujący życiem dla zupełnie obcych ludzi.

Nastolatek z fioletowymi włosami i piercingiem, który przytrzymuje drzwi kobiecie pchającej podwójny wózek.

Ludzie, którym po walce z rakiem odrastają włosy. Rodzice zastępczy.

Roczne dziecko, które uczy się chodzić. Pacjent po udarze, który na nowo uczy się mówić.

Zakonnice, które wciąż noszą habity.

Informacja, że znajomym urodziło się dziecko.

Złote gody.

Ludzie, którzy dzielą się tym, z czego sami czerpią nadzieję, tacy jak Meryl Johnson, nauczycielka z Cleveland. Oto, co usłyszała, kiedy zapytała ósmoklasistów ze szkoły średniej imienia Charlesa W. Eliota w biednej śródmiejskiej dzielnicy, co daje im nadzieję:

Kiedy moja babcia, która trzy dni leżała w szpitalu, wróciła uśmiechnięta do domu, gotowa na partyjkę pokera. – Drielle

Spacer przez moje osiedle, kiedy widzę, że nie ma na nim gangów. – Curtis

Kiedy budzę się rano z zapachem mydła Dove na twarzy. – Mike

Gra w koszykówkę i pewne podanie. – Robert

Śmiech dzieci, które biegają po parku. – Jarrold

Zapach hamburgerów i frytek z McDonalda na stole kuchennym, gdy mama postanowiła nie gotować obiadu. – Demetrius

Czytanie książki *Forged by Fire* („Wykuty w ogniu") w moim pokoju. – Timothy

Uścisk silnych ramion mojego taty, kiedy potrzebuję się wypłakać. – Britnee

Jasny księżyc, który każdej nocy lśni w rogu mojego okna. – Lavelle

Zapach kapusty mojej babci, makaron z sosem serowym, dressing, sałatka ziemniaczana, szynka, kandyzowane bataty i placek ze słodkich ziemniaków w niedzielę. – Shameka

Głęboki głos mojego taty. – Rashida

Kiedy wkładam klucz do zamka i wchodzę do mojego pięknego domu. – Jasmine

Ciepła i zimna woda, której mogę codziennie używać w domu. – Katrina

Świadomość, że jeśli zostawię decyzję Bogu, wszystko będzie dobrze. – Kiara

Przenikliwy śmiech mojego nowo narodzonego braciszka. – Brenton

Słodki zapach mojego domu. – Antonio

Gdy widzę, jak moja babcia pracuje w sadzie bez leków przeciwbólowych. – Chaz

Kiedy budzę się rano i czuję zapach tego, co gotuje mama. – Paul

To, że tym razem, gdy w sobotę wracałam do domu, nikt mnie nie okradł. – Delonte

Modlitwa do Boga i dziękowanie mu, że przez ostatnich trzynaście lat codziennie rano mogłam się obudzić. – Keyauna

Piękne wiersze i opowiadania Mayi Angelou, dzięki którym mogę cieszyć się z tego, kim jestem, niezależnie od tego, co mówią inni ludzie. – Nichole.

Dodałabym do tej listy jeszcze jedną pozycję: „Taka nauczycielka jak Meryl Johnson, która wszystkim nam daje powód do nadziei".

A co tobie daje nadzieję? Przyjrzyj się swojemu życiu, a odpowiedź znajdziesz wszędzie wokół.

Lekcja 34

Uważaj na słowa. Powściągnij język i pióro

Zanim coś o kimś powiesz, zadaj sobie te trzy pytania: Czy to coś miłego? Czy to prawda? Czy musisz to powiedzieć?

Gdyby większości ludzi – łącznie ze mną – udzieliła na nie szczerych odpowiedzi, musiałaby wybrać milczenie.

Jakiś czas temu odbyła się ogólnokrajowa kampania społeczna przeciw plotkom. W reklamach wystąpili Tom Cruise, Goldie Hawn i Bette Midler.

W Ohio miejscowy rabin rozpoczął projekt pod hasłem „Słowa mogą leczyć", przestrzegając ludzi przed *laszon ha-ra*, co po hebrajsku oznacza „zły język". Jego kampania rozprzestrzeniła się na cały kraj. Rabin Chaim Feld uważa plotki za ulubione hobby Ameryki. Chce położyć kres przemocy słownej.

Mówi, że *laszon ha-ra* to „każda forma mowy (w tym również plotka), która może wywołać szkody takie jak cierpienie psychiczne, straty finansowe, ból fizyczny, zszargana reputacja albo obniżenie wartości człowieka w oczach innych".

Szybko znalazł naśladowców. Na zderzakach samochodów pojawiły się nalepki z napisem „Wyhamuj z *laszon ha-ra*". Któregoś dnia siedziałam w kawiarni przy oknie. Stolik obok zajęły trzy osoby i zaczęły rozmawiać. Jedna z kobiet skrytykowała koleżankę, której z nimi nie było, a wtedy siedzący naprzeciwko mężczyzna uniósł dłoń, żeby ją powstrzymać i powiedział:

– Nie powinniśmy o niej rozmawiać. Nie ma jej tutaj i nie może się bronić.

– Ale to prawda – zaprotestowała kobieta.

Mężczyzna pokręcił głową.

– To i tak nie w porządku. Po hebrajsku to się nazywa *lona haran*. Nie powinniśmy tego robić.

Kobieta mówiła dalej, więc jej zdegustowany towarzysz odwrócił się do niej tyłem.

Niedawno moja przyjaciółka zaczęła plotkować, a potem urwała w pół zdania:

– Nie, próbuję skończyć z tym *losher hora*. O rany, to naprawdę trudne.

Właściwa nazwa to *laszon ha-ra* i sama walczę z tym przez całe życie. Nie masz pojęcia, jaką miałam ochotę opowiedzieć znajomym o koledze, którego ktoś przyuważył w klubie ze striptizem. Ale nie opowiedziałam. Na razie.

Zdaniem Felda większość ludzi plotkuje, żeby zacieśnić więzi, popisać się dowcipem, ukryć brak umiejętności prowadzenia rozmowy, zemścić się albo zaimponować innym. Jeśli jego kampania okaże się sukcesem, plotkowanie może stać się równie nieakceptowane społecznie jak palenie. Ale nie będzie to łatwe. Niektórzy ludzie czują się urażeni, kiedy im mówisz, że nie chcesz słuchać plotek. Uważają, że mają prawo je rozsiewać, jeśli są prawdziwe albo ciekawe.

Rabin chce, żebyśmy stawiali sobie wyższe standardy. W swojej książce *Words Can Heal* („Słowa, które leczą") daje następujące wskazówki:

> Jeśli chodzi o obraźliwe żarty, nie powtarzaj ich i staraj się z nich nie śmiać. Kiedy masz ochotę plotkować, ugryź się w język, zmień temat albo odejdź. Kiedy ktoś cię zapyta: „Słyszałeś o takim-a-takim?", odpowiedz słowami: „Nie, i chyba lepiej, żebym nie słyszał". Nie powtarzaj niczego, pod czym byś się nie podpisał.

A jeśli to cię nie powstrzyma, przypomnij sobie to hiszpańskie przysłowie: „Każdy, kto z tobą plotkuje, plotkuje też o tobie".

Przerażająca myśl.

Człowiek nie zdaje sobie sprawy, jakim jest plotkarzem, dopóki nie spróbuje z tym skończyć. Najpierw zaczynasz zauważać, że krytykujesz ludzi, których w rzeczywistości lubisz. Potem przestajesz rozsiewać plotki o tych, których nie lubisz. Na koniec odczuwasz dyskomfort, kiedy ktoś zaczyna plotkować w twojej obecności.

Tak samo jest z rzucaniem palenia. Gdy ludzie, którzy dawniej wypalali paczkę papierosów dziennie, zerwą z nałogiem, irytują się za każdym razem, kiedy poczują w powietrzu dym.

Trudno się pozbyć nałogu plotkarstwa. Kiedy mówisz o kimś źle, sam czujesz się lepiej – przez jakieś pięć sekund.

Spróbuj przestać. Ja przeszłam na dietę „zero plotek". Jeśli myślisz, że trudno jest rzucić palenie, postaraj się nie plotkować. Nie masz pojęcia, jak mocno jesteś uzależniony, dopóki nie spróbujesz się przed tym powstrzymać. Trudniej jest wyrzucić z umysłu pięć negatywnych myśli niż stracić pięć kilogramów.

Pod koniec pierwszego tygodnia poniosłam sromotną klęskę. Po prostu musiałam podzielić się z przyjaciółką opinią na temat metod wychowawczych innej znajomej. Nie mogłam zachować dla siebie komentarza, że kobieta w ogromnym swetrze w jaskrawych kolorach przypomina piniatę.

O ileż łatwiej byłoby, gdyby Feld wynalazł plaster, dzięki któremu pozytywne myśli trafiałyby razem z krwią bezpośrednio do mózgu. Rozważałam noszenie na nadgarstku gumki, którą strzelałabym za każdym razem, kiedy przyłapię się na uwadze, jak głupio wygląda jakiś facet, który zaczesuje rzadkie kosmyki włosów na łysinę. Ale to nienajlepsze rozwiązanie. Za szybko odpadłaby mi dłoń.

Może krytykowanie innych mam po prostu we krwi. W dużej rodzinie uczysz się, że przetrwają tylko najsprytniejsi. Musisz nabrać wprawy w docinkach, żeby poradzić sobie ze starszym rodzeństwem, które stale się z ciebie wyśmiewa, że nie możecie być spokrewnieni, i odstraszyć młodsze, które chodziłoby za tobą krok w krok, gdybyś nie był dla nich złośliwy.

Mój tata starał się, jak mógł, żeby zniechęcić nas do plotkarstwa. Jedyny aparat telefoniczny w naszym domu – a miałam dziesięcioro rodzeństwa – stał centralnie na jego biurku w jadalni. Gdy tylko usłyszał, że obgaduję jakąś bardziej popularną dziewczynę (a każda była bardziej popularna niż ja), oświadczał:

– To nieładnie tak plotkować – mówiąc dość głośno, żeby usłyszała to osoba po drugiej stronie słuchawki.

Albo, co gorsza, pytał:

– Czy powiedziałabyś o niej to samo, gdyby stała obok ciebie?

Mama też nie pomagała. Napominała nas:

– Jeśli nie możesz powiedzieć o kimś czegoś miłego, to lepiej nic nie mów.

– Rany, mamo, gdybyśmy wszyscy wyznawali taką filozofię, milczelibyśmy jak zaklęci.

Nie jestem jedyna.

Przyznaj się. Prawda, że lubisz plotkować? To jedna z naszych grzesznych przyjemności w życiu.

Na swoją obronę powiem, że nie jestem taką plotkarą jak ci ludzie, którzy każde zdanie zaczynają słowami: „Nie wiem, czy to prawda, ale...". Mam pewne standardy. Plotka musi być prawdziwa, bym decydowała się ją rozpuścić. Muszę dbać o swoją reputację. Kto chciałby słuchać plotek, które okażą się nieprawdą?

Tak nisko stawiałam sobie poprzeczkę, zanim ten mądry rabin nie dał mi do myślenia. Jego rady dobrze nam robią, choć czasem trudno je przełknąć – tak jak brukselkę. Dzięki niemu zadaję sobie wspomniane trzy pytania, zanim zacznę mielić ozorem. Już przy drugim zwykle rezygnuję z tego, co chciałam powiedzieć.

Nie wiem, czy udało mi się pozbyć tego nałogu raz na zawsze, ale na pewno ograniczyłam plotkowanie. W drugim tygodniu psychicznej diety miałam jeszcze krytyczne myśli, ale wykształciłam już pewien mechanizm kontrolny. Zamiast bezmyślnie wypluwać każdą opinię, dawałam sobie chwilę na zastanowienie, a wtedy sumienie podpowiadało mi: „Nie mów tego".

W trzecim tygodniu mój mózg wypełniły pozytywne myśli. Wypowiadałam na głos już tylko dwa na pięć negatywnych komentarzy.

Nie była to dieta cud, ale jest mi teraz dużo lżej.

Lekcja 35

Niczego, co się dzieje, nie odbieraj osobiście. Wszystko odbieraj w sposób duchowy

Któregoś dnia zadzwoniła do mnie moja przyjaciółka Veronica, żeby uprzedzić, że przefaksuje mi artykuł z listą dwudziestu siedmiu sposobów, jak dbać o duchowy wymiar życia. Czekając na jej faks, zaczęłam się zastanawiać, co mogło się znaleźć na tej liście. Pewnie znane porady: odmawiaj różaniec, czytaj Biblię, módl się, chodź do kościoła, dawaj pieniądze na cele charytatywne, spotykaj się regularnie z przewodnikiem duchowym.

A może autorzy podążyli bardziej mistycznym tropem i zalecają, żeby o świcie odmawiać psalmy, czytać dzieła Thomasa Mertona, Martina Bubera albo Rumiego, słuchać chorałów gregoriańskich albo przejść trzydziestodniowe rekolekcje.

Kiedy dostałam tę listę, dwa razy sprawdzałam, czy to na pewno właściwy faks. Żaden z moich pomysłów nie pojawił się w artykule „27 sposobów, jak dbać o życie duchowe każdego dnia", który ukazał się w magazynie Utne Reader. Lista pochodziła z publikacji *Values&Visions* i składała się z cytatów z różnych książek.

Wymieniono tam najbardziej podstawowe czynności, takie jak przebudzenie. To chyba nic specjalnego? Owszem, ale można wstać albo się obudzić. Wstajesz, jeżeli otwierasz oczy i od razu zaczynasz narzekać: „O Boże, już rano". Budzisz się, jeśli witasz dzień radośnie: „Dzień dobry, Boże". Muszę o tym pamiętać, kiedy znów będzie mnie korcić, żeby trzeci raz wcisnąć na budziku guzik drzemki.

Kolejna wskazówka zalecała zabawę z psem. Psy są mistrzami zen. Wiedzą, kiedy jeść, spać, biegać i odpoczywać. Następny pomysł: otwórz drzwi. Brzmi banalnie, ale ile razy nie mamy na to ochoty, gdy ktoś nieznajomy zbiera podpisy pod jakąś petycją, prosi o pieniądze na wzmacniacze dla zespołu, w którym gra, albo roznosi broszury o swojej ścieżce do Boga. Przywitaj nieznajomego u twoich drzwi tak, jakby naprawdę był twoim gościem. Pewien mnich powiedział mi kiedyś, że jeśli modlisz się i słyszysz pukanie do drzwi, to powinieneś na nie odpowiedzieć i uczynić to swoją modlitwą. Dobra teoria, ale w praktyce, kiedy pukanie do drzwi sypialni przerywa mi modlitwę, nie umiem usłyszeć w nim Boga.

Inna rada brzmiała: wynieś śmieci. Nawet odpadki można rozpatrywać w kontekście duchowości. Zapach świeżej róży i smród starych brokułów to dwie strony życia. To, co kochaliśmy, gdy żyło, umiera i zamienia się w śmieci, które następnie pomagają czemuś innemu zyskać życie.

Każde doświadczenie, nawet błahe i prozaiczne, może być lekcją, darem, błogosławieństwem, jeśli odbierzemy je duchowo, a nie osobiście. Nieważne, czy będzie to utrata pracy, rozwód, mandat za przekroczenie prędkości czy lęk przed chorobą. Zadaj sobie pytanie: „Jaka płynie z tego lekcja?". Dostrzeż ją, przerób i bądź za nią wdzięczny, a potem idź dalej. Pewien mężczyzna stracił dom i trafił do schroniska. Spotkał tam starego człowieka, który opowiadał, że ma pieniądze, ale woli ten przytułek, bo jego żona, dzieci i szef doprowadzają go do szału. „To, od czego uciekłeś, byłoby spełnieniem moich marzeń", powiedział bezdomny temu człowiekowi.

Nawet irytujące zdarzenia możesz odbierać w sposób duchowy. Kiedyś chodziłam po centrum handlowym Macy's z ulubioną bluzką zarzuconą na ramiona, bo klimatyzacja w sklepach działała tak mocno, że zabrałam coś na siebie, żeby nie zmarznąć. Kupiłam nową kołdrę i pościel, a potem zaniosłam je do samochodu, żeby nie taszczyć ich ze sobą przez całe zakupy. Coś mi mówiło, żeby przy okazji zostawić też bluzkę. Nie posłuchałam tego głosu. Wróciłam do sklepu i chodziłam po nim kolejną godzinę. W drodze do wyjścia zdałam sobie sprawę, że bluzka zsunęła mi się z ramion. Zgubiłam ulubioną bluzkę w sklepie z ubraniami.

Nie miałam szans jej znaleźć. Dąsałam się przez godzinę, aż w końcu zadałam sobie pytanie: „Jaka płynie z tego lekcja?". Bardzo ważna: „Słuchaj swojej intuicji albo coś stracisz". Może dzięki temu, że zgubiłam bluzkę, zachowam coś znacznie ważniejszego.

Zbyt często szukamy Boga z dala od naszego normalnego, zwykłego, codziennego życia, robiąc coś, co wydaje nam się uduchowione: idziemy do kościoła, świątyni albo meczetu; modlimy się i medytujemy, czytamy Torę, Biblię, Koran albo Bhagawadgitę.

A gdyby tak zobaczyć drogę do duchowości w każdym trudnym doświadczeniu i człowieku?

Niesamowity sposób na życie.

Właśnie tak żyła moja przyjaciółka Ro. Na wszystko spoglądała z lotu ptaka. Miała niezwykłą umiejętność – w każdej sytuacji dostrzegała działanie Boga. Potrafiła znaleźć Go we wszystkim, co się działo, bo wszędzie szukała dobra. Niektórzy mają uczucia wypisane na twarzy. Ro Eugene miała je wypisane na samochodzie. Jej tablica rejestracyjna głosiła: „LUVUALL"*.

Tak właśnie robiła. Ro kochała wszystkich, nawet ludzi, których nie zawsze lubiła.

Ci, którzy ją znali, wspominali, jak kiedyś dwójka jej najstarszych dzieci wróciła ze szkoły pobita przez dzieciaki z sąsiedztwa. Ro wypadła z domu jak oparzona.

Większość ludzi nakrzyczałaby na te dzieci albo na ich rodziców, a może wezwałaby policję. Ale nie Ro. Ona natychmiast wcieliła w życie drugą część *Modlitwy o pogodę ducha* i zebrała się na odwagę, żeby zmienić to, co może zmienić. Razem z mężem i dziećmi poszła do domu tamtych łobuzów. W rezultacie obie rodziny uścisnęły sobie ręce, a potem śpiewały razem piosenki – zawarły pokój, który ogarnął całą okolicę.

Ro wierzyła, że wszyscy jesteśmy istotami duchowymi, które doznają ludzkich doświadczeń; że przychodzimy na

* z ang. *love you all* – kocham was wszystkich

świat, żeby nauczyć się kochać i odbierać życie duchowo, a nie osobiście.

Straciliśmy ją w roku, w którym skończyła siedemdziesiąt dziewięć lat. W nekrologu przeczytałam, że Roslyn Eugene założyła miejscową szkołę Montessori i uczyła do siedemdziesiątego roku życia.

Ale właściwie nigdy nie przestała uczyć. Ro uważała, że w każdym z nas jest iskra boskości. Była jak wielki finał na pokazie fajerwerków. Jak duchowy superbohater. Potrafiła przenosić góry. Kiedyś szła po ciemku przez kuchnię i uderzyła się w goleń otwartymi drzwiami zmywarki. Zamiast zacząć przeklinać, podziękowała Bogu, że nie zabolało bardziej.

Gdy dopadł ją rak, walczyła ze wszystkich sił. Kiedy po chemioterapii wypadły jej włosy, na łysej głowie nosiła elastyczną wstążkę z kokardką, taką samą, jaką rodzice wkładają łysemu noworodkowi, żeby pokazać, że to dziewczynka.

Ro z wiekiem stawała się coraz młodsza. Obawialiśmy się, że rak zakończy Ciekawy Przypadek Ro Eugene, ale stało się inaczej.

Czuła się coraz lepiej aż do dnia, gdy jej serce się zatrzymało. Właściwie nie powinno nas dziwić, że Ro zużyła swoje serce do cna, ale jednak byliśmy zaskoczeni.

Na krokwi kościoła katolickiego pod wezwaniem św. Cecylii zawisł banner z napisem „LuvUAll".

Gdy nakrywaliśmy do stołu przed stypą, zanim pojawił się tłum żałobników, część z nas pomodliła się za nią w kręgu.

Jedna z kobiet powiedziała, że Ro powtarzała jej: „To dobrze, że jest trudno. Poradzisz sobie z trudnościami". Inna dodała:

– Nigdy nie mówiła: „Wszystko będzie dobrze". Zawsze mówiła: „Wszystko jest dobrze".

Podzieliłam się z nimi moim ulubionym powiedzonkiem Ro: „To nie jest niemożliwe. To po prostu życie".

I usłyszałam inne: „Gdyby miało być inaczej, to byłoby inaczej". Wtedy zaczęłyśmy się śmiać. Jak można płakać po kobiecie, która nauczyła cię, że „wszystko jest w porządku, w tej sekundzie wszystko jest idealnie"?

Było. I jest.

Lekcja 36

Świat potrzebuje usłyszeć od ciebie: „Tak!”

Nie mogę zapomnieć pewnego przycisku do papieru. I to nie byle jakiego.

Ten przycisk wpadł mi w oko, kiedy stałam w kolejce do kasy w sklepie z pamiątkami w Ann Arbor w stanie Michigan. Nie byłam pewna, czy jest na sprzedaż, czy ma być komunikatem dla klientów, czymś w rodzaju złotej myśli na dziś od kierownictwa sklepu.

Na prostokątnej cynowej płytce widniał napis: „Co spróbowałbyś zrobić, gdybyś wiedział, że na pewno ci się to uda?”.

Próbowałam go zignorować, ale ten mały srebrny przedmiot przy kasie szeptał do mnie: „Co spróbowałabyś zrobić, gdybyś wiedziała, że na pewno ci się to uda?”. No dobrze, tak naprawdę te słowa były na nim wyryte, ale przysięgam, że słyszałam jego szept. Odwróciłam wzrok. Przycisk do papieru pociągnął mnie za rękaw. Stanęłam do niego tyłem. Wtedy krzyknął.

Wzięłam go do rąk, szukając w nim, jak w magicznej kuli, odpowiedzi na to pytanie, ale nic nie usłyszałam.

Potem spojrzałam na cenę i natychmiast odłożyłam przycisk na miejsce. Kosztował dwadzieścia dziewięć dolarów. Nie chciałam wydawać na siebie tak dużo, a gdybym kupiła go na prezent, korciłoby mnie, żeby go zatrzymać.

Nie kupiłam tego przycisku, ale nie mogłam się od niego uwolnić nawet w domu. Był jak piosenka, która chodzi za tobą cały dzień i nie daje ci spokoju.

Co spróbowałbyś zrobić, gdybyś wiedział, że na pewno ci się to uda?

Co bym zrobiła?

Napisałabym książkę, sztukę teatralną albo kilka opowiadań, wykorzystując jeden z tysiąca pomysłów, które odrzuciłam.

Zaśpiewałabym w musicalu albo dołączyłabym do chóru, nie martwiąc się, że fałszuję. Zatańczyłabym taniec liniowy w klubie country w jaskrawoczerwonych kowbojkach, bo nie musiałabym uważać, żeby nie stratować sąsiada.

Zaczęłabym uczyć się gry na pianinie i zagrałabym na fortepianie *baby grand* przed wielką publicznością. Zapisałabym się na lekcje rysunku albo nauczyłabym się malować. Co roku kupuję akwarele i blok, a potem nawet nie biorę pędzla do ręki.

Nie przyszło mi do głowy jedno wielkie marzenie, domagające się realizacji, lecz kilka mniejszych, ale wszyscy, z którymi o tym rozmawiałam, wymieniali pojedyncze pragnienia. Kiedy zadawałam pytanie z przycisku kobietom w moim salonie piękności, odpowiedź zajmowała im kilka sekund.

Właścicielka powiedziała, że poszłaby na medycynę. Jedna z fryzjerek oświadczyła, że podrywałaby każdego wolnego faceta. Inna wyszłaby za mąż i urodziła dzieci – najbardziej bała się, że będzie złym rodzicem. Klientka na fotelu rzuciła:

– Założyłabym własną firmę.

Następna fryzjerka zwierzyła się, że zaczęłaby tańczyć.

Teraz ty zadaj innym to pytanie. Zdziwisz się, co usłyszysz w odpowiedzi. Niektórzy ludzie nie traktują go poważnie – mówią, że poprosiliby o podwyżkę, kupili los na loterii albo oświadczyli się Jennifer Lopez lub Bradowi Pittowi. Pewien mężczyzna, gwiazdor lokalnego radia, zaskoczył mnie swoją odpowiedzią:

– Zostałbym pianistą koncertowym – powiedział.

Ten przycisk do papieru miał w sobie jakąś magię, więc zadzwoniłam do sklepu zapytać, czy jeszcze go mają. Okazało się, że sprzedali ich już bardzo dużo. Każdy reaguje tak samo. Zastępca kierownika sklepu powiedział mi, że każdy zatrzymuje się, żeby przeczytać wyryty na nim napis, i wychodzi, rozmyślając o starych marzeniach, które zamierza odkurzyć.

Zapytałam też kilka przyjaciółek, co one by zrobiły. W pewne grudniowe popołudnie usiadłyśmy przy stole, spisałyśmy nasze odpowiedzi i wsunęłyśmy wypełnione kartki do kopert, które miałyśmy otworzyć za rok. Każda z nas planowała zrobić jeden wielki krok albo wiele małych kroczków do spełnienia swoich snów.

Jedna z moich przyjaciółek chciała wyjechać na misję do Afryki i bardzo kogoś polubić. Nie była jeszcze gotowa się zakochać, ale miała na to coraz większą ochotę. Inna planowała poprosić o awans i spróbować swoich sił w Korpusie Pokoju. Kolejna marzyła o nowej pracy i zaczęła się za nią rozglądać.

Od tamtej pory prawie zawsze spotykamy się w grudniu, kiedy jeden rok zbliża się ku końcowi, a kolejny ma się rozpocząć, i zastanawiamy się nad tym pytaniem albo jakąś jego wersją.

Co byśmy zrobiły, gdybyśmy się tak nie bały?

Otwieramy zaklejone koperty i odkrywamy, czym zaskoczyło nas życie. W pierwszym roku nasze listy przypominały raczej roczne wykazy spraw do załatwienia. Znalazły się na nich takie pozycje jak nauka kolejnego języka obcego, podróże do nowych miejsc czy napisanie powieści, sztuki albo wierszy. Spisałyśmy małe cele i wielkie marzenia. Jedna z nas zamierzała zrobić doktorat. Inne chciały mieć nową pracę, nowego chłopaka albo nowe przygody.

Rok później zeszłyśmy głębiej.

Kobiety pisały o tym, że pragną mieć dziecko. Zakochać się. Wyzdrowieć. Zbliżyć się do Boga. Mniej się denerwować. Chętniej kochać.

Przelanie swoich nadziei i życzeń na papier pomaga w ich spełnieniu. Dla nas stało się to już coroczną tradycją. To proste. Zaproś do siebie przyjaciół albo członków rodziny. Rozdaj im czyste kartki papieru. Zamknij oczy i puść wodze fantazji. A potem spisz swoje marzenia.

To lepsze niż postanowienia noworoczne. My po kolei dzielimy się swoimi planami, jeśli nie są zbyt prywatne.

Próbujemy wyobrazić sobie, co przyniosłaby nam realizacja marzeń, które zamierzamy wypisać, dlatego pytamy siebie: „Kim chcę być, gdy za rok otworzę ten list?". Nie chodzi o poziom dochodów, status społeczny czy liczbę kilogramów, jaką wskazuje nam waga, tylko o to, co naprawdę ma znaczenie. Na kopercie piszesz swoje imię i datę, a potem pakujesz ją do pudła z ozdobami świątecznymi, przypinasz w nowym kalendarzu do kartki na grudzień albo przylepiasz gdzieś, skąd będziesz słyszeć jej szept.

Ja swoją wkładam do ceramicznego pudełka, które dostałam od mojej przyjaciółki Vicki. Stoi w pokoju, w którym medytuję. Odmawiam modlitwę za nasze marzenia i moje przyjaciółki. Zawsze jestem zaskoczona, czytając, co napisałam rok wcześniej. Oto jak poszło mi za którymś razem:

> Bezwarunkowo kochać życie. (No dobrze, przez większość czasu je kochałam).
>
> Wszystkim wszystko wybaczać. (Większości wybaczałam).
>
> Codziennie poddawać się woli Boga. (Udawało mi się prawie codziennie).
>
> Pozbyć się swoich lęków. (Większości się pozbyłam).
>
> Na koniec każdego dnia mierzyć swój sukces odpowiedzią na następujące pytanie: czy dziś kochałaś? (Zrobiłam postępy).
>
> Co tydzień chodzić na piesze wycieczki. (Nic z tego. Ale jak stwierdziła moja przyjaciółka Mena: „Jeśli nie

zrobiłaś czegoś przez cały rok, to może tak naprawdę nie chcesz tego robić". Trafna uwaga).

Bardziej kochać mamę. (Załatwione).

Przestać czerpać poczucie własnej wartości ze swojej pracy. (Załatwione).

Przestać działać z poczucia winy. (Załatwione).

Przestać oceniać innych. (Ups).

Po przeczytaniu tej długiej listy, na kartce na następny rok napisałam jedno proste słowo: „wierzyć".

Wydaje mi się, że już podziałało.

Czuję, jak mówię życiu: „tak".

Jeśli chcesz być jak chodzący wykrzyknik, zacznij mówić życiu: „tak".

Zbyt często do życia budzi nas dopiero jakaś tragedia, zły wynik badań albo mowa pogrzebowa. Nie musisz czekać do Sylwestra, żeby zacząć od nowa. Nie musisz czekać na wynik badania histopatologicznego, żeby zacząć żyć pełnią życia.

Zbyt często staramy się żyć lepiej, mówiąc „nie", rezygnując z czegoś na wiele miesięcy albo na zawsze. Obiecujemy sobie rzucić papierosy albo alkohol, przestać przeklinać czy za dużo jeść.

Czy nie lepiej byłoby ćwiczyć mówienie: „tak"?

Co to znaczy, powiedzieć: „tak"? Mówić „tak", to witać każdy dzień z otwartymi ramionami. Na koniec każdego dnia stanąć pod rozgwieżdżonym niebem albo otworzyć okno i upajać się nocą, albo patrzeć na swoje śpiące dziecko lub małżonka i po prostu odprężyć się w otaczającym cię spokoju. A chłonąc tę ciszę, wsłuchać się w to, o co prosi cię Bóg, i powiedzieć mu: „tak".

Odejść od tego, kto cię rani.

Zostać z tym, kto cię kocha.

Przebaczyć temu, kto zranił cię najbardziej.

Zaakceptować siebie takim, jaki jesteś.

Stworzyć to, czego najbardziej się boisz.

Być zadowolonym z tego, jak jest.

Mieć nadzieję, że najlepsze jeszcze przed tobą.

Brać życie mniej poważnie.

Cieszyć się każdym cudem, tajemnicą, niepewnością i radością, jakie ma dla nas ten świat.

Lekcja 37

Połącz siły z innymi

Gdybym tylko mógł... Gdyby ktoś inny mógł... Łatwo poczuć bezsilność w obliczu niesprawiedliwości, katastrof, chorób i nieszczęść. Czasem nawet błahostki, które przysparzają ludziom cierpień, przytłaczają mnie i napawają poczuciem winy, że nie robię więcej, by pomóc innym.

Nie zawsze wiadomo, od czego zacząć. Muszę sobie powtarzać, że chociaż nie mogę zmienić sytuacji na świecie, to mogę zmienić na lepsze świat wokół siebie, ten niewielki skrawek ziemi, na którym mieszkam i pracuję. Wystarczy, że wykorzystam moje silne strony. A jeśli to byłoby za mało, mogę połączyć siły z innymi. Efekty są fantastyczne.

Pewnego dnia na mój redakcyjny numer telefonu zadzwoniła czytelniczka, prosząc o pomoc w znalezieniu stu kobiet, które w godzinę zbiorą 10 tysięcy dolarów na miejscową organizację dobroczynną.

Co takiego?

Byłam zdumiona jej pomysłem.

Johanna Frebes ma trzech synów w wieku jedenastu, piętnastu i osiemnastu lat. Mieszka w Cleveland i pracuje w banku jako inspektor nadzoru. Nie ma czasu na pracę społeczną. Nie ona jedna. Obowiązki domowe i zawodowe przytłaczają dziś więcej ludzi niż kiedykolwiek wcześniej. Nie starcza im czasu na wolontariat. W ich kalendarzu nie zmieszczą się dwie godziny tygodniowo pracy społecznej na rzecz kościoła, szkoły albo dzielnicy.

– Zawsze czułam się winna, że nie znajduję więcej czasu – powiedziała. – Ale godzinę znajdę.

Jej grupie to wystarcza. Jedna godzina. Powiem wam, jak to działa:

Sto kobiet spotyka się na godzinę. Grupa ustawia czasomierz do gotowania jajek na sześćdziesiąt minut, żeby spotkanie nie mogło się przeciągnąć. Każda kobieta przynosi książeczkę czekową i ma przygotowaną nazwę organizacji charytatywnej, której chciałaby pomóc. Kartki z nazwami wrzuca się do koszyka i losuje trzy. Kobiety, których organizacje zostały wylosowane, mają pięć minut na wyjaśnienie, dlaczego właśnie te instytucje zasługują na datki. Następnie przez pięć minut odpowiadają na pytania.

Uczestniczki głosują, która organizacja dostanie wszystkie pieniądze. Po dokonaniu wyboru każda z kobiet wypisuje czek na sto dolarów. Nawet jeśli głosowała na inną organizację, szanuje opinię większości i wspomaga wybraną instytucję. Osoby, które nie mogą uczestniczyć w cokwartalnym spotkaniu, przekazują swoje czeki innym uczestniczkom.

Kobieta, której organizacja zdobyła większość głosów, przekazuje czeki o łącznej wartości 10 tysięcy dolarów (a czasem wyższej) na wybrany cel. Na następnym spotkaniu opowiada, na co przeznaczono pieniądze i jak pomogły organizacji.

To wspaniały sposób na dawanie dla tych osób, które są zajęte i nie mają czasu na wolontariat, a chcą, żeby sto procent ich datków trafiało do miejscowych organizacji charytatywnych, i pragną należeć do grupy hojnych, troskliwych, zmieniających świat ludzi.

Zapewnia to maksymalny efekt przy minimalnym wysiłku. Bez wymówek w rodzaju: „Wysłałem czek pocztą". Bez skarbnika. Bez budżetu operacyjnego. Bez niekończących się spotkań projektowych. Bez spacerów, wyścigów, aukcji, kolacji ani bali, na których trzeba się pojawić. Wystarczy jedno sześćdziesięciominutowe spotkanie cztery razy w roku.

Johanna oraz jej przyjaciółka Kassy Wyman uruchomiły stronę internetową stu (i więcej) kobiet mieszkających w obszarze metropolitalnym Cleveland, którym nie jest wszystko jedno. Jej adres to: www.100womenwhocare-cleveland.weebly.com. Johanna przeczytała wcześniej artykuł o innych miastach, w których powstały takie kobiece grupy. W Dayton uczestniczki zbierały około 18 tysięcy dolarów na każdym spotkaniu. Dzięki tym pieniądzom odnowiono salę informatyczną w Świetlicy dla Chłopców i Dziewcząt, udzielono pomocy rodzinie uchodźców z Rwandy, weteranów II wojny światowej wysłano do Waszyngtonu na wycieczkę po miejscach pamięci i opłacono opiekę dentystyczną dla bezdomnych mężczyzn i kobiet, żeby znów mogli się uśmiechać.

Koło pomocy stu (i więcej) kobiet, którym nie jest wszystko jedno – czyli organizację 100+ Women Who Care – stworzyła Karen Dunigan w Jackson w stanie Michigan. Na pierwszym spotkaniu w 2006 roku zebrano 10 tysięcy dolarów na trzysta łóżeczek dla noworodków.

Niektóre członkinie codziennie odkładają niewielką kwotę, żeby zebrać swoje sto dolarów. Inne włączają w zbiórkę całą rodzinę i codziennie ktoś inny wrzuca dolara do skarbonki.

Nasze pierwsze spotkanie było ekscytujące. Na zapleczu restauracji Brothers Lounge – dość dziwnym miejscu na kobiece spotkanie – stłoczyło się tak dużo osób, że zabrakło krzeseł. Od razu poczułyśmy się jak siostry. Każda podpisała formularz uczestnictwa i wybrała organizację dobroczynną, którą chce wspomóc.

Poznałam kobiety, które przyszły zebrać pieniądze na Ligę Ochrony Zwierząt, miejscowe towarzystwo historyczne, fundację Adoption Network wspierającą rodziny adopcyjne, United Service Organizations, która pomaga stacjonującym za granicą żołnierzom i ich rodzinom, oraz organizację dostarczającą mundurki uczniom w Cleveland. Ciekawie było dowiedzieć się, jakie cele przemawiają do serc innych zgromadzonych kobiet. Ja wybrałam The Gathering Place, ośrodek zapewniający darmową pomoc wszystkim osobom dotkniętym rakiem.

Organizatorki krótko nas powitały, a potem ustawiłyśmy minutnik i zabrałyśmy się do pracy. Najpiękniejsze jest to, że przychodzisz, dajesz, i wychodzisz – a wszystko w ciągu jednej godziny.

Włożyłyśmy formularze z nazwami proponowanych organizacji do koszyka i rozpoczęło się losowanie. Tym razem padło na program YWCA pod nazwą Nurturing Independence & Aspirations (Wspierając Niezależność i Aspiracje), organizację The First Tee of Cleveland oraz ośrodek wsparcia ofiar przemocy domowej.

Jedna z kobiet przekonywała nas do wsparcia programu YWCA skierowanego do dziewcząt, które opuszczają rodziny zastępcze i nie mają dokąd pójść. Po ukończeniu osiemnastego roku życia są zdane wyłącznie na siebie. Mają tylko plastikowy worek ze skromnym dobytkiem, który udało im się zgromadzić w życiu. Po roku wiele z nich będzie mieszkało na ulicy. YWCA budowało dla nich dwadzieścia dwa mieszkania. Gdybyśmy wybrały tę organizację, nasze pieniądze wystarczyłyby na nową pościel, sprzęty kuchenne oraz inne przedmioty potrzebne, aby każda z dziewcząt mogła zacząć samodzielne życie.

Publiczność zarzuciła tę kobietę pytaniami o szczegóły dotyczące mieszkań, dziewcząt i ich potrzeb. Po pięciominutowej prezentacji oraz pięciu minutach na pytania i odpowiedzi zadzwonił minutnik.

Następna uczestniczka zachwalała First Tee, organizację, która uczy dzieci z biednych dzielnic w wieku od siedmiu do osiemnastu lat podstawowych wartości życiowych – uczciwości, prawości, sportowej postawy, szacunku, pewności siebie, wytrwałości, uprzejmości i trafnej oceny sytuacji – przez grę w golfa. Przekazana kwota pokryłaby rozmaite potrzeby, między innymi koszt zajęć pozalekcyjnych i stypendiów dla studentów.

Trzecia z kobiet zaproponowała, żeby pieniądze przeznaczyć na program wsparcia ofiar przemocy domowej powyżej sześćdziesiątego roku życia, krzywdzonych przez dzieci, małżonków i opiekunów.

– Niektórzy myślą, że jest już za późno na szukanie pomocy – powiedziała. – Motto grupy brzmi: „Żeby twoje jutro było lepsze niż twoje wczoraj".

Dryń.

Przyszedł czas na głosowanie. Każda z nas wpisała nazwę jednej z omówionych organizacji na niebieskiej kartce i wrzuciła ją do koszyka. Później wyciągnęłyśmy książeczki czekowe. Jak wspaniale byłoby wygrać i wejść do wybranej przez siebie organizacji charytatywnej z plikiem czeków wartości 10 tysięcy dolarów.

Remis! Nie wiedziałyśmy, co zrobić. Niektóre z uczestniczek chciały podzielić pieniądze między dwie organizacje, inne proponowały rzucić monetą. Kiedy głowiłyśmy się nad rozwiązaniem, kobieta, która przyszła obserwować nasze spotkanie, podpisała formularz uczestnictwa i oddała głos. Sytuacja się rozstrzygnęła. Wygrał program YWCA.

A tak naprawdę wszystkie wygrałyśmy.

W godzinę zebrałyśmy 10 tysięcy dolarów. Każda zrobiła, co tylko mogła, a razem miałyśmy sto razy większą moc.

Lekcja 38

Jesteś najważniejszym nauczycielem swojego dziecka

Zbyt wielu ludzi uważa, że za przyszłość uczniów odpowiadają przede wszystkim szkoła, nauczyciele oraz program nauczania. Cały system edukacji został postawiony na głowie przez testy i ogromne oczekiwania, jakie mamy wobec dzieci. Zapominamy, że sami też powinniśmy być nauczycielami dla swoich pociech.

Kiedy usłyszałam, że dziewczyna z biednej dzielnicy Cleveland dostała się na Uniwersytet Harvarda, chciałam się dowiedzieć, jak jej się to udało. Większość ubogich dzieci w tym mieście nie kończy nawet szkoły średniej.

Mama Kim, Maria Santana, zaprosiła mnie do domu. To samotna matka, która korzysta z kuponów żywnościowych i opieki społecznej. Za sąsiadów miała handlarzy narkotyków – prosiła Boga, żeby się przenieśli. Sufit w jej kuchni jest sklejony taśmą. Którejś nocy, całując dzieci na dobranoc, wpadła stopą w butwiejącą drewnianą podłogę.

Maria pokazała mi pudełka po butach, wypełnione fiszkami i zeszytami ćwiczeń, które sama przygotowała.

Powiedziała, że zawsze uważała się za nauczycielkę Kim, a nie tylko jej mamę.

– Od tego zaczęłam – powiedziała Maria niepewną angielszczyzną, wyjmując domowej roboty ćwiczenia ze starego pudełka po butach.

Różowa okładka zeszytu do nauki alfabetu z czasem spłowiała i dziś jest liliowa. Zeszyt z narysowanymi zegarami służył do nauki odczytywania godziny. Kolorowanka pokazywała jabłko w kolorze *rojo* i balon w kolorze *azul*. Maria, z pochodzenia Portorykanka, uczyła dzieci hiszpańskiego.

Zrobiła kalendarze ścienne, żeby Kim i Emanuel poznali liczby i nauczyli się zapisywać daty. Oceniała prace domowe, które zadawała im, kiedy mieli dwa, trzy i cztery lata. W zeszycie zatytułowanym *Informacje o mnie*, który Kim wypełniła jako czterolatka, znalazła się deklaracja: „Kiedy dorosnę, chcę zostać lekarzem". Na lodówce pod magnesem w kształcie serca tkwi list potwierdzający, że Kim dostała się na Harvard. Obok wiszą modlitwy po hiszpańsku, które przypominają rodzinie, że „Pan nas strzeże". Ale Marii nie trzeba o tym przypominać.

W niemal każde zdanie wplata zwrot „dzięki Bogu". Gdyby nie dwójka dzieci i wiara w Boga, Maria uważałaby się za biedną kobietę. W jaki sposób ta samotna matka, korzystająca z pomocy społecznej i kuponów żywnościowych, wychowała przyszłą studentkę Harvardu?

Kim miała dostęp do tych samych nauczycieli, książek i sal lekcyjnych co dzieci, które rzucają szkołę. Na czym polega różnica? Priorytetem Marii były jej dzieci. Nie randki. Nie narkotyki. Nie błyskotki. Nie telewizja. Nie narzekanie na szkołę. Nie użalanie się nad sobą.

Maria poświęcała się dzieciom w stu procentach. Co tydzień zabierała je do biblioteki, a nie do centrum handlowego. Wspólnie znosili do domu dwadzieścia książek naraz. Ona czytała im, oni czytali jej, a potem czytali bibliotekarce. Dzięki Marii nauka była zabawą. Kiedy czytali książeczkę *Zielone jajka i szynka*, zabarwiła dla nich jajka na zielono. Kiedy Emanuel szedł do przedszkola, miał na koncie sto piętnaście przeczytanych książek. Kiedy miał trzy lata, poznał już całą Biblię – po hiszpańsku. Dzieci tak lubiły czytać, że kiedy Kim była niegrzeczna, mama groziła, że odbierze jej książki.

Gdy jej niepełnosprawny mąż nie mógł dłużej pracować, Maria została w domu, żeby się nim opiekować. Po rozwodzie zarabiała 4,25 dolara na godzinę w sklepie z używaną odzieżą, sortując ubrania po innych ludziach, aż robiło jej się niedobrze od kurzu i brudu. Kupowała dzieciom najładniejsze ubranka z tego sklepu. Któregoś lata Kim zarobiła więcej pieniędzy niż jej mama. Kiedy chciała oddać je Marii, ta odmówiła. Maria odkładała każdego dolara ze zwrotów podatku, dopóki nie uzbierała siedmiu tysięcy dolarów na zaliczkę na dom. Nigdy nie poszła na studia. Wykonując pośledne prace, oszczędziła dość pieniędzy, żeby spłacić swój dom warty 15 tysięcy dolarów. Mimo że jej dzieci dostały stypendia na studia, podjęły pracę i chciały jej pomóc.

– Bóg nie nagradza bezczynności – uczyła je Maria. – Ty rób swoje, a Bóg zrobi swoje.

Po rozwodzie uznała Boga za swojego partnera. Jej dom stoi w nienajlepszej okolicy. Nazywa ją gettem. Kiedyś włamywacz ukradł jej radio i aparat fotograficzny. Obok mieszkał handlarz narkotyków, dopóki Maria nie wymodliła, żeby się wyprowadził. Ściany swojego maleńkiego domu okleiła inspirującymi hasłami: *A Dios sea la gloria*. Chwała Bogu. Nie przestała Mu ufać nawet wtedy, gdy przez drzwi wejściowe włamał się złodziej, ani kiedy następny wszedł przez okno z tyłu domu. Spała razem z Kim, chcąc chronić córkę.

– Ufam Bogu całym sercem, cały czas – powiedziała mi Maria.

Przed snem modliła się na kolanach za swoje dzieci, żeby ich zajęcia nie były za trudne i by znalazły dobrych przyjaciół. Siedziała przy stole kuchennym i pisała im motywujące liściki. Różowy notes w kształcie kotka był dla Kim, niebieski dla Emanuela. Przez telefon zachęcała ich, żeby ciężko pracowały i dobrze się bawiły.

Maria nigdy nie uważała się za samotną matkę.

– Głową mojego domu jest Bóg – powiedziała.

W przedpokoju położyła linoleum. Salon udekorowała zdjęciami Kim i Emanuela, a nad swoim łóżkiem przykleiła kolaż z ich fotografii, żeby śnić o nowym życiu swoich dzieci na studiach. Kim poszła na Harvard; Emanuel za wyniki w nauce dostał pełne stypendium na Uniwersytecie Stanowym Ohio.

Maria wie, że nie ma czegoś takiego jak samotny rodzic. W liceum doradcy zawodowi pomogli Kim dostać się na zajęcia, których potrzebowała. Nauczycielka z pobliskiej prywatnej szkoły pomogła jej zapisać się na praktyki. Dzięki absolwentowi Uniwersytetu Harvarda mówiącemu płynnie po hiszpańsku Maria była spokojna, posyłając tam Kim. Szkolny doradca pomógł znaleźć odpowiednie stypendia.

Kim wie, że bez mamy nie byłoby to możliwe.

– Zrobiłaby dla nas wszystko – powiedziała mi. – Jesteśmy całym jej światem, całym kosmosem.

Po wizycie na Harvardzie Kim rzekła do swojego doradcy zawodowego:

– Wiem, że będę mogła zapewnić mamie wspaniałe życie.

Jej mama powiedziałaby, że już ma wspaniałe życie.

Cztery lata po tym, jak poznałam Marię, Kim uzyskała dyplom psychologa na Uniwersytecie Harvarda. Trzy dni później Emanuel zdobył dyplom informatyka na Uniwersytecie Stanowym Ohio. Z tej okazji Maria kupiła im w sklepie z używaną odzieżą specjalne prezenty i zapakowała je w ozdobne torebki. Dwa zaproszenia na uroczystość rozdania dyplomów stały oparte o mikrofalówkę tak, żeby widziała je każdego dnia.

Uniwersytet Stanowy Ohio.

Uniwersytet Harvarda.

Przycisnęła zaproszenia do piersi.

– Moje serce wypełnia szczęście. Kocham moje dzieci.

Od tego się wszystko zaczyna.

Lekcja 39

To, o czym myślisz, staje się prawdą

Uwielbiam nalepkę na zderzak, która głosi: „Nie wierz we wszystko, co pomyślisz".

W moim mózgu czasem lęgną się straszne bzdury. Wydumane lęki. Urazy. Dramaty.

Jest jak kino, które w niektóre dni wyświetla najgorsze filmy klasy B.

Mój przyjaciel Aaron, zdrowiejący alkoholik, wygłosił kiedyś głęboką refleksję:

– Mój mózg próbuje mnie zabić.

Roześmiałam się, ale potem zdałam sobie sprawę, że mnie również to dotyczy.

Wyobraź sobie, że możesz nagrać wszystkie swoje myśli i odtworzyć je ponownie. Nie przyjaźniłabym się z kimś, kto ma o mnie tak negatywną opinię. Albo, jak powiedział inny przyjaciel z AA:

– Muszę eksmitować tych, którzy mieszkają kątem w mojej głowie.

Kiedy wyeksmitujesz te myśli, będziesz mógł zaprosić nowe.

Wspaniale byłoby móc spojrzeć na własne myśli z pewnego dystansu. Podoba mi się przyrząd z książek o Harrym Potterze, który pozwala zgrać zawartość swojego mózgu i zobaczyć mgławicę myśli i wspomnień zaśmiecających umysł. Nazywa się to myślodsiewnia i wygląda jak ogromna, płytka misa z kamienia. Ten fikcyjny przyrząd służy do odsiewania wspomnień lub nadmiaru myśli. Później można im się przyjrzeć z perspektywy obserwatora i zobaczyć rozmaite wzory, powiązania i nawyki, które obciążają umysł albo go uwalniają.

Myśli, które mnie dręczą, zwykle wynikają z braku wiary w siebie. Kto z nas nie czuje się w środku jak nieudacznik? Okazuje się, że z tym problemem boryka się wiele osób. Czytałam kiedyś artykuł w „Wall Street Journal" o zjadliwych komentarzach, który słyszymy we własnej głowie. Uderzył mnie jego nagłówek: „Jak uciszyć głos, który ci mówi, że jesteś oszustem".

Wielu z nas nosi w sobie pasożyta, krytyka wewnętrznego, współlokatora pozbawionego dobrych manier. Nawet ci, którzy w oczach świata odnoszą sukcesy – lekarze, menedżerowie i naukowcy – zmagają się z niemilknącym wewnętrznym głosem, który powtarza im, że nie są dość dobrzy.

Czy kobiety cierpią na ten problem częściej niż mężczyźni? Trudno powiedzieć. Ja sama za dużo myślę, podobnie jak większość znanych mi kobiet. Większość moich znajomych mężczyzn ma coś w rodzaju wyłącznika. Jeśli tuż przed snem usłyszą złą wiadomość, martwią się nią dwie minuty, a potem mówią sobie „dobranoc" i śpią w najlepsze. Tymczasem ich żony przewracają się z boku na bok przez pół nocy, roztrząsając konsekwencje.

Faceci chowają się do swojej jaskini, żeby mieć święty spokój. Może nie słyszą w głowie żadnych głosów, tylko uciekają przed tym, co wylewa się z naszych ust. Rzadko wiem, o czym myślą mężczyźni. Kiedy pytam o to mojego męża albo synów, zwykle odpowiadają: „O niczym".

Nie wszyscy mężczyźni są tacy. Spotkałam kilku, którzy niemiłosiernie cierpią. Mój przyjaciel Rob codziennie wybiera się na spacer ze swoimi wątpliwościami i krytykuje się za wszystkie błędy oraz niedoskonałości, które w sobie dostrzega. Nazywa to „codzienną drogą przez mgłę".

Podobnie jak mózg Roba, mój też produkuje mnóstwo idiotycznych myśli. Nie potrafię znaleźć wyłącznika, ale przynajmniej uczę się ściszać samokrytykę. Musiałam coś zmienić po tym, jak zdobyłam maksymalną liczbę punktów w teście „Wall Street Journal", który sprawdzał, jak krytycznie do siebie podchodzę. Na skali dysfunkcjonalnego podejścia zakwalifikowałam się do kategorii „wysoki poziom samokrytyki i perfekcjonizmu".

Stale mi się wydaje, że ludzie źle o mnie pomyślą, jeśli popełnię jakiś błąd. Tymczasem oni z dużym prawdopodobieństwem wcale o mnie nie myślą. Z drugiej strony jestem felietonistką w gazecie, więc czytelnicy, którzy się ze mną nie zgadzają, nagrywają mi całe tyrady na poczcie głosowej i zostawiają złośliwe komentarze na moim blogu, dlatego czasem niełatwo mi uwolnić się od negatywnych myśli.

Próbowałam zastąpić je myślami pozytywnymi. Przyklejałam sobie afirmacje w szafce w łazience i czytałam je co rano. Ale wszystko się zmieniło dopiero wtedy, gdy zrozumiałam, że moje myśli tworzą moją rzeczywistość. Jaką rzeczywistość chcesz dla siebie stworzyć? Przerażającą? Przyjazną? Radosną? Smutną?

Często robię sobie chwilę przerwy, żeby odpowiedzieć na pytanie: „Czy chcesz być szczęśliwa?". A potem mówię sama do siebie: „W takim razie myśl i zachowuj się, jakbyś była szczęśliwa".

A jak eksmitować wewnętrznego krytyka?

Pomogły mi w tym wskazówki doradców oraz terapeutów, do których chodziłam przez wiele lat, a także przyjaciół z grupy dwunastu kroków i autorów inspirujących książek:

Prowadź dziennik i rejestruj swoje myśli. Po kilku tygodniach przeczytaj wszystko i sprawdź, jakie nawyki cię ograniczają. A potem zastanów się, jak je przełamać dzięki nowym myślom i działaniom.

Ćwicz pozbywanie się negatywnych myśli, gdy tylko się pojawią i uznasz je za niezdrowe. Mnie pomaga noszenie w kieszeni fiszki z jedną pozytywną myślą na zapas, którą wykorzystuję jako „myśl zastępczą". Czytam ją i powtarzam sobie raz po raz, kiedy zaczyna mnie ogarniać zwątpienie. Wpuszczam do umysłu pozytywną myśl, a negatywną z niego wyrzucam.

Skup się na tym, jak możesz wesprzeć innych. Kiedy nie wiesz, co robić, pomóż komuś innemu i przestań myśleć o sobie.

Odwracaj swoją uwagę od uporczywych myśli. Za każdym razem, kiedy zrozumiesz, że się zadręczasz, powiedz sobie coś, co cię rozluźni i odwróci twoją uwagę od zmartwień. Użyj słów, które oderwą cię od negatywnych myśli – na przykład: deser lodowy, słoneczniki, wakacje.

Przeznacz pół godziny dziennie na to, by się pozamartwiać. Wybierz konkretny moment i przez resztę dnia przypominaj sobie: „To nie jest na to czas", i odkładaj te myśli na bok.

Pod koniec każdego tygodnia spisuj wszystkie małe sukcesy, zwycięstwa i szczęścia – i rozkoszuj się nimi.

Pomogły mi również rady przyjaciół należących do klubu AA. Stale mi powtarzają, żebym kontrolowała swoje myśli, żebym nie wierzyła we wszystko, co mi przyjdzie do głowy, tylko zastanowiła się, co jest źródłem każdej refleksji: prawda czy fałsz. Nauczyłam się zadawać sobie pytania:

„Czy ta myśl to prawda, czy może jakiś wymysł, który mnie przeraża?"

„Czy istnieją solidne dowody, że to prawda? Czy trzymanie się tej myśli wzbogaca mnie, czy zubaża?"

„Czy myśląc w ten sposób, zwiększam czy zmniejszam swoją szansę na szczęśliwe, radosne życie w wolności?"

„Czy myśląc w ten sposób, zbliżam się do radości, której dla siebie pragnę, czy oddalam od niej?"

Pyk. Pyk. Pyk. Te pytania przebijają każdą bańkę z negatywnymi myślami, która pojawia się w mojej głowie.

Możesz się z tego śmiać, ale lepiej najpierw sam tego spróbuj.

Czasami nadal zmagam się z przekonaniem, że nie jestem wystarczająco dobra. Pewnego lata modliłam się na plaży o to, żeby raz na zawsze uwolnić się od tej myśli. Wbiłam wzrok w horyzont i zapytałam:

– Kiedy w końcu uwierzę, że jestem dość dobra? Jak się wyleczyć z tego kompleksu?

Odpowiedź była błyskawiczna i dość głośna, by przebić się przez szum fal: „Pomagając innym uwierzyć, że są dość dobrzy".

Bingo. Nawet mój krytyk wewnętrzny nie miał żadnych zastrzeżeń.

Lekcja 40

Mierz wyżej

Bonnie St. John w wieku pięciu lat w wyniku choroby kości straciła prawą nogę.

Śmieje się, że jest jednonogą Afroamerykanką z San Diego, która bez pieniędzy – i bez śniegu – postanowiła zacząć jeździć na nartach.

Jako czarna kobieta z jedną nogą napotkała w życiu więcej przeszkód niż większość z nas. W dzieciństwie była molestowana seksualnie. Wychowała się w dysfunkcyjnej rodzinie. Przetrwała rozwód oraz dyskryminację rasową i płciową, a do tego szła przez życie na protezie nogi. Poznałam Bonnie na konferencji w Worcester w stanie Massachusetts. Ja byłam głównym prelegentem podczas sesji przedpołudniowej, ona – popołudniowej.

Miała na sobie spódnicę i buty na najwyższym obcasie, na jaki mogła sobie pozwolić z tytanową nogą. Spodobało mi się, że nie próbuje ukryć swojej protezy.

– Chcecie zobaczyć cud? – zapytała widownię.

Przeszła przez scenę.

Publiczność zgotowała jej owację na stojąco.

Bonnie często odwiedza pacjentów w szpitalu i przemawia przed ludźmi, którzy muszą się zmierzyć z przeszkodami na pozór nie do pokonania, jak kiedyś ona sama. Poznała matkę, której trzynastoletni syn miał ciężko poparzone twarz i ręce. Kobieta spojrzała na Bonnie i zapytała:

– Czy mój syn kiedykolwiek będzie miał normalne życie?

Spodziewałam się, że Bonnie przytaknie: „Tak, oczywiście". Zaszokowała mnie jej odpowiedź.

– Nie – odparła. – Powinien mierzyć wyżej.

Ona tak zrobiła.

Kiedy przestała próbować zasłonić swoją protezę, kiedy przestała żałować, że nie jest taka sama jak wszyscy, kiedy zrozumiała, że normalność jest przereklamowana, odważyła się marzyć o czymś więcej niż normalne życie – i osiągnęła to.

Ta mała dziewczynka, której amputowano nogę, została pierwszą Afroamerykanką z medalem olimpijskim w narciarstwie alpejskim. Zdobyła jeden srebrny oraz dwa brązowe medale na paraolimpiadzie w Austrii w 1984 roku.

Sport nie był jej jedyną ambicją. Ukończyła z wyróżnieniem Uniwersytet Harvarda. Zdobyła stypendium Rhodesa i dostała się na Uniwersytet Oksfordzki. Zasiadała w Narodowej Radzie Gospodarczej prezydenta Billa Clintona.

Jej celem jest szerzyć radość. Zachęca ludzi, żeby cieszyli się tą radością, którą już mają. Nie wierzy w zwykłe listy rzeczy do załatwienia. Ona robi listę emocji, które trzeba poczuć, i wpisuje na nią radość.

Jest pisarką, coachem biznesowym i mówcą motywacyjnym. Fragment jej przemówienia trafił na kubki w kawiarniach Starbucks w całym kraju: „Miałam przewagę w slalomie. Ale podczas drugiego zjazdu wszyscy przewracali się w niebezpiecznym miejscu. Pokonała mnie kobieta, która podniosła się szybciej niż ja. Nauczyłam się, że ludzie upadają, ale zwycięzcy się podnoszą, a złoci medaliści po prostu podnoszą się szybciej".

Jakie wspaniałe podejście do życia. Wszyscy przeżywają upadki. Zwycięzcą jest ten, kto szybciej się podniesie i ruszy dalej.

Tak wielu z nas, łącznie ze mną, chce odzyskać normalne życie po tym, jak doznamy upadku, gdy życie podstawi nam nogę. Kiedy miałam czterdzieści jeden lat, zdiagnozowano u mnie raka piersi. Od tamtej pory stale czekałam, aż wszystko wróci do normalności. Myślałam, że wystarczy przetrwać operację, chemioterapię, naświetlania. Tymczasem dostałam nową normalność. Lepszą.

Przez leczenie musiałam zwolnić tempo. Uporządkować swoje priorytety. Powiedzieć „nie" temu, co nie jest życiem. Powiedzieć „tak" temu, co nim jest.

Rak zmusił mnie, żebym mierzyła wyżej. Blizny po podwójnej mastektomii przypominają mi codziennie, żebym mówiła życiu „tak": pisała książki, które zawsze chciałam napisać, spędzała czas z ludźmi, których kocham najbardziej, dostrzegała radość w każdym momencie każdego dnia.

Otaczają nas ludzie, którzy nie zadowalają się normalnością. Wiele lat temu przeprowadziłam wywiad z mężczyzną, który stracił rękę w wypadku w pracy. Kiedy taki człowiek jak Ralph Colon traci rękę, traci znacznie więcej niż pięć palców. Ralph przez dwadzieścia osiem lat pracował w firmie Cardinal Fasteners & Specialties na przedmieściach Cleveland. Obsługiwał maszynę kuźniczą do produkcji ogromnych śrub o wadze do czterdziestu kilogramów. Tego dnia musiał coś szybko poprawić. Kiedy wsunął dłoń do maszyny, ktoś przypadkowo nacisnął pedał zwalniający sprzęgło. Ralph wyszarpnął rękę, ale było już za późno.

Maszyna zmiażdżyła mu lewą dłoń.

Krew lała się strumieniami. Helikopter medyczny przetransportował go do najbliższego centrum urazowego. Wszystkie palce były martwe. Lekarze próbowali uratować mu kciuk, ale się nie udało.

Pierwszy rok po wypadku?

– Musiałem przejść straszliwą drogę – rzekł Ralph.

Amputacja odebrała mu poczucie męskości. Bardzo długo czuł się niepełnowartościowym mężczyzną. Dręczyła go jedna myśl: „Do czego ja się jeszcze nadaję?".

Nie był typem człowieka, który chodzi do terapeuty, nie łykał nawet aspiryny. Ale gdyby nie terapeuci i leki antydepresyjne, nie przeżyłby tego.

– Zastrzeliłbym się – wyznał.

Ralph zawsze pracował rękami. Naprawiał hamulce w samochodzie, znał się na elektryce i hydraulice – kochał ciężką pracę.

Teraz usłyszał od prawnika, że może się utrzymywać z zasiłku dla niepełnosprawnych. Inni radzili, żeby żył z odszkodowania.

Ralph postanowił mierzyć wyżej i sięgnąć po pełnię życia. Założył własną firmę dostawczą. Nazwał ją R.L.C. Star Services.

R jak Ralph.

L jak Luana, jego żona, jego opoka.

C jak Colon.

I Star*, ponieważ gdy patrzy w oczy Luany, widzi w nich „gwiazdę zatopioną w błękicie". Żona trwała przy nim wtedy, gdy przytłoczony rozpaczą był bliski załamania.

Dziś Ralph ma bioniczną dłoń. Potrafi podnieść puszkę z napojem, ale niekiedy dłoń zaciska się i rozluźnia wbrew jego woli. Cieszy się, że żyje, ale nadal zdarzają się dni, kiedy jest mu ciężko.

– Są takie dni – przyznał. – Od czasu do czasu czuję się nic niewart.

Wówczas siada przy swoim akwarium i patrzy na rybki, dopóki złe myśli nie odpłyną. Przez pewien czas był zły na Boga. Złość już minęła.

– Zawsze szukałem wyzwania. Najwyraźniej Bóg mi je zesłał. – Roześmiał się.

Wreszcie znów może grać w bilard, jeździć na motocyklu i prowadzić ciężarówkę.

– Zbyt łatwo jest się poddać. Zbyt łatwo! – powtórzył. – Trzeba znaleźć sposób, żeby się udało. Czasem

* z ang. gwiazda

trzeba spróbować dziesięć razy. Po prostu muszę dłużej się starać, żeby osiągnąć to, czego chcę.

Dziś, gdy jego firma odniosła sukces, Ralph lubi opowiadać ludziom o szczycie, na który się wspiął, i jaki rozciąga się z niego widok. Ma dla wszystkich jedną radę: „Bądź silny. Nie bój się zacząć działać z tym, co masz".

Nie bój się mierzyć wyżej.

Lekcja 41

Spełnij czyjeś marzenie

Nigdy nie jest za późno, żeby odmienić czyjś los. Sześćdziesiąt lat temu Leonard Czartoryski miał zaplanowane całe życie. Zamierzał zostać dentystą.

Podczas II wojny światowej trzy lata służył w marynarce wojennej jako strzelec samolotowy, a potem wrócił do domu i dzięki ustawie o prawach żołnierskich poszedł na studia. Zapisał się na Uniwersytet John Carroll latem 1946 roku. Jego żona Joanne wychowywała czwórkę dzieci, a on pracował za dnia i studiował wieczorami.

Kiedy aplikował do szkół dentystycznych, narzekano na jego skomplikowane nazwisko. Czartoryski brzmiało zbyt obco. Bo kto umówiłby się na wizytę do polskiego dentysty? Przeszkadzały mu te docinki, ale go nie powstrzymały.

Kupił sobie pierścień upamiętniający zakończenie studiów przez rocznik 1956. Lśniący złocisty krążek miał wygrawerowany napis „John Carroll University". Leonard nosił go z dumą, mimo że na ukończenie wszystkich zajęć musiał przecież jeszcze poczekać.

Wreszcie złożył ostatnią pracę i został mu do zaliczenia jeden egzamin. W dniu testu w Cleveland rozszalała się śnieżyca i Leonard nie mógł dotrzeć na uczelnię. Zaspy były zbyt głębokie, a wiatr – za silny. Egzaminator nie uwierzył w wyjaśnienia studenta, śmiał się z jego polskich korzeni, a na koniec zawyrokował, że Leonard musi powtórzyć cały kurs.

Leonard nie mógł się z tym pogodzić.

Nie należał do ludzi, którzy zakwestionowaliby autorytet nauczyciela. Był rok 1956, dzieci imigrantów godziły się na swój los. Zrezygnowany Leonard rzucił studia.

Zdjął swój pierścień. Zmienił nawet nazwisko i z Czartoryskiego stał się Cartorem, żeby ochronić swoje dzieci przed uprzedzeniami, na które byłyby narażone, nosząc tak nacechowane etnicznie nazwisko.

Przez kolejnych trzydzieści lat Leonard pracował w firmie Lincoln Electric.

Wychował trzech synów i córkę. Dorastając, jego dzieci słuchały historii o tym, jak tata prawie ukończył studia.

W 1985 roku przeszedł na emeryturę i przeprowadził się do Port Charlotte na Florydzie. Miał osiemdziesiąt pięć lat, ale wciąż nie dawało mu spokoju niespełnione marzenie.

Któregoś dnia jego syn, Tom, opowiedział historię o nieukończonych studiach taty swojej przyjaciółce, Margaret Lahner. Jego opowieść tak ją poruszyła, że napisała do Roberta Niehoffa, rektora Uniwersytetu John Carroll, i poprosiła uczelnię o przyznanie panu Cartorowi doktoratu *honoris causa*.

Tom nie powiedział o tym tacie. Nie chciał mu robić nadziei.

Leonard nie zaliczył wszystkich zajęć potrzebnych do uzyskania dyplomu studiów medycznych, ale Beth Martin, zastępczyni dziekana wydziału nauk humanistycznych i ścisłych, porównała jego indeks z katalogami z lat 1949–1956 i odkryła, że Leonard mógł zdobyć dyplom z socjologii.

Tom zadzwonił do mamy. Nie chciał mówić o tym tacie przez telefon. Bał się, że wstrząs wywoła u niego drugi atak serca.

Kiedy powiedział: „Uniwersytet John Carroll chce dać tacie dyplom", jego mama się rozpłakała. Gdy Leonard usłyszał tę wspaniałą nowinę, zaniemówił z wrażenia. Poszedł do sypialni i otworzył kasetkę z biżuterią. Przez chwilę szperał w stosie spinek do mankietów i szpilek do krawata, prezentów z okazji dziesięciolecia, dwudziestolecia i trzydziestolecia pracy w Lincoln Electric. Wreszcie znalazł to, czego szukał.

Złocisty pierścień wciąż lśnił.

Nie pasował już na jego palec serdeczny. Po latach zwijania przewodów Leonard miał spuchnięte dłonie o stwardniałej skórze. Dlatego wsunął pierścień na mały palec.

Tamtej wiosny, gdy dziewięciuset dziewięćdziesięciu absolwentów ustawiło się w kolejce po dyplom, Leonarda nie było wśród nich. Musiał przyjmować tlen i był zbyt słaby, żeby podróżować. Ale gdy wyczytano „Leonard N. Cartor", w sekcji dla gości specjalnych na scenie wstał jego syn Rick.

Leonard w końcu zdobył dyplom, na który zasłużył ponad pięćdziesiąt lat wcześniej. Mając osiemdziesiąt pięć lat, został absolwentem studiów wyższych.

Usłyszano o nim nie tylko na Uniwersytecie John Carroll. Jego historię poznała także inna grupa absolwentów.

Denise San Antonio Zeman, przewodnicząca i dyrektor naczelna Fundacji św. Łukasza, przeczytała mój felieton o spełnionym marzeniu Leonarda. Po tej lekturze postanowiła zmienić swoje przemówienie z okazji wręczenia dyplomów w Szkole Medycyny Dentystycznej na Uniwersytecie Case Western Reserve. Opowiedziała rocznikowi 2009, studentom, którzy właśnie zdobyli tytuł doktora nauk medycznych w zakresie stomatologii, o Leonardzie Czartoryskim oraz jego niespełnionym marzeniu sprzed sześćdziesięciu trzech lat o zostaniu dentystą.

Denise streściła drogę, jaką przebył Leonard – od służby wojskowej podczas II wojny światowej, przez studia wieczorowe na Uniwersytecie John Carroll, aż po burzę śnieżną i drwiny z jego nazwiska. Powiedziała absolwentom, że ciężko pracował i wychował czworo dzieci, ale nigdy nie spełnił swojego marzenia.

Bliscy Leonarda płakali, gdy dowiedzieli się, że każdy absolwent na progu spełnienia swoich ambicji o karierze dentysty usłyszał o ich ojcu.

Denise powiedziała absolwentom:

> Dzisiaj, kiedy wy zdobywacie dyplomy dentystów, syn Leonarda odbiera dyplom Uniwersytetu John Carroll w imieniu swojego ojca, który jest za słaby na podróż.

> Leonard Cartor ma zbyt spuchnięty palec serdeczny, by wsunąć na niego swój uniwersytecki pierścień, ale nosi go z dumą na małym palcu.
>
> Proszę was, rocznik 2009, studentów, którzy spełnili swoje marzenie o byciu dentystą, żebyście przez chwilę zastanowili się nad historią Leonarda Czartoryskiego – historią człowieka, który marzył, żeby stanąć tu, gdzie dziś stoicie, człowieka, którego życie rzuciło w innym kierunku, a który mimo wszystko dziś spełni swoje marzenie i zdobędzie dyplom studiów wyższych.

Denise powiedziała absolwentom, że każdy, kogo spotkali przez ostatnie cztery lata, pojawił się na ich drodze z jakiegoś powodu, może na chwilę, a może na całe życie:

> Być może niektórzy ludzie, których spotkaliście podczas tej podróży, mieli was nauczyć czegoś istotnego. A może to wy znaleźliście się w ich życiu z ważnego powodu. Może ulżyliście w bólu jednemu z pacjentów kliniki albo wywarliście wpływ na jakieś dziecko, wręczając mu pierwszą szczoteczkę do zębów.
>
> Mam nadzieję, że gdy ktoś poprosi was o pomoc, będziecie pamiętać, że to wasza szansa, żeby znaleźć się w jego życiu z jakiegoś powodu.

Leonard nie został dentystą, ale udało mu się zmienić zakończenie własnej historii. I pojawił się też na początku czyjejś drogi – może na chwilę, a może na całe życie.

Lekcja 42

Triage

Konkurs ekip ambulansów rozpoczął się, gdy każdy zespół dostał kartkę z opisem sytuacji, z jaką mieliśmy się zaraz zmierzyć:

> Wasza jednostka zostaje wezwana na miejsce wypadku samochodowego o 15.30 w sobotę. Temperatura wynosi 1°C, a śnieg zamienił się w deszcz. Kiedy dojeżdżacie na miejsce wypadku, widzicie, że jeden z samochodów wjechał w słup, rozbijając bak, z którego wylała się benzyna. Silnik rzęzi. Wokół zbiera się tłum gapiów, a wy podchodzicie do samochodu i widzicie, że przednia szyba od strony pasażera jest pęknięta.
>
> Ofiara numer jeden, prowadzący pojazd, leży na kierownicy. Przez nos aż do policzka biegnie mu głęboka rana szarpana, która umiarkowanie krwawi. Ofiara jest półprzytomna, prawą nogę ma mocno wykręconą w kostce i intensywnie krwawi z tego miejsca. Podczas udzielania pomocy ofiara sprawia wrażenie, jakby chciała coś powiedzieć.

Ofiara numer dwa, pasażer, jest nieprzytomna i leży oparta o prawe drzwi samochodu. Na linii włosów ma mniej więcej dziesięciocentymetrową, mocno krwawiącą ranę ciętą. Oba nadgarstki wykręcone.

Czas start!

Nasz zespół ruszył do dzieła, próbując pomóc symulującym ofiarom, leżącym na podłodze w sali gimnastycznej. Szybko przeprowadziliśmy *triage* i zdecydowaliśmy, co trzeba zrobić najpilniej.

Zatamować krwawienie u ofiar poprzez bezpośredni ucisk. Wyłączyć silnik samochodu, ostrzec gapiów, żeby nie palili papierosów, wezwać policję i straż pożarną. Poszukać innych obrażeń. Sprawdzić, czy ofiary nie mają opasek z informacjami medycznymi. Zapobiec wystąpieniu wstrząsu pourazowego u obu ofiar. Unieruchomić je na czas transportu, biorąc pod uwagę możliwe urazy głowy, szyi i pleców. Usztywnić nadgarstki ofierze numer dwa.

Wygraliśmy tamte stanowe mistrzostwa ekip ratunkowych w 1977 roku. Byłam wtedy technikiem ratownictwa medycznego w Ochotniczej Służbie Ratunkowej Uniwersytetu Kent State, a rywalizowaliśmy w konkursie pierwszej pomocy z drużynami z całego kraju. Pracowałam też w domu pogrzebowym, który pełnił funkcję pogotowia w moim rodzinnym miasteczku, kiedy takie usługi świadczyły jeszcze domy pogrzebowe, a nie straż pożarna.

Oprócz zasad pierwszej pomocy kurs na certyfikowanego technika ratownictwa medycznego nauczył mnie, jak wyznaczać priorytety w innych dziedzinach życia. Instruktorzy wbijali nam do głowy jedno słowo: *triage.*

Triage to metoda ustalania kolejności pomocy pacjentom na podstawie stopnia ich obrażeń. Nie można zająć się wszystkimi jednocześnie, dlatego *triage* pozwala podzielić ofiary na kategorie i zadecydować o porządku działania. Nazwa pochodzi od francuskiego słowa *trier*, które oznacza „sortować" albo „wybierać". Ten system klasyfikacji rannych stworzyli francuscy lekarze polowi podczas I wojny światowej.

Kiedy docierasz na miejsce wypadku, nie zajmujesz się tym, kto najgłośniej krzyczy, najmocniej krwawi albo najbardziej narzeka. Najpierw błyskawicznie dokonujesz oceny sytuacji i podchodzisz do ofiary w najcięższym stanie. Czy wyczuwasz u niej tętno? Czy oddycha? Problemy z sercem i drogami oddechowymi mają pierwszeństwo przed złamaniami i krwotokiem. Możesz to porównać do sytuacji w domu, gdy wszyscy członkowie rodziny równocześnie domagają się twojego czasu i uwagi.

Uczyliśmy się, że najważniejsze są drożne drogi oddechowe, oddech i krążenie. W pierwszej kolejności obrażenia zagrażające życiu, potem ratowanie kończyn, a później cała reszta. Ćwiczyliśmy procedury stosowane w razie wypadków masowych, gdy trzeba szybko ocenić, kogo da się uratować, a kogo nie, kto potrzebuje natychmiastowej opieki i przewiezienia do szpitala, a kto będzie musiał poczekać.

Na samym początku jesteś przytłoczony. Od czego zacząć? Wyszukujesz osoby, którymi trzeba zająć się najszybciej, którym natychmiastowa pomoc medyczna może uratować życie. Starasz się nie zwracać uwagi na powagę i dramatyzm sytuacji. Każdą ofiarę zaliczasz do odpowiedniej kategorii.

Pierwszeństwo mają ofiary potrzebujące pilnej i natychmiastowej pomocy – inaczej stracą życie albo kończynę. Wymagają resuscytacji krążeniowo-oddechowej albo operacji i muszą zostać przetransportowane do szpitala w pierwszej kolejności. Stawką jest ich życie, więc trzeba jak najszybciej ustabilizować ich stan i zabrać je z miejsca wypadku.

Ofiary o wysokim priorytecie są w lepszym stanie, ale powinny znaleźć się pod obserwacją i w ciągu kilku godzin otrzymać pomoc medyczną, bo inaczej trafią do pierwszej grupy.

Ofiary, które nie wymagają pilnej pomocy mogą poczekać na lekarza, a często nie muszą w ogóle trafić na ostry dyżur.

Ideę *triage* można wdrażać również w innych okolicznościach. Kiedyś widziałam, jak wykładowczyni tą właśnie metodą opanowuje sytuację w sali.

– Rękę podnoszą tylko te osoby, które krwawią lub zajęły się ogniem. Wszystko inne może poczekać – oświadczyła studentom.

Ktoś podniósł rękę.

– Krwawisz czy zająłeś się ogniem? – zapytała nauczycielka. Uczeń opuścił rękę.

Stosuję koncepcję *triage*, żeby utrzymać w życiu równowagę. Kiedy znajdę się w nowej sytuacji, daję sobie chwilę na ocenę, w oparciu o swój stan wewnętrzny i okoliczności zewnętrzne, co mogę zrobić, a co wykracza poza moje możliwości. Wszystko zależy od tego, jaki akurat mam dzień, oraz czy wewnątrz i na zewnątrz mnie panuje chaos, czy spokój.

Każdego dnia ustalam swoje priorytety. Kieruję się mottem: „Naprzód to, co najważniejsze". To nawiązanie do fragmentu Pisma Świętego: „Starajcie się naprzód o królestwo i o Jego sprawiedliwość, a to wszystko będzie wam dodane". Służy mi to za podpowiedź, jak przeżyć każdy dzień. Zanim oddam się bez reszty pracy, padam na kolana. Modlitwa i medytacja to dla mnie fundament. Dzięki nim potrafię przez cały dzień ocenić, co należy do moich obowiązków, a co nie.

W dni, kiedy świat ciągnie mnie w wielu różnych kierunkach jednocześnie, daję sobie moment na *triage*. Co jest najważniejsze? Pierwszeństwo ma moja relacja z Bogiem. Kolejne miejsce zajmuje zdrowie. Dalej jest moja rodzina. Moi najbliżsi przyjaciele. Moje życiowe powołanie. I wreszcie moje szersze środowisko. Jeśli nie jestem pewna, od czego zacząć, sięgam do początku listy, a nie do końca. Niektóre tygodnie mam tak wypełnione, że nie docieram do ostatniego szczebla tej hierarchii, ale nie cierpią na tym moje najważniejsze relacje.

Zrobiłam sobie nawet ogromną tarczę z kartonu, żeby łatwiej mi było zadecydować, czemu powiedzieć „tak", a czemu powiedzieć „nie". W samym środku umieściłam siebie, Boga i ludzi, których kocham najbardziej: mojego męża, dzieci i wnuka. W kolejnym okręgu znalazło się moje rodzeństwo, moja mama i najbliżsi przyjaciele. Do trzeciego zaliczyłam dalszych przyjaciół i znajomych. Ostatni krąg mieści te sprawy, których wcale nie muszę załatwić, oraz wszystko to w moim życiu, na co nie mam żadnego wpływu. Na ogół nie udaje mi się dotrzeć do ostatniego kręgu, ale to dobrze, bo mam czas zająć się najważniejszymi dla mnie ludźmi i zadaniami.

Jeśli wiesz, jak wygląda twoja tarcza, i mierzysz w dziesiątkę, nie tracisz energii na zewnętrzne kręgi, które nie są pilne ani ważne. Zamiast strzelać ze śrutówki, rozpraszając energię, używasz karabinu, celujesz w sam środek i trafiasz.

Spoglądanie na tę tarczę pomaga mi uzmysłowić sobie, że niektóre zadania nie należą do mnie. Nie mogę uratować każdego człowieka ani walczyć w każdej sprawie. W tych zewnętrznych kręgach umieszczam sprawy, które mnie dotyczą, ale na które mam niewielki wpływ, takie jak globalne ocieplenie, ratowanie wielorybów, polityka Korei Północnej.

Pozwalam sobie przestać się przejmować tym wszystkim, czego nie mogę zmienić, wszystkimi projektami, planami i ludźmi, za których nie odpowiadam. Przez chwilę obejmuję te sprawy modlitwą, a potem puszczam je wolno.

W ten sposób staję się najlepszą wersją siebie tam, gdzie jestem najbardziej potrzebna.

Lekcja 43

Święty jest ten, kto wie, jak mocno kocha go Bóg

Moja mama ma w sypialni specjalną świętą gablotkę. Na ścianie naprzeciwko jej łóżka wisi drewniana witrynka. Za szybą stoi tuzin okrągłych pudełeczek wielkości dwudziestopięciocentówki. W każdym pod warstwą szkła leżą relikwie świętych, odłamki kości nie większe niż okruszek.

Święci zajmowali w naszym domu poczesne miejsce. Naprawdę poczesne. W nocy na rodziców spoglądała ponad metrowa postać Maryi, ustawiona na cedrowym kufrze na wyprawę ślubną. Nie mam pojęcia, jak udało im się spłodzić w tym pokoju jedenaścioro dzieci.

Dorastając, czytaliśmy *Żywoty Świętych*, obowiązkową lekturę w każdym katolickim domu. Po kilku rozdziałach można się było zorientować, z czym wiąże się świętość. Nie była to pociągająca perspektywa. Świętych ścinano, palono żywcem, poddawano torturom i gwałcono. Mieliśmy wrażenie, że o kanonizację mogą ubiegać się tylko dziewice i męczennicy. Świętość wymagała nadludzkich cierpień i poświęceń.

Wszyscy nosiliśmy trzy imiona po świętych: pierwsze imię, drugie imię i imię z bierzmowania. Trzeba było mieć imię po świętym. Po narodzinach dziecka rodzice nadawali mu imię świętego, który miał być dla niego wzorem do naśladowania i pełnić rolę jego opiekuna.

Wybierając imię na bierzmowanie, wertowaliśmy tomy żywotów świętych, żeby sprawdzić, jaką śmiercią zginęli. W Szkole Niepokalanego Poczęcia zachęcano nas, żebyśmy w Halloween przebierali się za świętych. Większość dzieci przychodziła w kostiumie św. Patryka, dzierżąc laskę, którą przepędził węże, św. Franciszka w brązowej szacie przewiązanej sznurem albo św. Mikołaja w czerwonym stroju. Kilka dziewcząt próbowało się przebrać za Joannę d'Arc, ale zakonnicom nie spodobał się makijaż imitujący poparzenia.

Kryteria oceny, kto jest prawdziwym świętym, ustalał Watykan. Potrzebne były dowody w postaci cudów, przynajmniej trzech. Istnieją święci na każdą okazję, chorobę i problem. Św. Krzysztof jest patronem podróżników. Plakietkę z Krzyśkiem przyczepiało się do deski rozdzielczej.

Św. Józef jest patronem pośredników nieruchomości. Jeśli nie możesz sprzedać domu, zakop Józia do góry nogami w ogródku, a kilka dni później na trawniku pojawi się tabliczka z napisem: „Sprzedane".

Kiedy coś zginęło, wystarczyło się pomodlić do św. Antoniego, który stoi na czele kosmicznego Biura Rzeczy Znalezionych. Modliliśmy się słowami: „Święty Antoni Padewski, obywatelu niebieski, niech się spełni wola

Twoja, niech się znajdzie zguba moja". I *voilà*, torebka, portfel, banknot pięciodolarowy wracały do nas jak bumerang.

Utrata czegoś ważniejszego, na przykład rozumu, wymagała interwencji św. Judy, czyli patrona od spraw beznadziejnych.

Święci stanowili ogniwo łączące nas z Bogiem. W niebieskiej obsadzie największą gwiazdą była Maryja, królowa miłości i miłosierdzia. Prawie każdy katolik słyszał dowcip o tym, jak to niebo zaczął wypełniać tak zwany niepożądany element. Kiedy Jezus napomniał św. Piotra, kogo wpuszcza, Piotr odparł: „To nie moja wina. Odprawiam ich z kwitkiem spod Perłowej Bramy, ale Twoja matka przemyca ich od zaplecza".

Jest również znane kazanie o chłopcu, który modlił się do Jezusa o rower, ale bez skutku. Któregoś dnia zdesperowany owinął posąg Maryi w prześcieradło i schował go do szafy. Potem złożył ręce i zaczął się modlić: „Jezu, jeżeli chcesz jeszcze zobaczyć swoją matkę…".

Z czasem zrozumiałam, że świętość i aureola nie są zarezerwowane dla świętych z witraży. Wśród nas są nieoficjalni święci, ludzie, którzy po prostu kochają Boga i innych ludzi, choć nie przelali za nich krwi. Tacy jak mój wujek Johnny.

Mój wujek miał w oczach rentgen. W każdym widział Boga. Nie zdawałam sobie z tego sprawy, dopóki nie zaczęłam czytać jego codziennych e-maili. Przez wiele miesięcy dostawałam od niego e-maile z cytatami z Ewangelii. Początkowo kasowałam je bez czytania, aż w końcu któregoś dnia zjechałam kursorem niżej i odkryłam, że pod cytatem są jego osobiste refleksje.

Najmłodszy brat mojego taty nie był pompatyczny, nikogo nie nawracał, nie traktował chrześcijaństwa jak ekskluzywnego klubu. Dostrzegał świętość w tym, co zwyczajne, przeciętne, nieprzyjemne. Zamieniał problemy w przypowieści. Tak napisał o nocy, w którą zepsuł mu się piec:

Zadzwoniłem do Ricka Swana,
który już kiedyś mi pomógł,
nie było go w domu,
więc zacząłem sam rozkręcać dmuchawę,
z obawą, że o czymś zapomnę
i zostanę na noc bez ogrzewania.
Próbowałem właśnie wyjąć silnik z obudowy,
gdy zadzwonił telefon.
To był Rick, który krok po kroku
poprowadził mnie przez cały proces.
Czułem się tak, jakby Bóg stanął w pobliżu,
żebym sobie przypomniał, jakim jest mi oparciem.

Mój wujek widział odbicie Boga w swojej żonie Barbarze, w dziesięciorgu dzieci, które wychował, i w każdym mijanym nieznajomym:

Jak wszyscy zwykli wierni
wiem, co to samotność,
nieraz utknąłem w korku na autostradzie

i zmywałem z podłogi wymiociny, kiedy moje dzieci
walczyły z grypą żołądkową albo jakimś nieznanym
wirusem.
A jednak On obdarza mnie łaską, ukazuje mi swą obecność.
Często w osobie Barbary albo w postaci słońca na trzęsawisku pełnym zieleni,
albo gdy siedzę w milczeniu.
On zakłóca rytm mojego oddechu,
tajemniczym kuksańcem zachęcając, żebym szeptem
zdradził Jego obecność jakiemuś trzylatkowi
albo chłopcu, który odprowadza na miejsce wózki
w dyskoncie Marc's.

Któregoś dnia wujek przysłał w e-mailu swoją listę świętych miejsc. Wpisał na nią staw, w którym pływał jako chłopiec. Salę napraw narzędzi w fabryce czołgów Cadillaca, gdzie pracował. Centrum Onkologii w Szpitalu Uniwersyteckim. Pierwszą alejkę w dyskoncie Marc's.

Zamienił przeszłość pełną biedy w litanię wdzięczności, wspominając dobroć, jaką okazała mu akuszerka na farmie, którą mój dziadek stracił podczas wielkiego kryzysu. Dobroć pierwszej czarnej rodziny, jaką spotkał w życiu, a która przyszła na jego Pierwszą Komunię. I dobroć chłopca, który woził go na kierownicy swojego roweru na mecze koszykówki.

Dziękował nieznajomym, których nigdy nie spotkał, emigrantom, którzy zebrali banany, żeby mógł je zjeść, Chince, która uszyła parkę, żeby było mu ciepło.

Wujek Johnny był radykalnym chrześcijaninem, a to rzadkość w kulturze, która sprawiedliwość ceni wyżej niż litość i współczucie.

Kochaj swoją żonę, swoją matkę i ojca,
nauczyciela, który zanudza cię do łez, i irytującego brata,
Jak Maryja i Józef przedstawiasz Jezusowi
każdego, kogo spotykasz,
kasjerów w supermarkecie Giant Eagle, kierowców, którzy rozmawiają przez komórkę,
przyjaciół, pamięć o tych, których kochasz – choć dawno odeszli.
Jakiż to przywilej, być z Jezusem na Golgocie i nieść
Jego cudowną Bożą łaskę w nieznane.

Cudowna Boża łaska.

Przepełniała go aż do końca jego dni.

Kiedy zmarł w wieku siedemdziesięciu siedmiu lat, został złożony w bardzo dziwnej trumnie – tak głębokiej, że trzeba się było pochylić, żeby go zobaczyć. To była trumna domowej roboty. Kiedy wujek leczył się onkologicznie, razem z ciocią poznali chłopaka ze wspólnoty amiszów. Cierpiał na białaczkę i musiał jeździć do szpitala. Ciocia i wujek zabierali go samochodem na zabiegi i odwozili do domu. Rodzina chłopca zrobiła trumnę dla mojego wujka.

Brakuje mi codziennych e-maili wujka Johnny'ego, ale każdego dnia widzę jego odbicie w chłopaku, który odprowadza na miejsce wózki w dyskoncie Marc's, w kierowcach, którzy rozmawiają przez komórki, w zwykłych wiernych. Relikwie świętych są wszędzie wokół nas.

Ktoś powiedział, że świętym jest ten, kto wie, jak mocno kocha go Bóg. Jeśli to wiesz, żyjesz, nie oczekując niczego od innych; to miłość do Boga i bliźnich doprowadzona do ekstremum.

Nie musisz mieć nadludzkiej mocy, żeby być świętym. Wystarczy, że będziesz zwykłym człowiekiem. Wystarczy, że będziesz w pełni człowiekiem. Świętość nie jest przywilejem nielicznych, lecz powołaniem wielu.

Lekcja 44

Nie poddawaj się, zanim zdarzy się cud

Ta rodzina potrzebowała pomocy.

Lekarze bezradnie rozkładali ręce.

– Proszę umieścić syna w zakładzie – radzili.

Rodzina odmówiła.

Johnsowie wprowadzili się do mojego rodzinnego miasta, Ravenny w stanie Ohio, w 1969 roku. Chodziłam wtedy do ósmej klasy. Pewna kobieta z naszego kościoła dowiedziała się, że potrzebują wsparcia. Postanowiła znaleźć w mojej katolickiej szkole podstawowej grupę, która im pomoże. Zabrała więc mnie i moje szkolne koleżanki do domu Johnsonów.

Diane Plough była wrażliwa i chciała nas nauczyć, jak służyć innym. A my już i tak w jeden niedzielny poranek w miesiącu od szóstej rano do południa piekłyśmy w kościele pączki, żeby sprzedać je później na kiermaszu. Czy to było za mało?

Diane chciała, żebyśmy pomagały Tommy'emu. Chłopiec był niedorozwinięty umysłowo i fizycznie. Miałyśmy spędzać z nim sobotnie popołudnia i go „trenować".

Ćwiczenia należało wykonywać dwa razy dziennie w kilka osób. Diane przyprowadziła do Johnsów naszą piątkę.

Na początku nienawidziłam tam chodzić. To była ciężka praca, która nie przynosiła żadnych efektów. A przynajmniej żadnych widocznych efektów. Ale lubiłam Diane. Była ładna, miała płomiennorude włosy i traktowała nas jak młode kobiety, a nie dzieci z podstawówki.

Każdej soboty spędzałyśmy w piwnicy Tommy'ego długie godziny, usiłując go zmusić, by przeczołgał się przez konstrukcję ustawioną na podłodze. To był tunel zrobiony z drewna, ograniczony na górze plecionką ze sznurka, żeby chłopiec nie wydostał się na zewnątrz. Musiałyśmy go nakłonić, żeby przebył całą długość tunelu. Nie znosił tego. My też. Jęczał, stękał i szarpał za sznurki, wplątywał się w nie i walczył z nami, kiedy go uwalniałyśmy.

Piwnica wyglądała jak sala do fizjoterapii. Stały w niej różne przyrządy do ćwiczeń i rozciągania. Tommy musiał trenować rano i wieczorem. Robiło się to w pięć osób: po jednej przypadało na każdą kończynę, a ostatnia trzymała mu głowę i obracała ją na boki. Tommy leżał na stole, a my miałyśmy poruszać w odpowiednim momencie jego rękami i nogami. Wyglądało to tak, jakbyśmy uczyły go pływać w powietrzu. Żadna z nas nie chciała stać przy głowie. Tommy ślinił się, pluł i łapał nas za włosy. Musiałyśmy uważać, żeby nie zbliżyć palców do jego ust, bo mógł ugryźć. Tak przynajmniej słyszałyśmy. Potraktowałyśmy to ostrzeżenie poważnie.

Miałyśmy po trzynaście lat, a Tommy był dwa lata starszy. Wydawał się znacznie młodszy, kiedy szarpał nas za włosy, chrząkał i wymachiwał rękami i nogami. Nic nie potrafił zrobić samodzielnie, nawet usiąść, raczkować czy jeść. Ten morderczy trening na pewno był bolesny, ale musiałyśmy pomóc mu ćwiczyć mięśnie, żeby nie zanikły. Walczył z nami przy każdym ruchu.

Tommy był chudy i miał krótkie czarne włosy. Nie potrafił mówić. Umiał tylko chrząkać, płakać, śmiać się i wyć jak zwierzę. Miał dużo siły, więc trudno było poruszać rękami i nogami Tommy'ego wbrew jego woli. I on się męczył, i my. Jedyną nagrodą był dla nas koniec każdej sesji, kiedy wiedział, że już nie będziemy go męczyć. Wtedy rozluźniał się, uśmiechał i zaczynał śmiać. Wyglądał na zachwyconego naszym towarzystwem.

Przez cały ten czas nie widziałam, żeby zrobił jakiekolwiek postępy. Nic się nie zmieniało. Ale chodziłyśmy tam co tydzień, bo Diane dostrzegała w nim coś, co nam umykało.

„Jaki to ma sens?", zastanawiałam się, ale nigdy na głos. Stan Tommy'ego nie mógł się poprawić. I nie poprawił się. Nie w okresie, w którym ja z nim ćwiczyłam. Ale to doświadczenie nauczyło mnie pomagać innym. W szkole średniej, kilka lat po tym, jak przestałam ćwiczyć z Tommym, trafiłam jako wolontariuszka do Szkoły Happy Day dla dzieci dotkniętych wieloma upośledzeniami. Uczyłam dzieciaki, które musiały chodzić w kaskach, jak wymawiać litery alfabetu. Nigdy nie zapomnę chwili, kiedy zauważyłam młodego mężczyznę stojącego na drugim końcu korytarza. Wyglądał znajomo. To był Tommy.

On nie tylko stał.

On chodził. Nie mogłam w to uwierzyć.

Zdarzył się cud. Ja się poddałam, ale inni wolontariusze walczyli dalej.

Ostatecznie Tommy chodził tylko przez rok. Później zwichnął stawy biodrowe. Rodzice nie chcieli narażać go na operacje, które nie dawały gwarancji wyleczenia. Od tamtej pory porusza się na wózku inwalidzkim. Ma pięćdziesiąt lat i mieszka w domu opieki. Jego mama, Jean, codziennie go odwiedza. Tata zmarł kilka lat temu.

Jean nadal nie jest pewna, ile rozumie jej syn, ale mówi, że Tommy ma wbudowany zegar – bo wie, kiedy mama ma go odwiedzić, i denerwuje się, gdy nie przychodzi na czas. Na jej widok zaczyna się śmiać. Jean bawi się z nim zabawkami, które świecą i wydają dźwięki. Uwielbia, kiedy zadowolony nuci pod nosem.

Dopiero kilkadziesiąt lat po tym, jak pierwszy raz pojawiłam się w domu Jean, poznałam historię jej życia. Opowiedziała mi, że ich pierwsze dziecko zmarło trzy dni po urodzeniu. Potem pojawił się Tommy. W okresie okołoporodowym musiało dojść do niedotlenienia mózgu chłopca. Dopiero po sześciu miesiącach, kiedy przestał się prawidłowo rozwijać, rodzice dowiedzieli się, że jest w dużym stopniu upośledzony psychicznie i umysłowo.

Na początku Jean była rozgoryczona. Ale mąż pocieszał ją słowami: „Tommy nie wie, że jest inny". Dużo się modlili. A potem stracili kolejne dziecko – syna, który mając dziewięć lat, zmarł na ospę wietrzną. Mają jednego zdrowego syna, Davida.

Dla Jean cudem nie było to, że Tommy zaczął chodzić. Cud polegał na tym, że mógł nawiązać kontakt z tymi wszystkimi ludźmi, którzy przez lata przychodzili mu pomagać. Został częścią wspaniałej, życzliwej wspólnoty. Nie tkwił samotny w domu czy placówce opiekuńczej. Zyskał przyjaciół, którzy codziennie go odwiedzali. I jego rodzina również.

– Poznałam dzięki niemu tylu miłych ludzi – powiedziała mi Jean. – To mój aniołek. Nadał kształt całemu mojemu życiu.

Mojemu także. Tommy nauczył mnie pomagać innym. To dzięki niemu zostałam wolontariuszką w Happy Day School, pomagałam podczas akcji krwiodawstwa, uczestniczyłam w programach pomocy humanitarnej Amerykańskiego Czerwonego Krzyża i należałam do ochotniczego zespołu ratunkowego Uniwersytetu Kent State.

Tommy nadał też kształt życiu Diane – dostrzegła w nim coś, czego ja nie widziałam.

– Miał w sobie jakąś iskrę – powiedziała mi. – Myślę, że mógłby zaskoczyć nas wszystkich.

Kiedy Tommy chwytał ją za włosy, żeby się nimi pobawić, myślała: „Wiem, że tam jesteś".

Dzięki niemu odnalazła swoją życiową filozofię.

– Nie jestem tu dla siebie – wyjaśniła. – Jestem tu dla innych. Pomagamy sobie nawzajem.

Tommy nauczył nas wszystkich, żeby nigdy się nie poddawać.

Nie możesz się poddać, zanim nie zdarzy się cud – być może niejeden.

Lekcja 45

Wyciągaj rękę na zgodę jak najszybciej, póki nie jest jeszcze za późno

Wykonaj ten telefon. Wyślij tę kartkę. Nie chowaj urazy.

– Nieważne, o co chodziło, puść to w niepamięć – powiedział mi Larry Goodman Jr., przygotowując się do pogrzebu swojego taty w Kościele Baptystycznym Starlight. – Zapomnij o tym – poradził. – Po prostu odpuść.

Kiedyś przestali ze sobą rozmawiać. Larry nie podejrzewał, że to milczenie potrwa osiem miesięcy. Zerwali kontakty po kłótni o wesele Larry'ego, a w efekcie jego tata spóźnił się na ceremonię.

Bardzo długo żaden z nich nie chciał ustąpić. Te osiem miesięcy były bardzo trudne i dla ojca, i dla syna. Dwudziestosiedmioletni Larry tęsknił za swoim najlepszym przyjacielem, człowiekiem, który nauczył go wybierać przyjaciół i kobiety, człowiekiem, który nauczył go grillować żeberka i przyrządzać najlepszą fasolę na północ od Georgii, człowiekiem, po którym był taki uparty.

Lecz pewnego dnia jego ojciec trafił do szpitala z powodu bólu w klatce piersiowej. Larry przyniósł mu kartkę z życzeniami powrotu do zdrowia. Nie planował pojednania, ale tata zmiażdżył go w uścisku. Dostali drugą szansę.

– Kiedy stanąłem w drzwiach, przytulił mnie i ucałował – powiedział Larry. – Próbowałem zachować kamienną twarz. Nadal miałem do niego pretensje.

Jego tata zawarł z nim pokój tymi słowami:

– Jesteś na mnie zły, ale kocham cię i wiem, że ty też mnie kochasz. Zawsze możesz na mnie liczyć.

Odtąd znów byli najlepszymi przyjaciółmi.

– Było jak dawniej – powiedział Larry, a do oczu napłynęły mu łzy.

Nie mógł przestać płakać od rozmowy telefonicznej z siostrą sprzed kilku dni. Musiała się na chwilę rozłączyć, bo miała drugi telefon. Po chwili usłyszał w słuchawce jej krzyk: „Tato nie żyje!".

W domu wybuchł pożar.

Larry pojechał do ojca. Nie wierzył, że to prawda, dopóki nie poczuł dymu. Zanim dojechał na miejsce, zwęglony dom był już zabity deskami. W biurze koronera Larry musiał zidentyfikować stukilogramowego i prawie dwumetrowego czarnego mężczyznę. Kiedy zobaczył nogi ofiary, wiedział, że to jego tata. Odziedziczył po nim umięśnione łydki.

Larry opróżnił szafkę ojca w fabryce Forda, gdzie tata przepracował prawie dwadzieścia dziewięć lat. Larry zawsze myślał, że ojciec, który miał dopiero lat czterdzieści osiem, zostanie tam do emerytury. Kiedy wyjmował jego ubrania robocze, po policzkach spływały mu łzy.

– Za każdym razem, kiedy wyciągałem coś z jego szafki, czułem się jak mały chłopiec, który czeka, aż jego tatuś wyjdzie zza rogu – wyjaśnił.

Ten mały chłopiec miał wewnętrzny zegar, który podpowiadał mu, o której godzinie pociąg przywiezie tatę z pracy. Biegł prawie milę, żeby go powitać. Larry wspominał, że to tata zabrał go na pierwszy mecz baseballu. Że potrafił każdego rozśmieszyć. Że wiele poświęcił, żeby pracować na dwie zmiany.

– Żałuję, że kiedy w szkole średniej grałem w koszykówkę, nie mogłem zobaczyć go na trybunach – rzekł. – Kiedy opowiadałem tacie o jakimś wydarzeniu w moim życiu, w każdej sytuacji znajdował coś pozytywnego. Będzie mi tego brakowało. We wszystkim dostrzegał jakąś szansę i pytał mnie: „Jak możesz to przekuć na swoją korzyść?".

Teraz Larry dostrzegł coś pozytywnego w szafce taty – butelkę z jego wodą kolońską.

– Tata uwielbiał zapach Jovan Sex Appeal for Men – zawołał ze śmiechem. – O rany, kiedyś byłem u niego w domu – miałem jakieś dwadzieścia lat – a on powiedział: „Mam tu naprawdę świetną rzecz". Zabrał mnie po schodach na górę, mówiąc: „Spodoba ci się to". I wyciągnął tę butelkę Jovan.

Larry włożył na pogrzeb jeden z garniturów swojego taty. I spryskał się wodą Jovan Sex Appeal.

Podzielił się ze mną swoją historią, chcąc zachęcić innych do zakopania topora wojennego, dopóki to jeszcze możliwe.

Nigdy nie zapomnę wywiadu z człowiekiem, który czekał z tym za długo.

William Strazinsky i jego nastoletnia córka Becky kiedyś mieli bliskie relacje. W dzieciństwie wspinała mu się na kolana i przytulała do jego piersi, zadowolona i bezpieczna. Po długich godzinach w biurze wracał do domu i ściągał krawat przez głowę, żeby Becky mogła pociągnąć go za oba końce i rozsupłać węzeł.

Ojciec i córka przyjaźnili się nawet po tym, jak tata rozwiódł się z jej matką.

A potem Becky weszła w okres dojrzewania, kiedy priorytety się zmieniają, kiedy przyjaciele stają się ważniejsi niż rodzina, kiedy zaczyna się kwestionować autorytet rodzicielski, a między pokoleniami otwiera się przepaść. Minął rok. William wiedział, że tę przepaść można zasypać. Potrzebował tylko trochę czasu. Czuł, że przyjdzie dzień, kiedy weźmie córkę za rękę i porozmawiają.

Ale gdy w któryś piątek wrócił do domu, na automatycznej sekretarce czekała na niego wiadomość. Siedemnastoletnia wówczas Becky miała wypadek samochodowy. Jeep cherokee, którym jechała, wpadł w poślizg na śniegu, obrócił się kilka razy i wylądował na dachu. Becky miała złamaną miednicę, połamane żebra i pękniętą czaszkę.

Umarła, zanim dotarł do szpitala. Usiadł obok noszy, na których leżało jej ciało. Ujął w dłoń zimne palce córki i spojrzał w jej posiniaczoną twarz. Nie zdążyła nawet skończyć szkoły średniej. Przez dwie godziny płakał i mówił Becky, że była dla niego najważniejsza, że ją kochał;

jak żałuje, że nie było go przy niej przez te wszystkie stracone miesiące.

Modlił się o cud, modlił się, żeby ścisnęła go za rękę, żeby porozmawiała z nim choćby przez kilka minut. Powiedział jej to wszystko, czego nie zdążył powiedzieć, kiedy jeszcze żyła.

Nigdy nie zapomnę tej opowieści o ostatnich wspólnych chwilach.

Tak wielu z nas może kiedyś żałować tego samego.

Prawie na każdym spotkaniu z czytelnikami jakaś matka albo ojciec zwierza mi się, że od wielu lat nie rozmawia z synem albo córką. Każdy czeka, aż złamie się ta druga osoba.

Ale dlaczego sam nie zrobisz pierwszego kroku?

Przyjaciele z grupy dwunastu kroków nauczyli mnie, że żadnej z naszych relacji nie powinna zatruwać gorycz ani pretensje. Zachęcili mnie do stworzenia listy wszystkich osób, które skrzywdziłam uczynkiem albo zaniedbaniem, i spróbowała to naprawić, skupiając się tylko na tym, jaką rolę ja odegrałam w tym procesie.

Kiedy lista jest gotowa, zanoszę ją do Boga i modlę się o chęć wyciągnięcia ręki na zgodę.

Nie czekam już, aż druga osoba się ugnie. Nie muszę czekać, aż przyzna się do błędu. To może nigdy nie nastąpić.

Skupiam się na własnej winie, nawet jeśli była mniejsza. A wtedy druga osoba prawie zawsze bierze odpowiedzialność za swoje błędy. A nawet jeśli tego nie robi, to przynajmniej mam czysty umysł i serce.

Czasem muszę się modlić o chęć wyciągnięcia ręki na zgodę, ale zawsze przychodzi, i na szczęście jeszcze nigdy nie przyszła za późno.

A ciebie co powstrzymuje przed pierwszym krokiem?

Lekcja 46

Wycisz się. W chwilach zwątpienia albo wahania zatrzymaj się i zrób miejsce dla Boga

Szum pojawia się zwykle wtedy, gdy na coś czekam. Nie ma znaczenia, czy czekam na dobrą, czy złą wiadomość, czy jestem na szczycie góry, czy w dolinie: mój umysł zaczyna produkować najczarniejsze scenariusze. Instynkt każe mi zapytać o zdanie wszystkich znajomych, przez co szum jeszcze narasta.

Dwukrotnie w życiu doświadczyłam łaski ciszy z taką mocą, że zrozumiałam, jakim jest błogosławieństwem.

Gdy w 1998 roku wymacałam sobie w piersi guzek, głosy w mojej głowie zaczęły krzyczeć: „To zwykła cysta... to zmiana łagodna... To rak!". Każdy znajomy przytaczał jakąś pocieszającą historię, która kończyła się dobrze, albo tragiczną opowieść bez *happy endu* o swojej mamie, ciotce, siostrze albo suczce, którą zabrał rak.

Próbowałam nie słuchać tego szumu i modliłam się o zwykły, nudny, dzięki Bogu łagodny guzek. W głębi duszy byłam przerażona. Guz rósł bardzo szybko. Kiedy czekałam na wyniki badań, każdego dnia wydawał mi się coraz większy. Na początku miałam wrażenie, że jest wielkości migdała, potem – połówki orzecha włoskiego, wreszcie – całego orzecha. Chyba traciłam rozum. Nie mogłam uwolnić się od strachu.

Aż którejś nocy, wracając późno do domu po rekolekcjach, zgubiłam się na ciemnej, krętej drodze w dolinie rzeki Cuyahoga. Dochodziła północ i od domu dzieliła mnie jeszcze godzina jazdy. Szosa biegła wśród gęstych drzew, a znad rzeki unosiła się mgła, utrudniająca jazdę. Zwolniłam. Nagle z mgły wokół mnie wyłoniły się jelenie. Wjechałam w stado jeleni. Żeby żadnego nie zranić, trzymałam się prędkości pięciu mil na godzinę. Jelenie niespiesznie omijały mój samochód, leniwie przechodząc na drugą stronę.

Wtedy zalała mnie fala spokoju. Poczułam, że emanuje ze mnie głęboka cisza. Siedziałam w zupełnym milczeniu. Szum zniknął. Ta cisza była jak wielka gąbka. Starła z tablicy mojego umysłu wszystkie wątpliwości, cały strach i niezliczone głosy. Jazda samochodem zamieniła się w modlitwę. W tym momencie poczułam, że wszystko będzie dobrze, nawet jeśli ten guz okaże się rakiem. Nigdy nie zapomniałam, jaką łaską okazały się te jelenie, ta cicha noc, ten spokój.

Dzięki temu zdałam sobie sprawę, że czasem musimy zgubić drogę w podróży, jaką jest nasze życie. Nie zawsze wybrałabym te objazdy, na które trafiam, chociażby Drogę Raka, ale niekiedy takie trasy wybierają mnie, a zawsze prowadzą dokładnie tam, gdzie miałam trafić.

Drugi raz doświadczyłam łaski ciszy, kiedy spodziewałam się dobrej wiadomości. Przez całe życie chciałam być pisarką. W końcu nadszedł dzień, gdy miałam się spotkać z kilkoma wydawcami, którzy czytali rękopis mojej książki *Bóg nigdy nie mruga*. Poleciałam do Nowego Jorku na rozmowy z ośmioma wydawnictwami. Przed wyjazdem wszyscy krewni i znajomi królika udzielali mi dobrych rad. Nie oddawaj im praw do wydań zagranicznych. Nie sprzedawaj praw do ekranizacji. Nie podpisuj niczego, dopóki nie przeczyta tego prawnik. Szum, szum, szum.

Był grudzień, więc w mieście panowała przedświąteczna gorączka zakupów i imprez bożonarodzeniowych. Zatrzymałam się w u siostry na Upper East Side. Jej mąż pojechał ze mną metrem i odprowadził mnie do biura mojej agentki, żebym się nie zgubiła.

Moja agentka Linda Loewenthal jeździła ze mną od wydawnictwa do wydawnictwa. To było równocześnie ekscytujące i przerażające. Po pierwszej rundzie spotkań szum w mojej głowie jeszcze się wzmógł. Przez głowę przebiegały mi tysiące myśli jednocześnie.

W przerwie między rozmowami poszłam pooglądać wystawy sklepowe, żeby na chwilę się od tego wszystkiego oderwać. W jednym ze sklepów zadzwonił mi telefon komórkowy.

– Przyjedź do mojego biura – zawołała podekscytowana Linda. – Mamy ofertę. Musimy dać odpowiedź do 17.00. Zadzwoń do swoich ludzi.

Moich ludzi?

– Nie mam swoich ludzi – odpowiedziałam.

– Do męża, dzieci – przypomniała mi.

Aha, do mojej rodziny. To są moi ludzie.

Złapałam taksówkę, zadzwoniłam do bliskich, opowiedziałam im wszystko i spróbowałam złapać oddech. W biurze Linda przekazała mi szczegóły. Przez kilka następnych godzin zastanawiałyśmy się, czy wybrać tę ofertę, czy poczekać, co wyniknie z dużego zainteresowania innych wydawców.

Miałam mętlik w głowie. Polubiłam zespół Grand Central Publishing. Złożyli mi hojną propozycję, ale czy to była odpowiednia kwota? Czy to był właściwy wydawca dla rękopisu, w który włożyłam tyle pracy, który traktowałam jak własne dziecko? Omówiłyśmy sprawę z każdej strony, ale wciąż nie byłam pewna decyzji. Ale zamiast zarzucić swoimi wątpliwościami agentkę, która miała inne rzeczy do roboty, zapytałam, czy jest jakieś miejsce, w którym mogłabym się w spokoju zastanowić. Wysłała mnie do pustego biura na końcu korytarza.

Korciło mnie, żeby obdzwonić najbliższych i wzmóc szum w mojej głowie, ale intuicja podpowiedziała mi, żeby zamiast tego wybrać ciszę. Siedziałam w milczeniu w czyimś gabinecie. Oddychałam miarowo, a szum stopniowo cichł. Po chwili przerodziło się to w medytację. Po prostu siedziałam i rozkoszowałam się ciszą, pozwalając sercu i głowie odpocząć. Potem pomodliłam się o jasność umysłu i spokój. Poprosiłam Boga, żeby poprowadził mnie we właściwe miejsce i dał mi to odczuć, wlewając pokój w moją duszę.

Po półgodzinie poczułam się całkowicie spokojna. Wróciłam do gabinetu Lindy i zapytałam ją, czy uważa, że przyjęcie tej oferty to właściwy wybór. Odpowiedziała, że tak. Mój wewnętrzny spokój potwierdził jej słowa. Linda zadzwoniła do wydawcy, a potem obie wydałyśmy okrzyk radości.

Okazało się, że kiedy ja medytowałam, rynek wydawniczy chylił się ku upadkowi. Ten grudniowy dzień 2008 roku zasłynął w branży jako Czarna Środa. Random House ogłosił plany poważnej restrukturyzacji. Simon & Schuster zlikwidował trzydzieści pięć miejsc pracy. Thomas Nelson zwolnił 10 procent personelu. A mnie w jeden z najgorszych dni dla przemysłu wydawniczego udało się podpisać umowę na wydanie mojej książki.

To niesamowite.

Dochodziła 17.00 i musiałam złapać taksówkę, żeby wrócić do siostry, zanim ulice staną się nieprzejezdne. Tłumy ludzi wybierały się na uroczyste zapalenie światełek na choince przed Rockefeller Center. Nie znałam miasta i nie byłam pewna, gdzie szukać taksówek. Jakimś cudem udało mi się ją od razu złapać. Wsiadłam do samochodu i przy wtórze klaksonów włączyliśmy się do ruchu. Miasto stało. Przez piętnaście minut minęliśmy jedną przecznicę. Przez chwilę martwiłam się, ile mnie wyniesie ten kurs, a potem zaczęłam się śmiać. Właśnie znalazłam wydawcę. Mogłam sobie pozwolić na długą jazdę taksówką.

Miałam ochotę zadzwonić do wszystkich znajomych, żeby to uczcić, ale wolałam najpierw podziękować za ten dar. Właśnie wtedy cisza otuliła mnie jak ciepły koc. Ta taksówka stała się dla mnie świątynią. Poczułam jedność z Bogiem, poczułam pełnię, jak gdyby od wewnątrz i od zewnątrz otaczał mnie spokój, którego człowiek nie potrafi ogarnąć umysłem.

Usłyszałam w sobie głos: „Zapamiętaj tę chwilę. To znak, że wszystko jest dobrze. Nigdy nie wątp w tę umowę, w tę książkę".

Jak znaleźć chwile wielkiego spokoju?

Trzeba codziennie się na nie otwierać.

Słyszałam kiedyś o kobiecie, która przez jeden dzień w tygodniu milczała. Na pozór to dość drastyczne rozwiązanie, ale wyobraź sobie tylko, jaki spokój musi panować w jej głowie. Nauczyłam się robić w ciągu dnia przerwy na ciszę. Moi przyjaciele z grupy dwunastu kroków pokazali mi prostotę *Modlitwy o pogodę ducha*. Zawsze, gdy czujesz się zagubiony, gdy masz wątpliwości i nie wiesz, co zrobić, znajdź chwilę dla siebie, wycisz hałas w swojej głowie i wypowiedz w ciszę:

> Boże, użycz mi pogody ducha, abym godził się z tym, czego nie mogę zmienić. Odwagi, abym zmieniał to, co mogę zmienić. I mądrości, abym odróżniał jedno od drugiego.

Codziennie praktykuję ciszę. To działa na tej samej zasadzie jak bankomat. Nie możesz wyjąć pieniędzy, jeśli nie zdeponowałeś ich wcześniej w banku. Jeśli często zasilasz konto, masz pieniądze wtedy, kiedy ich potrzebujesz. Pierwsze pół godziny każdego dnia spędzam sam na sam z Bogiem. Inwestuję w codzienny pokój duszy. Co rano Bóg dostaje pierwsze pół godziny. To najcenniejszy moment dnia. To najważniejsza rzecz do zrobienia. Czerpię wtedy z mojego źródła miłości, kreatywności, inspiracji i piękna. Podłączam się do źródła mojej mocy.

Jeśli będziesz to robić codziennie, twoje życie się odmieni. Zwykle przez te trzydzieści minut nic się nie dzieje. Po prostu trwam w obecności Boga, a później, w ciągu dnia, kiedy tego najbardziej potrzebuję, ogarnia mnie spokój.

Odkryłam, że najlepszy sposób na wyciszenie hałasu to bardziej słuchać ciszy.

Lekcja 47

Żeby stać się narzędziem pokoju, musisz mieć otwarte serce

Pewnego dnia na naszym podjeździe zjawiło się dwóch nieznajomych. Dwaj chłopcy, nastolatki, których nigdy nie widziałam w okolicy. Jeden z nich, wyciągnąwszy z ziemi nasz słup do oznaczania poziomu śniegu, ruszył z nim do ogródka za domem.

Obserwowałam ich z góry z obawą, że coś ukradną. Spodziewałam się najgorszego tylko dlatego, że ich nie znałam. Może robią rekonesans, zanim włamią się do środka? Może wybiją tym słupkiem okno?

Zanim zdążyłam się zastanowić, co zrobić w tej sytuacji, mój mąż wyszedł przed dom i przywitał ich słowami:

– Cześć, chłopaki, jak się macie? Ten słupek jest nam potrzebny, więc musicie go odłożyć na miejsce.

Porozmawiał z nimi i chłopcy odnieśli słupek, a potem przeszli przez płot sąsiada, żeby mieć bliżej do domu. Patrzyłam za nimi, dopóki nie zniknęli mi z oczu, nadal nie wiedząc, czego tu szukali.

Przez cały dzień czułam się winna, że podejrzewałam ich o najgorsze. Przecież jako dziecko często chodziłam do domu na przełaj przez cudze ogródki. Moja córka też. Śmiałyśmy się ze starszej sąsiadki z naszej ulicy, która sama chodziła na skróty, ale szalała z wściekłości, jeśli przyłapała dzieciaki w swoim ogródku.

Innym razem, w aptece, założyłam najgorsze, kiedy zobaczyłam grupkę szepczących między sobą chłopców w zbyt luźnych spodniach. Moja pierwsza myśl? „To na pewno złodzieje".

Mój mąż, który w każdym dopatruje się tego co najlepsze, zaczął z nimi rozmowę. Dowiedział się, gdzie chodzą do szkoły i jakie mają oceny.

Przy kasie zabrakło mi dwudziestu pięciu centów. Zawołałam męża, ale mnie nie usłyszał. Za to jeden z chłopców podszedł do mnie, sięgnął do kieszeni i wręczył mi monetę.

– Proszę bardzo – powiedział.

Stopniało mi serce.

Dlaczego czasami podejrzewam nieznajomych o najgorsze?

Niepokoi mnie ich zachowanie, ale powinno mnie niepokoić własne. Zamykam serce i wydaje mi się, że przez to jestem bezpieczniejsza.

Zastanawiam się, czy serca innych zamykają się, kiedy mówię za dużo albo za głośno, kiedy od czasu do czasu przeklinam albo gdy wtrącam do rozmowy sarkastyczne komentarze, żeby wydać się zabawna. Czy zamykają się, kiedy za głośno słucham muzyki country albo wciskam klakson, żeby się przywitać albo pożegnać z rodziną i przyjaciółmi?

George Bernard Shaw napisał, że najważniejsze nie jest to, czy masz dobre, czy złe maniery, tylko czy masz takie same maniery wobec wszystkich. Co by się stało, gdybym zakładała, że każdy okaże się dobry, a nie zły? Jak wyglądałby świat, gdybyśmy otwierali serca na wszystkich ludzi?

Dorastając, śpiewałam podczas niedzielnych mszy modlitwę franciszkańską, *O Panie, uczyń z nas narzędzia swojego pokoju...* Ale nigdy nie wiedziałam, jak stać się tym narzędziem. Od lat codziennie rano powtarzam tę modlitwę i traktuję ją jako moją misję, ale zrozumiałam te słowa dopiero, kiedy moja siostra Joan przesłała mi książkę Michaela Singera *Nieskrępowana dusza*.

Autor napisał, że wszyscy budujemy swoje życie tak, by odgrodzić się od cierpienia, od siebie nawzajem, a w końcu – od samego życia. Zamykamy się na innych, żeby chronić siebie, ale w ostatecznym rozrachunku nie przynosi nam to wolności. Stajemy się więźniami własnych lęków. Jesteśmy jak przerażone dzieci, które nigdy nie dorastają.

Jak się otworzyć?

Zdaniem Michaela Singera wystarczy przestać się zamykać. Strach blokuje serca zbyt wielu z nas. Pisarz Emmet Fox porównał duszę do węża ogrodowego. Kiedy podlewasz trawnik, woda przepływa swobodnie przez szlauch, o ile nic jej nie blokuje. Jeśli na nim staniesz albo go skręcisz, woda przestaje lecieć. Wciąż jest w środku, ale przecież wąż jest zablokowany – więc ciecz z niego nie wypływa.

Przez większość dorosłego życia chroniłam się przed cierpieniem. Byłam specjalistką od zamykania się na innych, ale odkryłam, że świat stwarza wiele możliwości tym, którzy są otwarci. Staje się wtedy bardziej magicznym miejscem. Opowiem wam teraz o pewnej zimowej nocy, podczas której pewna kobieta otworzyła swoje serce i uruchomiła reakcję łańcuchową.

Był marzec i planowałam wybrać się z mężem na Międzynarodowy Festiwal Filmowy w Cleveland, ale większość dróg była zamknięta. Śnieg zasypał całe miasto i mało kto wyściubiał nos z domu. Wiedzieliśmy, że nie uda nam się nawet wyjechać z podjazdu. A choćby się udało, nie moglibyśmy liczyć na pomoc drogową. W taką noc nie przyjedzie żadna laweta. Mądrzy ludzie siedzieli w domu. Tak mi się przynajmniej wydawało.

Mój mąż zgodził się ze mną, ale kilka godzin później oświadczył:

– Chodźmy coś zjeść. Pójdziemy pieszo.

Pieszo? Mój mąż chce iść gdzieś pieszo? Miałam ochotę przyłożyć mu rękę do czoła. Naprawdę miał gorączkę – gorączkę sobotniej nocy. Ten ekstrawertyk nie był w stanie wytrzymać w domu przez cały wieczór.

Okutał się płaszczem, który przypominał kołdrę z rękawami. Mój mąż wyglądał jak Nanuk z Północy i chcąc zapiąć wszystkie zatrzaski, suwaki i rzepy, musiał patrzeć w lustro.

W zwolnionym tempie brnęliśmy chodnikiem do klubu jazzowego i restauracji Nighttown oddalonej o pół mili drogi od nas. Szliśmy ciemnymi, pustymi ulicami.

Szosą wędrowało kilka widmowych postaci. Nie widzieliśmy żadnych samochodów.

W restauracji rozgrzaliśmy się przy posiłku. Pogawędziliśmy z obsługą, a potem wyszliśmy. Chciałam jak najszybciej znaleźć się z powrotem w domu. Droga prowadziła pod górę, a moje zamarznięte dżinsy odtajały podczas kolacji i były przemoczone.

Przez wirujące płatki śniegu dostrzegliśmy trzy pary tylnych świateł. Lśniły jak czerwone oczy. Samochód terenowy i furgonetka zatrzymały się, żeby pomóc kierowcy, który utknął przed wzgórzem. Koła buksowały na śniegu i auto raz za razem zsuwało się w dół. „Co za głupek wpadł na pomysł, żeby dziś prowadzić", pomyślałam.

Kierowca opuścił szybę. To była starsza kobieta. Zaczęłam dawać jej jakieś wskazówki, ale cadillac nie miał przyczepności. Co pół metra wpadał w poślizg. Nie miała szans pokonać tego wzgórza. Jechała do domu oddalonego o około dziesięć mil. Dlaczego wyjechała na drogę w taką pogodę?

– Przez cały dzień pracowałam w Cleveland Clinic – wyjaśniła. – Jestem pielęgniarką.

Pielęgniarką? Ojej. Musieliśmy jej pomóc dostać się do domu. Spojrzałam na wzgórze. Nawet jeżeli udałoby się jej wjechać pod górę, mogła utknąć gdzieś dalej. A tam nie byłoby nikogo do pomocy. Ścisnęło mi się serce.

Kierowca terenówki wyciągnął długą linę holowniczą. Chciał wciągnąć samochód na górę, ale nie mógł przymocować liny. Wtedy inicjatywę przejęła kobieta w furgonetce. Powiedziała, że ma na imię Angela, a następnie kazała pielęgniarce przesunąć się na fotel pasażera. Sama usiadła za kierownicą. Krzyknęła do mojego męża, żeby wsiadł do jej furgonetki i wepchnął samochód pielęgniarki na wzgórze. Nie byłam pewna, co mam robić, więc usiadłam na tylnym siedzeniu.

Furgonetka popychała samochód delikatnie, dopóki nie znalazł się na górze. Zamiast się tam zatrzymać, żeby nas wypuścić, Angela jechała dalej. A mój mąż za nią. Nie miał pojęcia, czyj samochód prowadzi ani dokąd jedzie. Ja też nie.

Loretta, pielęgniarka, powiedziała mi, że ma siedemdziesiąt pięć lat, a od pięćdziesięciu jeden pracuje jako pielęgniarka.

– Gdybym przeszła na emeryturę, pewnie zapomniałabym wstać rano z łóżka – stwierdziła.

Samochód Angeli pełen był paczek z egzemplarzami dziennika „New York Times", które rozwoziła do sklepów. Nie wspomniała o tym ani słowem, ale przez ten nieplanowany objazd, żeby zawieźć Lorettę do domu, spóźniała się z dostawą i mogła mieć problemy. Mimo to uśmiechała się i rozmawiała z nami, jakby nic nie mogło jej sprawić większej przyjemności.

Wreszcie nasz mały konwój powoli dotarł pod dom Loretty dziesięć mil dalej. Zajęło nam to ponad godzinę. Loretta próbowała wręczyć każdemu z nas po dwadzieścia dolarów. Nie przyjęliśmy tych pieniędzy. Była nam wdzięczna, a my byliśmy wdzięczni jej – że są tacy ludzie, którzy przychodzą do pracy pomagać nieznajomym w dzień, kiedy łatwiej byłoby zostać w domu.

Pomachaliśmy jej na do widzenia, a potem usiedliśmy z mężem na tylnym siedzeniu furgonetki za wysokimi stosami gazet i śmialiśmy się przez całą drogę, gdy nieznajoma nas odwoziła.

Lekcja 48

Bóg nie pozwoli tchórzom głosić Swej chwały

Na komputerze, na którym piszę felietony i książki, przykleiłam różową karteczkę samoprzylepną z napisem: „Bóg nie pozwoli tchórzom głosić Swej chwały". Kiedy paraliżuje mnie strach, czytam to zdanie i znów mam siłę zabrać się do pracy. Ten cytat z Ralpha Waldo Emersona działa na mnie jak palec Wuja Sama z plakatu rekrutacyjnego. W ten sposób mówię sobie: „Możesz się bać, ale i tak działaj".

Przyjaciel powiedział mi kiedyś: „Dobrze mi szła jazda na nartach wodnych, bo bałem się wody".

Chociaż strach powstrzymuje wielu z nas przed działaniem, bywa też wspaniałą motywacją. Zamiast nas paraliżować, może popchnąć nas naprzód. Czasem łapię go za rękę i mówię: „No chodź, ruszmy się stąd". Traktuję strach jak towarzysza, z którym utknęłam w podróży. Ale nie pozwalam, żebyśmy utknęli w miejscu. Ciągnę go za sobą, kiedy piszę. Działanie to najlepsze antidotum na strach.

Zbyt wielu z nas, czując strach, natychmiast wciska hamulec. Kampania „Nie chciej dawać. Dawaj" odnosi taki sukces dlatego, że rozpoznajemy w niej swoje zachowania. Często jesteśmy bliscy udzielenia komuś pomocy, ale strach wygrywa w nas ze współczuciem. Potrafimy sobie wyperswadować bycie pomocnym, hojnym, życzliwym albo silnym. Ale nie zmienisz świata nadzieją, że ktoś inny coś zrobi.

Jak przejść od strachu do działania? Czasem drobnymi kroczkami, czasem jednym susem. Czasem po drodze pojawia się wiara, a strach ucieka. Często jednak wiara i strach przez jakiś czas idą ramię w ramię.

Moi przyjaciele uczęszczający na spotkania Anonimowych Alkoholików nauczyli mnie, jak sobie z tym poradzić. Najpierw spisz wszystko, czego się boisz, czarno na białym, i staw temu czoła. Następnie pokaż tę listę komuś godnemu zaufania i wyjaśnij, skąd bierze się każdy lęk. Na koniec pomódl się, żeby twój strach się rozwiał.

Staram się ćwiczyć przeciwieństwo strachu. Mam świetnie wyrobiony mięsień lęku, za to mięsień wiary przypomina ramię słabeusza. Muszę go trenować i próbować uwierzyć w to cudowne zdanie: „Wola Boga nigdy nie zawiedzie cię tam, gdzie łaska Boga nie zachowa cię od zguby".

Na mojej drodze nieustannie inspirują mnie ci, którzy mają odwagę zmieniać to, co zmienić mogą, czasem na przekór wszystkiemu.

Melindę Elkins poznałam po tym, jak jej matka została zamordowana. Ktoś zgwałcił i pobił jej mamę oraz siostrzenicę, która przeżyła atak. Mała dziewczynka spędzała tę noc w domu babci w Barberton w stanie Ohio.

Policja aresztowała męża Melindy, Clarence'a, pod zarzutem morderstwa. Przysięgli skazali go w oparciu o słowa sześcioletniej siostrzenicy, która składała sprzeczne zeznania na temat tego, co widziała po ciemku. Żadne dowody fizyczne nie łączyły Clarence'a z tą zbrodnią. Prokuratura oparła oskarżenie na słowach roztrzęsionej dziewczynki, która później odwołała zeznania.

Życie Melindy wywróciło się do góry nogami. Opłakiwała śmierć matki, ale straciła też męża, który trafił do więzienia. Wierzyła w jego niewinność, kiedy nikt inny w nią nie wierzył. Przez siedem lat, które spędził w więzieniu, zadręczała adwokatów, sędziów i policję, żeby wznowili śledztwo.

W międzyczasie straciła dom i ledwo wiązała koniec z końcem, wychowując samotnie dwóch synów. Nie miała żadnego doświadczenia w zakresie prawa karnego, ale niosło ją pragnienie odkrycia prawdy i złożona matce obietnica, że znajdzie prawdziwego mordercę.

Melinda przeanalizowała każdy aspekt tej sprawy. Niepokoiło ją, że kiedy jej siostrzenica ocknęła się po gwałcie i poszła do sąsiadki po pomoc, ta nie zadzwoniła na policję. Kazała dziewczynce czekać przed drzwiami, wzięła torebkę i odwiozła ją do domu. Melinda nie rozumiała, dlaczego sąsiadka nie wezwała policji i nie wpuściła dziecka do domu. To pytanie kazało jej przyjrzeć się partnerowi kobiety, Earlowi Mannowi, który mieszkał z nią i ich trzema córkami, gdy popełniono morderstwo. Kiedy Melinda dotarła do tej informacji, Earl siedział już w więzieniu za molestowanie własnych dzieci. Traf chciał, że wylądował w tym samym zakładzie co Clarence. Któregoś dnia Earl wyrzucił papierosa, a Clarence go podniósł. Wysłał niedopałek Melindzie, a ona kazała prawnikom zbadać pobrane z niego DNA. Materiał genetyczny Earla był identyczny jak DNA pozostawione na miejscu zbrodni.

Mąż Melindy odzyskał wolność po siedmiu latach.

Inny mężczyzna wyszedł z więzienia po dwudziestu latach czekania na wykonanie wyroku śmierci dzięki wierze księdza, który odważył się za nim ująć.

Ojciec Neil Kakoothe odwiedza mężczyzn z wyrokiem śmierci w więzieniach w Ohio, oferując im wsparcie duchowe. Wie, że sam nie może znieść kary śmierci, ale udało mu się ocalić od niej jednego człowieka. Kiedy ojciec Neil odkrył, że Joe D'Ambrosio może być niewinny, przyniósł do domu pudła pełne akt i zaczął analizować tę sprawę.

Znalazł tyle błędów w procesie, przez który Joe trafił do więzienia, że sąd kazał wszcząć nowy. Okazało się, że poprzedni prokurator ukrył dziesięć kluczowych dowodów. Gdyby przysięgli poznali te informacje, prawdopodobnie wydaliby werdykt „Niewinny".

Joe potrzebował mieszkania, w którym mógłby się zatrzymać, czekając na nowy proces. Nie miał dokąd pójść. Gdy siedział w więzieniu, stracił rodzinę.

Drzwi swojego domu otworzyła przed nim wdowa i babcia czworga wnucząt. Rosalie Lee zaprzyjaźniła się z Joem, kiedy jej córka poznała go przez przyjaciółkę. To było wiele lat wcześniej, zanim Joe został uznany za winnego morderstwa.

Przez wiele lat Rosalie odwiedzała go w więzieniu o zaostrzonym rygorze. Nie miał wielu gości. Jego rodzice nie żyli, a dwie siostry mieszkały na Florydzie. Przez dwadzieścia lat Joe mówił do Rosalie „mamo". Na urodziny kupowała mu ciastko z automatu i wciskała w nie słone paluszki – do więzienia nie wolno było wnosić świeczek.

– To syn, którego nigdy nie miałam – powiedziała mi.

Jej mąż, który też nazywał się Joe, już nie żył. Kiedy w święta odwiedzała cmentarz, kładła kwiaty na jego grobie i na grobach rodziców Joego.

Sędzia pozwolił Joemu wprowadzić się do Rosalie przed nowym procesem. Rosalie urządziła dla niego małą sypialnię, do której wstawiła telewizor, telefon i zestaw stereo. Musiała zrezygnować z funkcji identyfikowania nadawcy i połączeń oczekujących, żeby telefon nie zakłócał działania elektronicznej bransoletki Joego.

Wiele miesięcy później sędzia uznał, że nowy proces jest niepotrzebny. Joe D'Ambrosio był wolny. Ojciec Neil nazwał Rosalie błogosławieństwem.

– Ona nie tylko słyszy Ewangelię – powiedział. – Ona nią żyje.

Potrzeba wielkiej odwagi, żeby wyciągnąć rękę do ludzi, których świat wolałby spisać na straty.

– Po prostu staram się być dobrą chrześcijanką – wyjaśniła Rosalie.

To prawdziwe bohaterstwo.

Lekcja 49

Zostaw po sobie dziedzictwo, którego nie zatrze czas

To zdumiewające, ile się można dowiedzieć o człowieku na jego pogrzebie.

Pogrzeby sprawiają, że zaczynamy robić bilans własnego życia. Zastanawiamy się, dokąd nas zawiodła ta podróż, w jakim kierunku zmierzamy i co po sobie zostawimy, kiedy dobiegnie końca.

Po śmierci męża mojej przyjaciółki Margi dowiedziałam się, że ten cichy mężczyzna miał głośny i serdeczny śmiech, którego nie dało się zapomnieć. Greg Lofaro był doradcą na Uniwersytecie Kent State. W ramach ćwiczeń uczestników zajęć nagrywano na taśmy. Na pogrzebie jego współpracownicy powiedzieli mi, że zwykle używali taśm wielokrotnie, ale donośnego śmiechu Grega nie dało się skasować.

Kiedyś na rekolekcjach pewna kobieta opowiedziała mi, że była na pogrzebie, na którym część mowy pożegnalnej miała wygłosić dziewięciolatka. Wszyscy wstrzymali oddech, gdy mała dziewczynka stanęła przed mikrofonem.

– Babcia malowała się szminką i jeździła z opuszczonym dachem – powiedziała. To było wszystko. Jaki wspaniały sposób, żeby opisać radość życia babci.

Mój wujek Jack zmarł w wieku siedemdziesięciu sześciu lat, a mowę pożegnalną wygłosił jego syn Mike. Wujek Jack był tym subtelnym wujkiem o łagodnym głosie, który nie zadręcza cię pytaniami o to, co zrobisz ze swoim życiem po studiach albo dlaczego po trzydziestce nie masz jeszcze męża. Nie zdawałam sobie sprawy, jak mało o nim wiem – aż do jego pogrzebu.

Dowiedziałam się, że wujek dorastał w okresie wielkiego kryzysu i nie miał pieniędzy na studia. Nalegał za to, żeby czwórka jego dzieci zdobyła wyższe wykształcenie. Śmiały się, że ich pierwsze słowa w dzieciństwie brzmiały: „Idź na studia". I wszystkie poszły.

Dowiedziałam się, że mój wujek był geniuszem matematycznym i w TRW pełnił funkcję dyrektora ds. prognoz finansowych.

Kiedyś miał kontrolę z urzędu skarbowego, bo rząd nie mógł uwierzyć, że człowiek mający trzech synów na studiach może przekazywać tyle pieniędzy na cele dobroczynne.

Wujek przeszedł na emeryturę po czterdziestu trzech latach pracy w tej samej firmie, ale na pogrzebie właściwie nie wspominano o jego osiągnięciach zawodowych. Miarą wartości wujka były jego wnuki, które zebrały się wokół mikrofonu i zaśpiewały mu: „Czy wiesz, że jesteś moim bohaterem?". Miarą wartości wujka był przybrany syn, którego przygarnął, kiedy jego dzieci miały już kilkanaście lat. Chłopiec stracił oboje rodziców, więc wujek Jack i ciocia Kate wychowali go jak własne dziecko.

Miarą wartości wujka była szczodrość jego serca, a nie majątek, który po sobie zostawił.

Zbyt często oceniamy swoje codzienne życie przez pryzmat naszego wyglądu, osiągnięć albo uznania w oczach innych. Postanawiamy w ciągu pięciu lat zwiększyć swoje dochody, zbudować portfel inwestycyjny, zapewnić sobie zabezpieczenie na emeryturę. Wydaje nam się, że odnosimy sukces, kupując szybszy samochód i większy dom albo zdobywając kolejny dyplom uniwersytecki.

Miarą wartości mojego wujka były trzy rzeczy: jego wiara, jego rodzina i uczynność wobec innych. Podczas pogrzebu jego wnuczka przeczytała fragment książki Raya Bradbury'ego *Fahrenheit 451* o tym, że wiele lat po śmierci dziadka można zajrzeć do własnej głowy i zobaczyć, jaki wywarł na ciebie wpływ.

Zostawiasz po sobie dziedzictwo, którego nie zatrze czas, bo masz głęboki wpływ na innych ludzi.

Co powiedzą zebrani na twoim pogrzebie? Jakie historie będą opowiadać jeszcze długo po tym, jak odejdziesz? Jakie zostawisz po sobie dziedzictwo?

Niektórzy proponują, żeby napisać własne epitafium, mowę pożegnalną albo nekrolog, a potem żyć tak, żeby na nie zasłużyć. Widok własnego nekrologu może odmienić twoje życie. Tak się stało w przypadku Alfreda Nobla, który za życia słynął z wynalezienia dynamitu. Po śmierci jego brata gazeta przez pomyłkę wydrukowała nekrolog Alfreda. Brzmiał następująco: „Wczoraj zmarł doktor Alfred Nobel, który zbił fortunę, szukając sposobów jak najszybszego zabicia jak największej liczby ludzi".

Kiedy Alfred to przeczytał, zrozumiał, że zostanie zapamiętany jako wynalazca czegoś, co niszczy życie. Dlatego stworzył i ufundował Nagrodę Nobla, odkładając na ten cel dużą część swojego majątku – dziewięć milionów dolarów funduszu wieczystego. Nagrody przyznawane są co roku za osiągnięcia w wielu dziedzinach, od nauk fizycznych po działania na rzecz pokoju na świecie. Teraz jego nazwisko kojarzy się z wyróżnianiem największych ludzkich dokonań.

Nie musisz stworzyć ani zdobyć Nagrody Nobla, żeby zostać w ludzkiej pamięci długo po swojej śmierci.

Andy Berry był wychowawcą na obozie Manatoc w stanie Ohio. Miał przydomek Opiekun. Upewniał się, czy twój namiot nie ma dziur albo dach twojego domku nie przecieka; czy twój kajak nie nabierze wody. Nauczył tysiące chłopców, jak posługiwać się siekierą, naostrzyć scyzoryk, rozpalić ognisko w lesie, a potem zgasić je tak, żeby nie zagrażało innym. Przez dwadzieścia pięć lat w każdy weekend pracował na obozie dla skautów. Z jego twarzy nigdy nie schodził uśmiech, nawet gdy jakiś chłopiec przemycił do obozu lampę gazową, przebił namiot albo zapomniał posprzątać domek. Był drugim ojcem dla tych, którym nie miał kto pokazać, jak wymienić olej w samochodzie, naprawić kosiarkę albo uszczelnić rurę. Chciał, żeby każdy skaut świetnie się bawił, nie robiąc sobie krzywdy. Wychował się na farmie, a w ósmej klasie musiał przerwać naukę, żeby pójść do pracy i utrzymywać rodzinę. Robił wszystko, co w jego mocy, żeby inni chłopcy mieli wszystkie te możliwości, których sam był pozbawiony.

Alice Hamill Hartman uczyła w szkole w maleńkim miasteczku Minerva w stanie Ohio. Chociaż była drobną panią w okularach z burzą włosów na głowie, nie miała w sobie nic z kruchej staruszki. Roześmiana pędziła przez korytarze, przystając tylko po to, żeby zakręcić biodrami. W swoje osiemdziesiąte piąte urodziny miała zastępstwo w piątej klasie. Postanowiła dać z tej okazji wszystkim uczniom prezenty, więc wybrała się do sklepu oddalonego o dwadzieścia przecznic. Kiedy zmarła w wieku dziewięćdziesięciu dziewięciu lat, pierwsze zdanie nekrologu wspominało o tym, że po osiemdziesiątce złamała nogę, bo spadła z jabłoni. Wszystkich uczyła cieszyć się życiem.

Henry Luckhardt dorastał w dolinach Wirginii Zachodniej. Miał tylko pięć lat, gdy jego siostra Rose ściągnęła na siebie garnek z gorącą wodą z kuchenki. Siedmioletnia Rose zmarła w wyniku poparzeń. Henry pracował w kopalni węgla, a potem przeprowadził się do Akron, wstąpił do armii i został odznaczony Brązową Gwiazdą za walkę w Normandii, Ardenach i Nadrenii. Zbudował skromny dom i do emerytury, na którą przeszedł w 1962 roku, pracował w fabryce opon. Mieszkał w małym miasteczku i nigdy nie wydał na siebie ani centa. Nosił koszule sprzed trzydziestu lat i połatane na kolanach spodnie. Przeznaczał tylko piętnaście dolarów tygodniowo na zakupy spożywcze. Jeździł Oldsmobile rocznik 1972 aż do 1999 roku, gdy umarł w wieku dziewięćdziesięciu lat. Samochód miał na liczniku zaledwie 20 tysięcy mil.

Wszystkich zdumiało, kiedy po jego śmierci okazało się, że zostawił 1,4 miliona dolarów dla centrum leczenia oparzeń w Szpitalu Dziecięcym w Akron. Wydawało się, że ma tak niewiele, tymczasem on inwestował każdego dolara, żeby zostawić po sobie fortunę na ratowanie dziewczynek takich jak Rose.

Był jeszcze Randy Stang, który pewnej nocy wygłosił mowę swojego życia w ratuszu rodzinnego miasta Bay Village w stanie Ohio. Inni przyszli ponarzekać na plany stworzenia skateparku i toru rowerowego.

– Byle nie w moim ogródku – mówili.

Z kolei Randy w płomiennym przemówieniu opowiedział się za budową parku. Powiedział zebranym, że mieszka w pobliżu i nie przeszkadza mu hałas i światła z boisk koszykówki ani frisbee, piłeczki golfowe i piłki baseballowe, które od czasu do czasu lądują w jego ogródku.

– Jestem za budową skateparku i toru rowerowego – oznajmił. – Zastanawiam się, czy mieszkańcy, którzy są przeciw, nie mają wnuków i dzieci; czy sami nie czują się dziećmi.

Podobał mu się pomysł stworzenia parku i namawiał miasto, żeby zbudowało go obok jego domu.

– Najlepiej zrobić park na północ od boiska do baseballu, jakieś piętnaście metrów od mojego ogródka.

Nagle umilkł. Upadł na ziemię.

Lekarz i pielęgniarka usiłowali go reanimować. Randy Stang miał pięćdziesiąt pięć lat. Osierocił czwórkę dzieci. Wszystkim nam zostawił dziedzictwo, ważną zasadę, którą warto się kierować.

Tak często słyszymy, jak ludzie ostrzegają, niemalże grożą: „Wara od mojego podwórka". Może sam tak mówisz. Przyznaję, że i mnie się to zdarzało. A co powiedział Randy? „Mocno wierzę w moją społeczność i cudze dzieci. Zbudujcie ten park na moim podwórku". Mieszkańcy Bay Village zgodzili się na budowę i nazwali park imieniem Randy'ego.

Bardzo mi się podoba rada, jakiej św. Franciszek z Asyżu udzielił swoim uczniom:

> Myślcie o końcu swojego życia. Nie zapominajcie, jaką misję i przeznaczenie macie jako stworzenia Boże. Jesteście jedynie tym, czym jesteście w Jego oczach, niczym więcej.
>
> Nie pozwólcie, żeby doczesne zmartwienia i obawy albo presja zajmowanych urzędów przesłoniły wam życie duchowe albo zagłuszyły głos Ducha Bożego, który prowadzi was w waszej wielkiej misji, by ludzkość stała się jednością. Jeśli otworzycie się na Boga i Jego plan, wpisany w waszą duszę, Bóg otworzy się na was. Pamiętajcie, że opuszczając ziemski padół, nie zabierzecie ze sobą nic, coście otrzymali – ani przemijających symboli prestiżu, ani oznak władzy – a jedynie to, coście dali: pełne serce wzbogacone uczciwą służbą, miłością, poświęceniem i odwagą.

Tak można zwyciężyć śmierć. Trzeba zostawić dziedzictwo, którego nie zatrze czas, bo będzie trwało w sercach innych ludzi.

Lekcja 50

Jeśli się dziś obudziłeś, to Bóg jeszcze z tobą nie skończył

Ilu ludzi potrzeba, żeby zmienić świat?
Wystarczy jeden człowiek.

Nieważne, ile masz pieniędzy, czasu albo energii. Nigdy nie jesteś zbyt stary, biedny czy załamany, żeby nie przydać się Bogu. Mówi się, że tam, gdzie człowiek kończy, Bóg zaczyna. Kiedy czułam się tak bardzo słaba po chemioterapii i codziennych naświetlaniach, te słowa dawały mi siłę wstać rano z łóżka i zająć się moim życiem: „Jeśli się dziś obudziłeś, Bóg jeszcze z tobą nie skończył".

Wycięłam to zdanie z jakiegoś artykułu i nakleiłam na mojej książce do porannej medytacji. Twój los się nie wypełni, dopóki Bóg tak nie postanowi. Jeśli wciąż żyjesz, to jest po temu jakiś powód.

Być może niejeden.

Każdego czerwca moi przyjaciele z grupy dwunastu kroków biorą udział w dorocznym Weekendzie Założycieli Ruchu Anonimowych Alkoholików. Ruch narodził się w Akron w stanie Ohio. Tysiące ludzi zjeżdżają się z całego świata, żeby uczcić tych, którym to zawdzięczamy.

Na scenie stoją sztalugi z trzema portretami. Jest tam ogromne czarno-białe zdjęcie Billa Wilsona, który poniósł klęskę jako makler giełdowy. Obok stoi fotografia rozmiarów plakatu z wizerunkiem doktora Roberta Smitha, któremu podczas operacji trzęsły się ręce od whisky. Ostatnie zdjęcie przedstawia siostrę Mary Ignatię, która uczyła muzyki, dopóki nie przeszła załamania nerwowego. Została zwolniona z pełnienia obowiązków nauczycielskich i wysłana do mniej odpowiedzialnych zadań – miała prowadzić kwiaciarnię w miejscowym szpitalu. W rezultacie pomogła doktorowi Bobowi leczyć pijaków jak pacjentów. Zobaczyli alkoholików w nowym świetle – jako ludzi cierpiących na chorobę zwaną alkoholizmem, którą można leczyć.

W chwili, gdy ci trzej ludzie sięgnęli dna, zostali powołani do wyższych celów, niż im się kiedykolwiek śniło. Razem pomogli stworzyć duchowy ruch, który uratował życie milionom ludzi. Nasza porażka naprawdę może być dla Boga punktem wyjścia. Twój los się nie wypełni, dopóki Bóg tak nie zadecyduje. Kiedy ty masz już dość, Bóg może dopiero się rozgrzewać.

Nigdy nie trać wiary w siebie i w to, co możesz zaoferować światu. Dopóki chodzisz po świecie, jesteś na nim potrzebny.

Poznałam Ellę Mae Cheeks Johnson, kiedy miała sto jeden lat. Zdążyła odwiedzić trzydzieści krajów i przeżyć dwóch mężów. Ella Mae zanurkowała dłonią w stos papierów i wyciągnęła mowę, którą napisała na dziewięćdziesiąte urodziny. Pomyłka. Po chwili znalazła przemówienie z okazji dziewięćdziesiątych piątych urodzin. Znów nie to, co trzeba.

W końcu znalazła mowę, którą wygłosiła w swoje setne urodziny. Jej czarny wózek inwalidzki z trudem mieścił rozpierającą ją energię. Odpychała się stopami od podłogi, żeby dojechać do swojego regału z książkami. Właśnie skończyła czytać książkę *Hitman. Wyznania ekonomisty od brudnej roboty.*

Poznałam ją w 2005 roku, niedługo po tym, jak otrzymała Nagrodę dla Wybitnego Absolwenta na Wydziale Stosowanych Nauk Społecznych Uniwersytetu Case Western Reserve. Była wówczas najstarszą żyjącą absolwentką tego fakultetu. Kiedy dziekan przyszedł ją odwiedzić, czytała właśnie raport Komisji ds. 11 września.

– Chciałam się dowiedzieć, co odkryli – wyjaśniła mi.

Na przyjęcie z okazji setnych urodzin przygotowała listę ulubionych książek i rozdała ją gościom. Na jej toaletce stał obraz miłosiernego samarytanina, namalowany przez nią osiemdziesiąt jeden lat wcześniej. Biblijna opowieść o człowieku, który zatrzymał się, żeby pomóc pobitemu nieznajomemu, kiedy wszyscy inni mijali go obojętnie, nadała kształt całemu jej życiu.

Dla niej pierwszymi dobrymi samarytanami byli sąsiedzi, państwo Davisowie. Stali się rodzicami Elli po śmierci jej rodziców, gdy miała cztery lata. Ella zrobiła licencjat z filologii francuskiej, ale czarna kobieta nie mogła uczyć francuskiego, więc została pracownikiem socjalnym.

Przeprowadziła się do Cleveland i w 1928 roku uzyskała tytuł magistra. Pracowała w okręgowym wydziale opieki społecznej i kiedyś pomogła niejakiej Louise Stokes, której syn Louis został kongresmenem, a brat Carl – pierwszym czarnym burmistrzem dużego miasta.

Obraz z samarytaninem to ostatnie, co widzi przed zaśnięciem, i pierwsze, co widzi po przebudzeniu. To życiowe wyzwanie Elli Mae Johnson. To jej wersja hasła: „Yes, we can".

Kiedy skończyła sto pięć lat, pojechała do Waszyngtonu na inaugurację pierwszego czarnego prezydenta Stanów Zjednoczonych. Ella zmarła w 2010 roku, tuż przed ukazaniem się jej wspomnień *It Is Well with My Soul: The Extraordinary Life of a 106-Year-Old Woman* („Z moją duszą wszystko w porządku. Niezwykłe życie 106-letniej kobiety"). Przez te wszystkie lata nie miała żadnego wielkiego planu. Wypełniała po prostu Boży plan.

Evelyn Boyd zasłużyła na to, żeby odpocząć. Kiedy ją poznałam, miała dziewięćdziesiąt dwa lata, z których trzydzieści trzy spędziła, ucząc muzyki, głównie w szkołach publicznych w Cleveland. Zawsze ją martwiło, że niektórzy uczniowie szkół podstawowych nie potrafią przeczytać słów piosenek, które dla nich przygotowała.

Ta samotna wdowa mogła żyć na peryferiach społeczeństwa i dusić każdy grosz. Zamiast tego pracuje jako wolontariuszka w Cleveland Clinic i w Związku Niewidomych. I wydaje po 30 dolarów naraz na książki dla dzieci, których nigdy nie pozna.

Kiedy dostaje katalog księgarni Daedalus Books, wnikliwie czyta streszczenia każdej książki i zamawia te, które uzna za najlepsze. Prosi o dostawę bezpośrednio do pediatry, który prowadzi program Reach Out and Read. Przekazała na ten cel już ponad pięćset nowych książek.

Doktor Robert Needlman stworzył swój program, gdy zauważył, że w poczekalni przychodni w podupadłej części śródmieścia Bostonu nie było nic do czytania dla dzieci, które czekały na wizytę. Personel zorientował się, że książki znikają, więc przestano je wykładać. Dzieci tak bardzo chciały czytać, że posuwały się do kradzieży. Needlmana to zainspirowało. Przeprowadził zbiórkę pieniędzy i kupił tysiące książek do rozdawania dzieciom po każdej wizycie.

Później znalazł wolontariuszy, którzy czytali dzieciom na głos w poczekalni. W ten sposób ponad dwadzieścia lat temu razem z Barrym Zuckermanem założył ogólnokrajową organizację pozarządową Reach Out and Read. Chcieli, żeby każde dziecko miało szansę pokochać książki. Evelyn też tego pragnęła.

– Miałam dobre życie – powiedziała. – Nie przeżyłam go tylko dla siebie. Nie przyszliśmy na ten świat tylko dla siebie. Jesteśmy tu, żeby pomagać innym.

Przyszliśmy na świat, żeby żyć dla innych. Jezuici nauczyli mnie budować życie wokół zasad świętego Ignacego Loyoli: znać Boga, kochać Go, służyć Mu i być z Nim szczęśliwym na wieki. Wszystko, co nas otacza, jest darem, który pozwala nam pełniej doświadczać Boga. Powinniśmy zachować te dary, które wspomagają nasz rozwój, a zrzec się tych, które go ograniczają.

Św. Ignacy powiedział też, że gdy nie mamy pewności, co jest najlepszym wyborem, powinniśmy pozostać obojętni. Nie należy przedkładać zdrowia nad chorobę, długiego życia nad życie krótkie, bogactwa nad biedę. Służymy Bogu wszędzie tam, gdzie się znajdziemy, chorzy albo zdrowi, młodzi albo starzy, bogaci albo biedni. Powinniśmy pragnąć tylko tego, co wzbogaca nasz rozwój duchowy, a to może być wszystko wokół nas.

Rak nauczył mnie kochać życie niezależnie od okoliczności. To przerażająca choroba, ale i ona niesie ze sobą pewne dary. Rak zmusza do stawienia życiu czoła. Od czasu do czasu wciąż słyszę pytanie: „Czyli nastąpiła remisja, tak?". Ludzie chcą się upewnić, czy jestem już zdrowa. Tymczasem moje rokowania są takie same jak każdego, kto kiedykolwiek miał raka, i każdego, kto nigdy go nie miał.

Wszyscy dożyjemy do końca swoich dni.

To nie zależy od nas ani od raka, ani od żadnej innej choroby, niepełnosprawności czy rozczarowania. Większość ludzi chorych na raka nie umiera na raka. To nie tak, że po usłyszeniu diagnozy wracają do domu, kładą się do łóżka i umierają. Oni żyją z rakiem. Żyją mimo raka. Żyją na przekór rakowi. Chodzą do pracy. Wychowują dzieci. Jeżdżą na ryby. Kochają się. Uprawiają ogródek.

Przez wiele lat pewna piękna kobieta z mojej redakcji codziennie przychodziła do pracy z nieuleczalnym nowotworem. Nie powiedziałbyś, że Arlene Flynn cokolwiek dolega. Miała idealną fryzurę, perfekcyjny makijaż i szeroki uśmiech. Nie wyglądała na umierającą.

Dowiedziawszy się, że ma raka, próbowałam ją pocieszyć, a ona uśmiechnęła się tylko i opowiedziała mi o wszystkich ciekawych ludziach, których poznała w tym tygodniu na chemioterapii. Słuchając jej, miałam wrażenie, że była na przyjęciu.

Arlene żyła tak pełnym życiem, że na jej pogrzebie trudno mi było uwierzyć, iż naprawdę odeszła.

Ale życie każdego z nas kiedyś się kończy. Nasza data ważności musi minąć. Nikt, nawet najlepszy lekarz, nie ma magicznej miarki, która pozwoliłaby obliczyć datę twojej śmierci co do minuty. Mojemu tacie lekarze dawali sześć miesięcy. Przeżył kilka tygodni. Mojej znajomej dawali rok. Minęło dziesięć lat, a ona nadal czuje się świetnie.

Nikt nie wie, kiedy nadejdzie jego godzina, nawet pacjenci, u których zdiagnozowano raka.

A my po prostu wiemy, że każdą godziną trzeba się cieszyć.

Podziękowania

Żeby napisać książkę, musisz uciszyć wszystkie wewnętrzne głosy, które krzyczą, że nie dam rady, albo szepczą, że nie powinnam, albo że nigdy nie uda mi się skończyć.

Jestem dozgonnie wdzięczna...

...mojej rodzinie i przyjaciołom, którzy zagłuszyli te wewnętrzne wątpliwości własnymi głosami. Wasze bezgraniczne wsparcie i miłość są mi nieocenioną pomocą.

Mojemu mężowi, Bruce'owi Hennesowi, któremu nie przeszkadza, że musi spać sam, kiedy inspiracja trzyma mnie na nogach do trzeciej nad ranem. Głębia twojej miłości wciąż zapiera mi dech w piersiach.

Mojej córce, Gabrielle, która jest moim pierwszym cudem. Dziękuję za całą miłość i radość, jaką dzielimy każdego dnia.

Moim synom, Benowi, Joemu i Jamesowi, za waszą miłość i światło, i za to, że dzielicie się ze mną swoim doświadczeniem w zakresie komputerów, fotografii i mediów społecznościowych.

Mojemu wnukowi, Asherowi, za to, że jest radością mojego życia, i małemu Boo-ba-loo, który wkrótce pojawi się na świecie.

Wszystkim, którzy kupili i przeczytali moją pierwszą książkę, *Bóg nigdy nie mruga. 50 lekcji na trudniejsze chwile w życiu*.

Niezliczonym pisarzom, którzy zaoferowali mi swoje wsparcie, szczególnie doktorowi Michaelowi Roizenowi, Joemu Eszterhasowi, Jeffreyowi Zaslowowi, Dickowi Feaglerowi, Thrity Umrigar, Danowi Chaonowi i Deepakowi Choprze.

Moim kolegom z dziennika „Plain Dealer", szczególnie Barb Galbincei, Chrisowi Quinnowi, Thomowi Fladungowi, Debrze Adam Simmons, Shirley Stineman, Susan Goldberg oraz Terry'emu Eggerowi, za to, że mogłam napisać swoje najlepsze teksty i podzielić się nimi w tej książce.

Wszystkim tym, którzy pozwolili mi opisać swoje historie w moich felietonach i w tej książce. Nigdy się nie dowiecie, jak ogromny wpływ mieliście na życie innych ludzi.

Moim wspaniałym przyjaciółkom, które mnie inspirują i przypominają mi o tym, co najważniejsze, szczególnie Sheryl Harris, Vicki Prussak i Beth Welch.

Źródłom inspiracji w klasztorze karmelitów, Jezuickim Domu Rekolekcyjnym i w ośrodku The Gathering Place.

Mojej agentce i cudownemu zespołowi w Grand Central Publishing. Dziękuję, że uwierzyliście w obie książki i sięgaliście tak wysoko, że trafiliśmy na szczyt: na listę bestsellerów „New York Timesa". Wow! Nadal jestem pod ogromnym wrażeniem waszej pracy.

Lindzie Loewenthal, mojej agentce z David Black Literary Agency. Jesteś prawdziwym klejnotem. Dziękuję, że wspierasz mnie swoją mądrością, cierpliwością i entuzjazmem. Miałaś rację. To była następna książka do napisania!

Wydawcy Jamiemu Raabowi – Twój entuzjazm należałoby butelkować i sprzedawać. Redaktorce Karen Murgolo – tylko z tobą proces redakcji może być taki przyjemny.

Carolyn Kurek, za gaszenie dużych i małych pożarów; Matthew Ballastowi, Jennifer Musico i Danie Trombley, za spopularyzowanie książki na całym świecie (nadal dostaję e-maile z Brazylii, Australii i Chin); Philippie White, która pomaga mi bardziej, niż jej się wydaje; Diane Luger, która projektuje przepiękne okładki; Nicole Bond, za sprzedanie książki w osiemnastu krajach; Peggy Boelke, dzięki której książka była dostępna we wszystkich pięćdziesięciu stanach; i wszystkim z działu sprzedaży i marketingu, za rozpowszechnianie mojego przesłania nadziei.

Większym i mniejszym księgarniom i wszystkim bibliotekom w małych miasteczkach takich jak Ravenna w stanie Ohio, w którym się wychowałam. Dziękuję za to, że dzielicie się radością czytania.

I jak zwykle przepełnia mnie bezbrzeżna wdzięczność dla Przyczyny tego wszystkiego, Boga mojej radości.

Regina Brett

O Autorce

Regina Brett jest autorką międzynarodowego bestsellera pod tytułem *Bóg nigdy nie mruga. 50 lekcji na trudniejsze chwile w życiu* i felietonistką dziennika „Plain Dealer" wydawanego w Cleveland w stanie Ohio. Dwa razy była finalistką Nagrody Pulitzera w dziedzinie reportażu, a jej artykuły zostały wyróżnione wieloma nagrodami, między innymi National Headliner Award za felietony o raku piersi w 1999 i 2009 roku. Brett prowadzi również własną audycję radiową The Regina Brett Show, w której rozmawia ze słuchaczami w stacji WKSU, filią National Public Radio w północno-zachodnim Ohio.

Mieszka w Cleveland w stanie Ohio ze swoim mężem, Brucem.

Jej strona internetowa to www.reginabrett.com.

NOTATKI

NOTATKI

NOTATKI

NOTATKI

NOTATKI

NOTATKI

NOTATKI

REGINA BRETT
BÓG
NIGDY
NIE MRUGA
50 LEKCJI
NA TRUDNIEJSZE
CHWILE W ŻYCIU
REGINA BRETT
BÓG NIGDY NIE MRUGA

Opinie polskich czytelników

Ta książka jest inna i wcale nie dziwi mnie fakt, że pokochali ją czytelnicy na całym świecie. Sama ją pokochałam.

(LubimyCzytać.pl)

Bóg nigdy nie mruga to książka, która od dziś jest jedną z moich ulubionych lektur. Pokochałam w niej wszystko.

(Merlin.pl)

Nieduży tom to świetna książka dla nałogowych zrozpaczonych, wyzutych i wypalonych. Autorka daje w nim proste, ale celne rady: nigdy nie jest za późno na szczęśliwe dzieciństwo; to nie twoja sprawa, co myślą o tobie inni; nie czekaj na specjalną okazję, wystarczającą jest dzisiejszy dzień – to tylko niektóre z myśli, którymi Regina dzieli się ze światem.

(cjg.gazeta.pl)

Dostajemy od Brett mapę. Możemy ją obejrzeć i odłożyć. Możemy prześledzić kilka tras. Możemy wreszcie ruszyć w drogę. To jedyna mapa, którą lepiej się czyta przez mgłę łez na rzęsach.

(Biblionetka.pl)

Ta książka pozwala uwierzyć w to, że po każdej burzy wychodzi słońce.

(Matras.pl)

REGINA BRETT
zdjęcie © James Sullivan
insignis
www.insignis.pl
Dołącz do nas na Facebooku
facebook.com/Wydawnictwo.Insignis
aktualności, zapowiedzi, konkursy